河北省社会科学基金项目

马克思现代国家思想研究

郭强 著

南开大学出版社

天津

图书在版编目(CIP)数据

马克思现代国家思想研究 / 郭强著. —天津：南开大学出版社,2021.5(2023.9 重印)
ISBN 978-7-310-06113-6

Ⅰ.①马… Ⅱ.①郭… Ⅲ.①马克思主义－国家理论－研究 Ⅳ.①A811.64

中国版本图书馆 CIP 数据核字(2021)第 088780 号

版权所有　侵权必究

马克思现代国家思想研究
MAKESI XIANDAI GUOJIA SIXIANG YANJIU

南开大学出版社出版发行
出版人：陈　敬
地址：天津市南开区卫津路 94 号　邮政编码：300071
营销部电话：(022)23508339　营销部传真：(022)23508542
https://nkup.nankai.edu.cn

河北文曲印刷有限公司印刷　全国各地新华书店经销
2021 年 5 月第 1 版　　2023 年 9 月第 3 次印刷
210×148 毫米　32 开本　8.5 印张　227 千字
定价:49.00 元

如遇图书印装质量问题，请与本社营销部联系调换，电话:(022)23508339

自　序

　　2013年，中共十八届三中全会把完善和发展中国特色社会主义制度与推进国家治理体系和治理能力现代化有机联系起来，确立为全面深化改革的总目标。这也是在党内文件中首次提出"国家治理现代化"的概念。2019年，中共十九届四中全会就"坚持和完善中国特色社会主义制度、推进国家治理体系和治理能力现代化"进行专题研究并作出决定。以"国家治理现代化"作为中央全会的主题，这在党的历史上还是第一次。国家治理现代化，顾名思义，国家是在治理现代化中具有威权引领功能的重大责任主体，推进国家治理的现代化，就是在现代国家框架之内的治国理政。

　　正如列菲弗尔所说，现代国家"产生于欧洲，更确切地说产生于法国和英国"。由于现代国家的生成与西欧和北美之间亲密的历史联系，源于欧洲近代启蒙思想的西方现代国家理论自然地成为切入中国现代国家建设问题的思想资源。这就使得有些学者热衷于"西天取经"，以西方现代国家理论范式和制度模式为参照系来解释、评析中国的现代国家建设和国家治理问题。他们或看到西方国家有而中国没有就简单认为有欠缺，要搬过来，比如议会民主制、多党制、三权鼎立等；或看到中国有而西方国家没有就简单认为是多余的，要去除，比如社会主义制度等。推进国家治理体系和治理能力现代化，不能离开"完善和发展中国特色社会主义制度"这一质的规定性。这就要求中国的现代国家建设不能偏离科学社会主义的航向。如果简单套用西方现代国家理论，简单照搬西方现代国家的制度模式，中国的现代国家建设、国家治理现代化推进，势必要走到"改旗易帜的邪路"上去了。

　　其实，在人类思想史上，就科学性、真理性、影响力、传播面而言，没有一种思想理论能达到马克思主义的高度。马克思主义传入中国，引发了中华文明深刻变革，为中国革命、建设、改革提供了强大思想武器，使中国这个古老的东方大国创造了人类历史上前所未有的发展奇迹。尽管我们所处的时代同马克思所处的时代相比发生了巨大而深刻的变化，但从世界社会主义500年的大视野来看，我们依然处在马克思主义所指明的历史时代。毫无疑问，中国的现代国家建设，也要从马克思主义那里寻找"真经"，即以马克思主义国家学说为指导。然而，按照传统马克思主义解释体系，"现代国家"和"资本主义国家"几乎是在相同意义上使用的。也就是说，"现代国家"就是"西方化"和"资本主义化"的国家。这与前面所述"西天取经"的观点倒是"殊途同归"了。只是按此理论逻辑，中国压根就不应该建设现代国家。如果我们抱着"现代国家=资本主义国家"的思维定式，中国的现代国家建设就无从谈起，中国的社会主义国家治理势必要走回"封闭僵化的老路"上去了。而且，如果我们固守传统马克思主义的解释体系，把马克思语境中的"现代国家"简单地等同于"资产阶级国家"，就会遮蔽其中丰富的思想内涵。在学术交流中，这不仅会使马克思主义无法与其他学派就"现代国家"论题进行有效的对话，还会使马克思主义在当前强大的西方话语面前处于失语状态。

"山重水复疑无路，柳暗花明又一村。"我在研读马克思主义经典著作时，特别注意到了马克思在1844年草拟的《关于现代国家的著作的计划草稿》。它明确把国家划分为"古代国家"和"现代国家"两种形态。通过文本梳理，我们可以发现，"现代国家"在马克思的著作和文章中算是一个高频词汇了。如果现代国家等于资本主义国家，那么，马克思的著述中既然已经有了"资产阶级国家"一词，他为何还要使用"现代国家"这个概念呢？这就为我们重新认识马克思主义国家学说提供另一种视角。于是，我便开始了对马克思现代国家思想的研究。

通过研究，我形成了以下观点："现代国家"是马克思用以表征资产阶级革命创造的政治文明的最基本的概念。总体来看，马克思关于"现代国家"思想的理论逻辑体现在三个方面：现代性维度、资本性维度和理想性维度。

在现代性维度上，现代国家是政治国家，是建立在市民社会基础之上、以人民主权为价值取向的代议制民主共和国。然而，在资本性维度上，现代国家与资本之间存在着内在的逻辑关联，资本的统治背叛了人民主权的价值观，行政权支配立法权背离了分权制衡规则，最终也没有治愈资产阶级国家凌驾于社会之上的顽症。因此，马克思提出要在理想性维度上实现现代国家的超越，即把社会共和国视为颠覆现代国家资本逻辑的理想形式，认为它是人民群众获得社会解放的政治形式，实行"人民群众把国家政权重新收回"的"真正民主制"，并以民选机关支配行政机关的权力运行机制加以保障。这样，现代国家从根本上克服资本逻辑，真正体现共和国的"社会"性质。这种三重维度的全景式考察有助于我们对"现代国家"与"资本主义国家""社会主义国家"之间的关系作出合理的判断，即社会主义对资本主义不是简单的否定，而是一种递进的积极的扬弃。正如马克思所说："自我异化的扬弃同自我异化走的是一条道路。"这种"积极的扬弃"意味着只有在继承了资本主义创造的现代文明成果基础上去变革才能建设高层次的社会主义。

其实，"现代国家"作为资本主义创造的文明成果，并非资产阶级和资本主义的专利，其中大部分是无产阶级不断斗争所争取的成果。比如，现代国家所追求的人民主权的价值理念也是无产阶级及其政党始终孜孜以求的政治理想。无产阶级取得政权后也能够利用这些成果建设更高层次的现代国家。无产阶级国家对资产阶级国家的超越，不是"连同洗澡水和婴儿一起倒掉"的全盘否定（如民主共和机构要作为无产阶级改造社会的工具保存起来），而是着眼于克服资本逻辑下现代国家的历史限度，其目的是把现代国家所要求的自由、平等、民主、法治、共和等理念真正而全面彻底地实现。

马克思的现代国家思想虽以西方资本主义发展的历史逻辑为背

景，但"现代国家"源于西方，不等于专属于西方。东方民族也要结合自身特点，回到国家现代化发展的逻辑中来。正如市场经济作为现代社会的一种资源配置方式，本身并不具有特定的社会经济制度属性。它与资本主义经济制度结合便形成资本主义市场经济，而与社会主义经济制度结合就形成社会主义市场经济。同理，现代国家作为与现代工业文明和现代市场经济相适应的国家形态，其性质取决于其所在社会基本制度的性质。现代国家建立在资本主义社会基础之上就具有资本主义性质，而建立在社会主义社会基础之上便具有社会主义性质。而且，社会主义国家如果要走工业化道路、发展市场经济，也必然要按照现代国家的要求组织政权建设，即建设社会主义的现代国家。

那么，中国要建设一个什么样的社会主义现代国家呢？2013年，党的十八届三中全会通过的《中共中央关于全面深化改革若干重大问题的决定》提出，全面深化改革的总目标是"完善和发展中国特色社会主义制度，推进国家治理体系和治理能力现代化"。时隔一年，党的十八届四中全会通过的《中共中央关于全面推进依法治国若干重大问题的决定》提出，全面推进依法治国的总目标是"建设中国特色社会主义法治体系，建设社会主义法治国家"。习近平总书记把这两次中央全会通过的《决定》称为"姊妹篇"，把全面深化改革与全面依法治国的关系比作"鸟之两翼、车之双轮"。从"姊妹篇""两翼""双轮"这样的比喻中可以看出，法治是国家治理体系和治理能力现代化的重要依托，"社会主义法治国家"明确了实现国家政权本身现代化即建设社会主义现代国家的目标定位，这一目标定位体现了现代国家建设逻辑与社会主义建设逻辑的辩证统一。社会主义法治国家建设，应与发展社会主义市场经济相结合，与增强社会主义公民意识同步伐，围绕健全人民民主而展开，通过完善人民代表大会制度来实现。"社会主义"与"市场经济"有机结合，从根本上颠覆了资本支配劳动的逻辑，真正落实了自由、平等、所有权的市场经济准则，构成了社会主义法治国家建设的经济基础；社会主义公民意识,秉承"社会主义民主法治、自由平等、公平正义"的理念,构成了社会主义法治国家建设的思想基础;人民民主作为对资产阶级国家"主权在资"实质的彻底否定,以民主主体的广泛性、民主内容的真实性、民主过程的全面性,让现代国家的人民主权理念在更大范围、更宽领域、更深层次上变为现实,成为社会主义法治国家建设的价值支撑;人民代表大会制度,将选举民主与协商民主结合起来,超越了资产阶级国家三权鼎立和多党竞争下的代议民主制,成为社会主义法治国家建设的根本制度路径。

目 录

导 论 1
  一、国家形态：马克思关于国家分类的另一视角 2
  二、现代国家思想的历史演进：从马基雅维利到
     马克思 5
  三、马克思关于现代国家考察的三重维度 13
  四、马克思现代国家思想视野下中国现代国家建设的
     独特逻辑 23

第一章 政治国家：现代国家成长的现代性维度 29
  第一节 市民社会：现代国家的现实基础 32
    一、从市民社会出发：马克思现代国家思想的
      范式革命 32
    二、市民社会与政治国家的现实分离：现代国家
      生成的逻辑前提 39
    三、自由、平等、所有权的三位一体：现代国家的
      经济基础 42
    四、完成了政治解放的人：现代国家的主体力量 46
  第二节 人民主权：现代国家的价值原则 52
    一、高扬人民主权旗帜：马克思在现代国家问题上的
      鲜明立场 53
    二、人民主权的民族根基：现代国家的建构前提 57
    三、人民主权的民主本性：现代国家的显著标志 62
    四、人民主权的宪法确认：现代国家的法治逻辑 66
  第三节 代议民主共和制：现代国家的制度形式 69

一、代议民主共和制：人民主权原则的有效实现形式…70
　　二、普选权：代议民主共和制的基础……………………77
　　三、分权制衡：代议民主共和制的权力配置方式………81
　　四、政党政治：代议民主共和制的核心领域……………85

第二章　资产阶级国家：现代国家批判的资本性维度……89
　第一节　主权在资：人民主权原则背后的资本逻辑………91
　　一、资产阶级独占统治：现代国家的主权性质…………92
　　二、维护资产阶级利益：主权在资的本质内涵…………96
　　三、资本统治和奴役劳动：主权在资的实质所在………104
　第二节　社会"赘瘤"：资本逻辑下代议民主共和国的
　　　　　发展限度………………………………………………112
　　一、废除普选权：割裂人民与国家间的制度性联系……113
　　二、行政权支配立法权：分权制衡的国家权力
　　　　结构失灵………………………………………………118
　　三、竞争性政党政治：资本统治劳动的"障眼法"……124
　第三节　资本支配劳动：现代国家社会基础的经济本质…130
　　一、公民与市民的双重人格：人的政治解放的
　　　　资本限度………………………………………………133
　　二、资本支配劳动：自由平等的商品经济准则
　　　　异化实质………………………………………………140
　　三、资本主义所有权规律：资本支配劳动的
　　　　经济根源………………………………………………146

第三章　社会共和国：现代国家超越的理想性维度………153
　第一节　社会共和国：从现代国家到自由人联合体的
　　　　　过渡形态………………………………………………156
　　一、自由人联合体：现代国家发展的必然趋势…………156
　　二、无产阶级专政：实现自由人联合体的政治过渡……162
　　三、社会共和国：无产阶级专政的实现形态……………166

第二节　真正的民主：社会共和国的本真属性 171
　　　一、多数人的统治：真正民主的主体特质 172
　　　二、人民群众把国家政权重新收回：真正民主的
　　　　　核心要义 177
　　　三、人的解放彻底实现：真正民主的终极价值 183
　　第三节　代表制民主：社会共和国真正民主的实现机制 188
　　　一、真正的普选：社会共和国的制度基础 189
　　　二、民选机关支配行政机关：社会共和国的
　　　　　权力运行机制 194
　　　三、共产党领导：社会共和国的权威保障 198

第四章　社会主义法治国家：马克思现代国家思想在中国的
　　　　发展和实践 203
　　第一节　中华帝国的现代转型：马克思的观点 204
　　　一、中华帝国：古代国家的中国标识 204
　　　二、西方殖民入侵：中华帝国现代转型的
　　　　　机遇与困境 209
　　　三、中华共和国：中华帝国现代转型的目标指向 213
　　第二节　社会主义法治国家：中国现代国家转型的
　　　　　逻辑必然 218
　　　一、历史逻辑：近代以来中国人民探索现代国家实现
　　　　　路径的必然选择 218
　　　二、理论逻辑：马克思主义国家学说在中国的发展 224
　　　三、现实逻辑：社会主义初级阶段最大国情 229
　　第三节　基础·价值·制度：社会主义法治国家的
　　　　　建设逻辑 232
　　　一、社会主义市场经济：社会主义法治国家建设的
　　　　　经济基础 233

二、社会主义公民意识：社会主义法治国家建设的
　　思想基础 235
三、人民民主：社会主义法治国家建设的价值支撑 238
四、人民代表大会制：社会主义法治国家建设的
　　制度路径 243

参考文献 248
后　记 259

导 论

从 17 世纪 40 年代的英国革命，到 18 世纪 80 年代的法国革命，再到 19 世纪 60 年代的德国革命的两百多年间，是欧洲从封建割据的王朝国家向统一的具有民族意识的现代国家的转型时期。身处这一历史变革时代之中的马克思自然对现代国家转型这一时代课题有着深入的思考。于是，"现代国家"（Modern State）成为他所创立的马克思主义国家学说的核心论题。然而，无论是马克思主义学派的观点，还是西方学派的观点，无论是国内学者的观点，还是国外学者的观点，马克思语境下的"现代国家"几乎成了资本主义国家的同义语。比如，密里本德称其为"资本主义社会的国家"，普兰查斯称之为"资本主义国家"，杰索普则称它为"资本主义类型的国家"，而国内学者长期强调的也多是现代国家的资产阶级专政性质。其原因之一就在于，在马克思主义国家学说研究中，国家的分类一般称为国家类型（或国家的历史类型），即按照阶级性质将国家划分为奴隶制国家、封建制国家、资本主义国家和社会主义国家四种类型。这种划分有助于人们把握国家的起源、本质和发展趋势。但如果仅依靠这一种研究视角，仍将给人们留下很多无法解释的理论难题，如同一类型的国家（如西欧的资本主义国家与非洲的资本主义国家）为什么会呈现出截然不同的政治生态和政治命运？不同类型的国家（如资本主义国家与社会主义国家）为什么又会有类似的政治要素和政治过程？还有，在马克思的思想中，"现代国家"通常指的是资产阶级国家或资本主义国家，那既然已经有了"资产阶级国家"一词，他为何还要使用"现代国家"这个概念呢？其实，除了国家类型的划分，马克思还把国家划分为"古代国家"和"现代国家"两种历史形态，即国家形态。因而，我们需要回溯原始文本，考察马克思关于国家形态问题的论述，并在此基础上系统探讨他关于现代国家的深邃思想，以更加完整准确地理解马克思主义的国家学说。

一、国家形态：马克思关于国家分类的另一视角

人们关于国家历史类型的划分，其主要依据来源于恩格斯在《社会主义从空想到科学的发展》一文中的论述："到目前为止在阶级对立中运动着的社会，都需要有国家，即需要一个剥削阶级的组织，以便维护这个社会的外部生产条件，特别是用暴力把被剥削阶级控制在当时的生产方式所决定的那些压迫条件下（奴隶制、农奴制或依附农制、雇佣劳动制）。国家是整个社会的正式代表，是社会在一个有形的组织中的集中表现，但是，说国家是这样的，这仅仅是说，它是当时独自代表整个社会的那个阶级的国家：在古代是占有奴隶的公民的国家，在中世纪是封建贵族的国家，在我们的时代是资产阶级的国家。"[①]这表明，划分国家类型主要是基于以下两个原则：（1）考察特定的国家是建立在什么样的经济基础之上，反映哪一种经济基础的特征；（2）考察特定国家中，哪一个阶级是统治阶级，对哪些阶级进行统治。也就是说，国家类型是由赖以存在的社会经济基础和阶级关系决定的，是社会决定国家、经济基础决定上层建筑的客观规律在国家问题上最显著的表现。这种决定关系的内在逻辑是：国家性质由社会性质决定，社会性质决定于占统治地位的阶级性质，而哪个阶级能够占统治地位又取决于生产资料归谁所有。于是，国家的历史类型便有了与以生产资料所有制为基础的社会经济形态一一对应的规律性联系，即原始社会解体、国家产生以后，人类社会经历了古典古代社会（奴隶制）、封建社会（农奴制或依附农制）、资产阶级社会（雇佣劳动制）三种社会经济形态（所有制关

---

① 《马克思恩格斯选集》第3卷，人民出版社2012年版，第812页。

系),同时也就依次出现了奴隶制国家(占有奴隶的公民的国家)、封建制国家(封建贵族的国家)、资本主义国家(资产阶级的国家)三种历史类型。所以,国家类型的划分是基于马克思的五种社会经济形态说而作出的,其经济基础的划分标准是由生产资料所有制性质决定的生产方式。

其实,除了五种社会经济形态说,马克思还基于人的发展将社会划分为人的依赖关系的社会、以物的依赖性为基础的人的独立性社会和个人自由而全面发展的社会三大形态。正如马克思所说,人的发展的"第二个阶段为第三个阶段创造条件。因此,家长制的、古代的(以及封建的)状态随着商业、奢侈、货币、交换价值的发展而没落下去,现代社会则随着这些东西同步发展起来"①。在这里,马克思是从人的社会关系入手考察古代社会与现代社会之间区别的。古典古代社会和封建社会是人的依赖关系的社会,其社会经济运行采取的是自然经济的形态;资产阶级社会则是以物的依赖性为基础的人的独立性社会,其社会经济运行的基本形态则是商品经济。从作为人类社会发展最终决定力量的生产力标准看,前者是农耕文明的象征,后者则是工业文明的标志。因而,资产阶级社会较之古典古代社会、封建社会等前资本主义社会经济形态,具有鲜明的现代性,即人类社会实现了从农业文明到工业文明、从自然经济到商品经济的历史变革。正如恩格斯在与马克思的通信中所说:"'资产阶级社会',或者根据情况说:'商业和工业社会',并且可以加一个注:我们理解的'资产阶级社会',是指资产阶级、中等阶级、工业和商业资本家阶级在社会和政治方面是统治阶级的社会发展阶段;现在欧洲和美洲的所有文明国家在某种程度上就是处于这种阶段。因此,我们建议用'资产阶级社会'和'工业和商业社会'这样的说法来表示同一个社会发展阶段,虽然前一种说法更多地是指这样一个事实,即资产阶级是统治阶级,不同于它取而代之执政的那个

---

① 《马克思恩格斯文集》第8卷,人民出版社2009年版,第52页。

阶级（封建贵族），或者不同于它使之在社会和政治上处于从属地位的那些阶级（无产阶级或产业工人阶级，农民，等等），——而'商业和工业社会'这个说法更多地是专门指这个社会历史阶段所特有的生产和分配方式。"①可以说，马克思关于古代国家与现代国家的形态划分，就是以社会三大形态说为基础的，古代国家以"人的依赖关系"的社会为基础，现代国家则是建立在"以物的依赖性为基础的人的独立性"的社会基础上的，其经济基础的划分标准则是生产力水平和经济运行机制。其中，古代国家与古代农耕文明、自然经济相适应，现代国家与现代工业文明、商品经济相适应。

由此看来，国家形态说与国家类型说都遵循了社会决定国家这一历史唯物主义基本原理，只是基于社会形态划分的不同视角而作出的不同理解罢了。国家类型说基于社会的阶级性质决定国家的性质这一原理，认为"国家是阶级统治的工具"，重点强调国家的政治统治职能，是统治阶级与被统治阶级关系的政治反映；国家形态说基于社会的文明程度决定国家的文明程度这一理论，把国家看作"从社会分化出来的管理机"，重点强调国家的社会管理职能，反映的是国家与社会的关系以及国家自身的运行机制。当然，这两种国家分类的方法不是互相对立的。因为国家的"政治统治到处都是以执行某种社会职能为基础，而且政治统治只有在它执行了它的这种社会职能时才能持续下去"②。如果说国家类型说回答的是"国家是哪个阶级的代表"，那么，国家形态说回答的则是"国家如何代表这个阶级"。所以，国家形态说绝不是对国家类型说的否定，而是对它的一个重要的补充。它们之间的差别只是对国家分类所站的角度不同而已。除此之外，这种补充的意义还在于说明原始社会、奴隶社会、封建社会、资本主义社会和共产主义社会（社会主义社会是其第一阶段）这五种社会形态的依次更替，是人类社会发展的一般过

---

① 《马克思恩格斯全集》第 28 卷（上），人民出版社 1973 年版，第 139-140 页。
② 《马克思恩格斯选集》第 3 卷，人民出版社 2012 年版，第 559-560 页。

程和一般规律，但不是每一个国家都按照这种依次更替的顺序发展，有的国家则是实现了超越一个甚至几个社会形态的跨越式发展，有的国家甚至出现了多种社会形态特征交叉渗透的情况。然而，人的发展的"第二个阶段为第三个阶段创造条件"，决定了无论跨越几种社会形态，任何国家都经历了从农业文明到工业文明、从自然经济到商品经济、从"人的依赖关系"社会到"以物的依赖性为基础的人的独立性"社会的历史变革。每一个历史阶段的到来，都必须以前一个历史阶段的发展为坚实基础。这也就表明，与"三大社会形态说"相联系的两种国家形态说，较之与"五种社会经济形态说"相适应的四种国家历史类型说，更具有解释的普遍性。

二、现代国家思想的历史演进：从马基雅维利到马克思

公元1500年前后，伴随新航路的开辟和新大陆的发现、世界市场的扩大和商业贸易的空前发展，欧洲文艺复兴逐步走向深入，各国宗教改革运动相继爆发。这标志着欧洲将迎来中世纪统治秩序的解体和现代国家体系建构时期剧烈的思想和社会动荡。从公元5世纪西罗马帝国灭亡到公元15世纪文艺复兴时期的一千年，被史学界称为"中世纪"。中世纪的西欧形成了独特的政权与教权二元化的权力体系。到了中世纪的中后期，随着教权与王权斗争的日趋激烈，作为西欧中世纪基督教神学和神权政治理论的最高权威，托马斯·阿奎那基于"君权神授"的理论前提提出"君权神圣"的国家理念，认为罗马教皇的权力是耶稣基督交给他的永远不会终止的统治权，世上的一切君主"都应当受他的支配，像受耶稣基督本人的支配一样"[①]。在他看来，国家是人的理性的产物，但人的理性又来源于上帝的理性，因此，上帝就应当是国家等一切社会权威的终极缔造者，而罗马教皇是上帝在尘世的代表。阿奎那以此为出发点认为教权高于政权，国家权力属于教会而不属于人民。可见，阿奎那

---

① 《阿奎那政治著作选》，商务印书馆1982年版，第44页。

的观点主要服务于基督教神权统治,但他同时又承认国家的目的是实现人的理性对于社会生活的要求,教会的目的则是实现人的理性的最高要求。这就为人们从人文主义视角思考国家问题打开了一扇窗。

随着城市的兴起和商品经济的发展,教权与王权之间较量的优势天平也倾斜到了世俗王权一方。思想家们开始从人文主义视角为欧洲大部分地区为摆脱基督教神权统治而建立的君主专制政体进行辩护。尼科洛·马基雅维利开始从人和人的经验出发思考国家问题。他极度怀疑上帝存在的真实性并对"君权神授"的思想进行坚决批判,而对人的本质和人的行为进行了细致的分析,将国家建立在人性的基础之上,总结国家强弱和权力得失的原因,认为人是历史的主体,而国家是为了保护人们自身而建立起来的组织。这便使国家理论摆脱了中世纪神学的影响,使国家的概念越来越独立,马基雅维利以试图证明一位强势君主是当时的城市共和国成为一个"国家"的前提,并把国家现为人民认可的有主权的王国,从而赋予国家概念以现代意义。在他看来,"要建立任何一种秩序,唯一的方法都是建立君主之治;因为在人民彻底的腐化堕落已经使得法律无法起到制约作用的地方,就有必要确立某种至上的权力。凭借君主之手,且依靠各种充分而绝对的权力,这种至上权便有可能遏制住权贵们的极大野心和腐败"①。马基雅维利追求意大利民族的独立和统一,这也是现代国家成长的标识之一。在他看来,意大利的统一需要君主专制的保证,只有在绝对君主专制政权统治下的民族,才能实现国家的统一。当然,马基雅维利拥护君主专制政体,实际上只是将专制王权看作实现意大利统一的暂时措施,他真正期待的还是以罗马共和国为典范的民治政府,其理论旨趣在论证共和国政体的优越性。

---

① 转引自 [美]乔治·萨拜因:《政治学说史——民族国家》(上),邓正来译,上海人民出版社 2015 年版,第 28 页。

当西欧国家摆脱了教权制约后，它们日益集权化的君主便宣扬对国家最高权力的行使，并以一种新的"主权"话语加以表达。法国思想家让·布丹最早明确提出"主权"概念，并确定了国家和主权两个概念的联系，认为国家是由"许多家庭及其共同财产所组成的，具有最高主权的合法政府"①。在他看来，主权具有至高无上、不受限制以及不可分割的绝对性和永久性，是区分国家与其他社会团体的主要标志。布丹打破了中世纪"君权神授"的神话，将主权归属于君主而非上帝，认为君主具有统治臣民而不受法律限制的最高权力。但同时他基于家庭和国家的区分，认为财产权与主权在性质上是不同的，君主不是公众财产的所有者，不能转让、侵犯公众财产的所有权。这表明，布丹的国家学说的核心内容是专制主义的，但其中也蕴含了主权者要服从自然法的理念。作为自然法学说和社会契约论主要创始人之一，英国思想家托马斯·霍布斯基于"一切人反对一切人的战争"的自然状态假设，提出国家"就是一大群人相互订立信约、每个人都对他的行为授权，以便使他能按其认为有利于大家的和平与共同防卫的方式运用全体的力量和手段的一个人格"②。这就进一步明确了以"君权人授"否定"君权神授"的思想。但霍布斯把人民的这种授权看作主权归属关系的一次性转让，认为人民将国家主权授予君主后就不能收回，且君主的主权具有至高无上的地位。于是，霍布斯认为自然状态下建立的国家是君主专制国家，同时他又明确地将个人不可转让、不可剥夺的权利看作国家权力的基础，从而开启了近代思想的闸门。

随着商品经济的发展和资产阶级革命的胜利，在封建帝国的专制权力体系之外孕育的所谓"市民"的社会逐渐摆脱了国家的控制而获得了自己独立的活动空间。这时，以自然法学说、社会契约论为理论基础，主张"社会先于国家或外于国家"的近代自由主义思

---

① 转引自徐大同：《西方政治思想史》，天津教育出版社2002年版，第111页。
② [英]霍布斯：《利维坦》，黎思复、黎廷弼译，商务印书馆1985年版，第132页。

潮应运而生。作为西方近代自由主义最早的代表人物之一，英国思想家约翰·洛克改进了霍布斯的自然法学说和社会契约论，并批判了绝对主义君主专制理论。与霍布斯不同，洛克认为自然状态不是"一切人反对一切人的战争状态"，而是一种"完备无缺的自由状态"，生命、自由、财产是自然法为人类规定的基本权利，是不可让与、不可剥夺的自然权利。基于这一理论前提，洛克认为人们订立契约交给国家权力也只能是"自然法所给予他的那种保护自己和其余人类的权力"，而不是任意伤害他人的权力，生命权、自由权和财产权是人们订立契约时不可放弃、不可转让的权利，且被授予权力的人也是契约的参加者，必须受契约内容的限制。据此，洛克提出，国家即政府权力的性质"不是，并且也不能是专断的"①，而是保护人民的。为了防止国家权力的专断，洛克又提出了分权的主张。他把国家权力分为由议会掌握的立法权和由国王掌握的执行权、对外权，并认为立法权是最高权力，从而使由人民选举并受人民制约的议会拥有了"神圣的"和"不可变更的"国家最高权力。在他看来，"一个国家的成员是通过立法机关才联合并团结成为一个协调的有机体的。给予国家以形态、生命和统一灵魂"②。洛克这种"议会主权"观点间接地体现了人民主权的基本精神，但他并没有得出人民主权的结论，他所推崇的现代国家组织形式也是立宪君主制政体。

法国思想家查理·路易·孟德斯鸠循着社会契约论和分权学说的思路，吸收洛克的自由、法治和分权学说，批判和排除了霍布斯等人的专制主义主张，阐明了法的精神和限制国家权力的思想。孟德斯鸠把国家政体划分为三种类型，把共和政体（包括民主制和贵族制）、君主政体看作正常的合理政体，把专制政体作为批判和否定的政体。在他看来，区别君主政体和专制政体的标准就是是否守法和君主是否受法律制约。这表明，孟德斯鸠推崇的现代国家原则就

---

① [英]洛克：《政府论》下篇，叶启芳、崔菊农译，商务印书馆1964年版，第83页。
② [英]洛克：《政府论》下篇，叶启芳、崔菊农译，商务印书馆1964年版，第134-135页。

是法治和分权。他认为法律是理性的体现,每一个国家都应该制定与本国政体的性质和原则相一致的法律法规。为了限制国家权力,他又提出了三权分立的政治主张。与洛克不同,他把国家权力分为由议会掌握的立法权、由国王掌握的行政权和由法院掌握的司法权。并且,他极力主张权力应该分开掌握和分开行使以及彼此相互合作又相互制约,认为一个人手中或者一个国家机关手中,不能同时掌握两种甚至三种权力,否则,公民的政治自由就不存在了。孟德斯鸠按照法治和分权原则设计现代国家制度,目的就是保障公民的政治自由。他指出,"一个公民的政治自由是一种心境的平安状态","要享有这种自由,就必须建立一种政府,在它的统治下,一个公民不惧怕另一个公民"。①但是,他贬低和限制普通人民的政治能力和政治权利,主张赋予贵族更大的立法权和司法权甚至保留国王的神圣地位。因而在国家权力归属关系这一根本问题上也就没有得出人民主权的结论。

另一位法国思想家让-雅克·卢梭循着通过社会契约建立国家的思想,并赋予社会契约论以鲜明的人民性,在近代西方第一次完整地提出人民主权学说。他反对孟德斯鸠的分权制衡学说,宣扬"人民和主权者的同一"的理念,明确主张主权永远属于人民,人民主权遵循不可转让、不可分割、不可代表且绝对不容侵犯的原则。这种人民主权的不可转让、不可分割、不可代表的特征,根植于作为社会契约内核的"公意"本身的不可转让、不可分割、不可被代表。卢梭不同于霍布斯将人民排除在政治生活之外的君主专制论,也不同于洛克让人民只参与部分政治过程,即选举议会代表的议会至上论,而是强调人民在权力的归属与权力的行使上都是政治活动的不可或缺的主体。同时,在国家政体的分类上,卢梭只承认民主共和国,即按照公共利益的需要,由人民自己制定法律,由人民安排政府去存的国家。然而,卢梭也面临着一切社会契约论者需要解决的

---

① [法]孟德斯鸠:《论法的精神》上卷,张雁深译,商务印书馆1961年版,第155-156页。

共同难题,即既要求国家的整体权威,又坚持个人不可剥夺的自由平等权利。为此,他主张通过缔结契约的方式,形成一个道德的、集体的共同体,将个人的所有权利转让给整个群体,从而"寻找出一种结合的形式,使它能以全部共同的力量来卫护和保障每个结合者的人身和财富,并且由于这一结合而使得每一个与全体相联合的个人又只不过是在服从其本人,并且仍然像以往一样地自由"①。这表明,一方面,卢梭提出了个人利益服从整体利益的观点;另一方面,在他看来,国家纯粹是由个体结合而成,是为了实现个人利益而存在的特殊机构,是为了保障个人的天然权利而存在的机构。他要求个人利益服从共同意志并不是因为把国家看成一个有机的整体,其不是代表着特殊利益群体目标的所谓国家行为。这种人民享有自由平等、国家拥有最高权威的社会契约论,使卢梭尽管用社会契约理论来解释国家的起源,但仍然没有找到国家产生的现实基础。这也让他反对分权制衡而强调主权不可分的观念,容易使国家权力假借"人民主权"和"多数同意"名义,践踏公民的个人自由和权利,最终陷入专制主义的泥潭。

既要求国家的整体权威,又坚持个人不可剥夺的自由平等权利,这是一切社会契约论者需要破解而又无法破解的共同难题。德国思想家格奥尔格·威廉·弗里德里希·黑格尔认为这一矛盾源于社会契约论本身。他认为社会契约论的一个根本缺陷或错误,就在于混淆了国家同社会的根本区别。在黑格尔看来,"契约乃是以单个人的任性、意见和随心表达的同意为其基础的",只能看作私人之间进行交易的意思表示,而不可能成为国家与私人之间以此进行权利义务设定。②因此,通过契约建立起来的共同体其实并不是真正的"政治国家",而只是人们基于私人利益的、为谋取物质生活需要而相互依赖的一种形式上的共同体,即市民社会。社会契约论者既然混淆了国

---

① [法]卢梭:《社会契约论》,何兆武译,商务印书馆2003年版,第19页。
② [德]黑格尔:《法哲学原理》,范杨、张企泰译,商务印书馆1961年版,第82-83页。

家和社会的根本区别，也就不可能认识和把握国家的本质并揭示个人和国家的真正关系。黑格尔在理论上自觉把握国家和市民社会分化的历史趋势，成为真正将市民社会作为与政治国家相对的概念而与国家作出学理上区分的历史第一人。他认为，社会伦理包含了三个环节，即家庭、市民社会和国家。"伦理的最初定在又是某种自然的东西，它采取爱和感觉的形式；这就是家庭。在这里个人把他冷酷无情的人格扬弃了，他连同他的意识是处于一个整体之中。但在下一阶段，我们看到原来的伦理以及实体性的统一消失了，家庭崩溃了，它的成员都作为独立自主的人来互相对待，因为相需相求成为他们的唯一纽带了。人们往往把这一阶段即市民社会看做国家，其实国家是第三阶段，即个体独立性和普遍实体性在其中完成巨大统一的那种伦理和精神。"①在黑格尔看来，市民社会是独立的个人为追求各自的利益和目的联合而成的特殊的社会结合形式。它"是个私利的战场，是一切人反对一切人的战场"②，充满着自我与他人、个人与社会、特殊利益与普遍利益、贫困与富足等各种各样的矛盾。这就需要一种能包括各个部分的、关心大众福祉的、有手段在竞争者中裁决的力量来调控社会的矛盾和冲突，最大限度地保护社会成员和整个社会的利益不受侵犯。这种力量便是处于市民社会之外而又高于市民社会之上的、能代表并反映普遍利益的理性国家。黑格尔没有让"现代国家"从历史过程产生，而只是从观念中把它推导出来。他试图在理性国家内解决人民享有自由平等与国家拥有最高权威的矛盾，但他极力把市民社会置于国家的控驭之下的努力，实际上隐含着国家权力可以无所不及和社会可以被完全政治化的逻辑，而这种逻辑往往趋于"对国家加以理想化，以及对市民社会给予道德上的低评价，这两者结合在一起都不可避免地要导致政治上

---

① [德]黑格尔：《法哲学原理》，范杨、张企泰译，商务印书馆1961年版，第43页。
② [德]黑格尔：《法哲学原理》，范杨、张企泰译，商务印书馆1961年版，第309页。

的独裁主义"①。同时,在国家的政体选择和制度设计上,黑格尔把立宪君主制看作最合乎理性、合乎时代精神的国家制度,认为:"国家成长为立宪君主制乃是现代的成就。"②而立宪君主制之所以最合乎理性,是因为王权代表着整体的统一,是一种把被区分出来的各种权力集中统一起来的权力。黑格尔试图调和君主主权与人民主权并将二者统一于王权,但推崇的以王权为首的立宪君主制,不仅在形式上更是在实质上表现出明显的君主主权倾向。

由此看来,自16世纪以来,西方思想家们关于现代国家的思考,充满了"人"对抗"神"的特点,这是一个巨大的思想进步。正如马克思所讲,从马基雅维利到霍布斯至卢梭再到黑格尔,他们"已经开始用人的眼光来观察国家了,他们从理性和经验出发,而不是从神学出发来阐明国家的自然规律"③。但他们所理解的"人"是一种基于"原子式个人"假设的抽象意义的"自然人"或"理性人"。以此为前提阐发的现代国家思想,是试图论证现代国家没有阶级差别且永恒存在。这显然是不符合人类社会历史发展的客观事实的,是历史唯心主义在国家观上的反映。同时,也正是基于这种"自然人"或"理性人"前提,使他们始终无法从理论上更好地解决个人自由权利与国家最高权威之间的矛盾,而往往是从捍卫个人权利、维护人民主权出发而得出专制主义或君主政体的结论。与此根本不同的是,马克思国家观是以历史唯物主义为思想基础的。"这种考察方法不是没有前提的。它从现实的前提出发,它一刻也不离开这种前提。它的前提是人,但不是处在某种虚幻的离群索居和固定不变状态中的人,而是处在现实的、可以通过经验观察到的、在一定条件下进行的发展过程中的人。"④不同于自由主义、理性主义国家观

---

① [美]萨拜因:《政治学说史》(下),盛蔡阳、崔妙因译,商务印书馆1986年版,第729页。
② [德]黑格尔:《法哲学原理》,范杨、张企泰译,商务印书馆1961年版,第287页。
③《马克思恩格斯全集》第1卷,人民出版社1995年版,第227页。
④《马克思恩格斯选集》第1卷,人民出版社2012年版,第153页。

抽象的"自然人"或"理性人"假设,马克思历史唯物主义国家观的出发点,不是想象中的个人,而是现实中的个人,即"从事活动的,进行物质生产的,因而是在一定的物质的、不受他们任意支配的界限、前提和条件下活动着的"个人。因而,研究现实的个人,不是研究人们自身的生理特性,也不是研究"人们所处的各种自然条件",而是研究"他们的活动和他们的物质生活条件,包括他们已有的和由他们自己的活动创造出来的物质生活条件"。①也就是说,对现实的人的研究,要转入社会历史的范围,去研究人的生产活动和社会关系。从这一前提出发,马克思没有满足于只从国家领域研究现代国家,而是把现代国家放入人的物质生活关系之中加以考察,既突破了理性主义国家观,把被黑格尔颠倒了的主谓关系颠倒过来,将国家置于现实社会生活之中,又没有像自由主义思想家那样去设定和描绘根本不存在的"自然状态",从而把现代国家作为一个历史的过程加以辩证地把握。

三、马克思关于现代国家考察的三重维度

正如杰索普所说:"马克思没有提供一种与《资本论》的视野和严密性相当的对资本主义国家的理论分析;他关于国家的论述,有一系列片段的、不系统的哲学思考、当代历史分析、报刊文章、偶发事件的评论组成;马克思很少直接关注国家机器、国家权力、资本积累及其社会条件之间的复杂关系。"②如前所述,杰索普把现代国家称为"资本主义类型的国家",那么,"马克思没有提供一种与《资本论》的视野和严密性相当的对资本主义国家的理论分析",也就等于在说马克思缺乏对现代国家的系统论述和深入分析。作为当代西方新马克思主义的代表人物,杰索普的这一观点具有一定的代表性。可问题是,马克思没有关于现代国家系统研究的专门著述,

---

① 《马克思恩格斯选集》第1卷,人民出版社2012年版,第146页。
② Bob Jessop: The Capitalist State: Marxist Theories and Methods. Oxford: Blackwell, 1982, P1.

是否就等于他没有系统的现代国家思想？答案明显是否定的。其实，马克思早年就曾构思一部以现代国家为独立研究对象的著作，并留下了一份关于这一著作的研究大纲，即《关于现代国家的著作的计划草稿》①，涉及人权和宪法、国家和市民社会、代议制、权力的分开、立法权和立法机构、执行权和公共管理、国家结构形式、司法权和法、民族和人民、政党、选举权等现代国家的构成要素，并最终落脚在"为消灭国家和市民社会而斗争"的奋斗理想，从而搭建起了关于现代国家研究的基本框架结构。尽管终其一生，马克思也没有完成这部系统阐释现代国家问题的专门著作，但是该课题贯穿于马克思研究生涯的全过程。在《黑格尔法哲学批判》《神圣家族》《德意志意识形态》《共产党宣言》《1848年至1850年的法兰西阶级斗争》《路易·波拿巴的雾月十八日》《法兰西内战》《哥达纲领批判》等著作中，马克思从不同角度对现代国家问题作了透彻的分析和深入的研究。甚至在其巨著《资本论》中，他也深刻论述了国家、法、政治观念等问题。然而，这种文献的分散性和研究的多维性，也使人们对马克思语境下的"现代国家"概念存在着诸多模糊认识，难以把握其与"政治国家""资产阶级国家"等概念之间的区别与联系。这就需要首先立足文本，对马克思的"现代国家"概念进行梳理和概括，以求厘清其与其他相关概念间的关系。

（一）政治国家：现代国家成长的现代性维度

马克思把国家划分为古代国家与现代国家两种形态。那么，这两种国家形态的区别在哪里呢？在他的早期著作中，政治国家是表征现代国家的主要范畴，以示其"现代"意义。这种现代性主要体现在它是建立在市民社会基础之上、以人民主权为价值取向的代议民主共和制国家。

社会决定国家，研究两种国家形态的差别就要首先研究它们社会基础的差别。在马克思看来，"现代国家承认人权和古代国家承认

---

① 《马克思恩格斯全集》第42卷，人民出版社1979年版，第238页。

奴隶制具有同样的意义。就是说，正如古代国家的自然基础是奴隶制一样，现代国家的自然基础是市民社会以及市民社会中的人，即仅仅通过私人利益和无意识的自然必要性这一纽带同别人发生联系的独立的人"①。在古代，一切因素都具有市民的因素和国家的因素双重形式，社会的有机原则就是国家原则。"市民社会""人权"与"奴隶制"的对比表明，现代社会已不是基于"人的依赖关系"的政治社会，而是废除或消灭了特权的"以物的依赖性为基础的人的独立性"的市民社会，社会中的人也已摆脱基于权力和等级的人身依附关系，成为生活在基于普遍的物质交往关系中的现实的个人。而这种社会变革的经济动因在于，工业尤其是机器大工业取代农业成为社会经济的主导产业，商品经济取代自然经济成为占统治地位的经济形式。商品关系"作为交换主体的个人的经济关系"，已经渗透到社会生活的各个领域，商品经济以它所奉行的"等价交换""交易自由"原则确立了现代社会平等和自由的交往规则。人们消除了出身、等级、文化程度、职业的差别在政治上的意义，私有产权也摆脱了共同体（主要是国家）的牵制，消灭了市民社会的政治性质，促成了社会与国家完成现实的分离，从而奠定了古代国家与现代国家的历史分野。

市民社会从国家中挣脱出来，社会中的人获得了独立的人权和财产权，必然要反对政治上的特权和专制，确立自由和平等的公民政治权利，而现代商品经济交往中的契约原则，在政治权利运行方式中也演化为法治原则和定期选举原则，从而奠定了现代国家的核心价值——人民主权的社会基础。在马克思看来，是"人民主权"还是"君主主权"，是区别现代国家与古代国家最显著的标志。因为"民主制是君主制的真理，君主制却不是民主制的真理"②，"只有民主制才是普遍和特殊的真正统一"③。人民主权原则的确立，实现了

---

① 《马克思恩格斯文集》第1卷，人民出版社2009年版，第312-313页。
② 《马克思恩格斯全集》第3卷，人民出版社2002年版，第39页。
③ 《马克思恩格斯全集》第3卷，人民出版社2002年版，第40页。

国家的主权归属关系由"一个人"或"少数人"向"多数人"的转变,宣示了国家的民族性即人民对外完全是独立的并且组成自己的国家。在《关于现代国家的著作的计划草稿》中,马克思设想在探讨现代国家的起源之后,就紧接着阐述"人权的宣布和国家的宪法"问题。在这一大标题下,马克思提出了"人民主权"这一现代国家的核心范畴,以明确人权的政治意义和宪法的现代精神,即在法律的意义上赋予每一名社会成员以平等的民主权利主体身份。这不仅超越了古代的共和时代,更超越了古代的帝国时代。因为即使在雅典城邦民主制下,作为社会成员大多数的奴隶是不被当作"人"来看的,在法律上是不具有公民权的,而只是"会说话工具"而已;在中世纪的封建帝国时代,主导国家权力关系的是领主-附庸关系,即使在作为统治阶级的封建领主内部,人们的政治权利也是按等级划分大小的,更不用说处在社会底层的广大农奴了。而在现代国家,社会成员摆脱了具有臣民性质的人身依附关系,成为真正独立的"国家公民",使不论属于哪个阶级(包括统治阶级和被统治阶级)的公民在法理上都获得了平等的政治权利。

当人民主权的价值观得到普遍认可之后,人们就要考虑其如何实现的问题了。在马克思看来,"代议制是一个进步,因为它是现代国家状况的公开的、未被歪曲的、前后一贯的表现"①。在《关于现代国家的著作的计划草稿》中,从第四大标题开始直到文末,他列出了代议制、权力的分开、立法权与立法机构、执行权与公共管理、集权制与联邦制、司法权与法、民族和人民、政党、选举权等现代国家的构成要素,都可看作现代国家为实现"人民主权"所作的制度安排和组织架构。其中,代议制是最基本的制度安排。普遍的选举权构成了它的基础,因为选举是市民社会对代议机关和议员的真正关系,从而"构成了现实市民社会的最根本的政治利益"②,它使

---

① 《马克思恩格斯全集》第 3 卷,人民出版社 2002 年版,第 95 页。
② 《马克思恩格斯全集》第 3 卷,人民出版社 2002 年版,第 150 页。

国家权力来源由基于血缘关系（出生）的世袭制、终身制转变为基于委托代理关系（同意）的选举制、任期制，从而也改变了西欧国家封建时代的代议机关只是王权附庸的窘境。分权制衡是它的权力配置原则，因为立法权与执行权（主要是行政权）的分开是现代国家与市民社会之间分离与制约关系的政治表现。立法权作为市民社会的政治存在的代表，代表的是政治意识，而政治意识只有在它同行政权发生冲突时才会显示出自己的政治本质①，它使国家权力运行过程具备了纠错机制。政党政治是它的核心领域，因为"政党不仅是现代政治组织的独特形式，而且是它的中心"②，它让政治斗争在公众的视野下按照一定的规则和程序进行，较之家族政治下"你死我活"的残酷斗争更为文明和理性。总之，这一制度安排将人们的政治参与限定在几年一次的普选行为之中，让公众通过选择自己的利益代言人实施统治，从而较有效地解决了民主的规模同民主的实现之间的矛盾，超越了古希腊的城邦直接民主制。所以，马克思把"民主的代议制国家"称为"完备的现代国家"③。

（二）资产阶级国家：现代国家批判的资本性维度

在马克思看来，作为政治国家的现代国家只是实现了政治解放，还没有彻底解决人的解放问题，而这一问题的根源需要到市民社会中去寻找。在现代的市民社会中，资产阶级和无产阶级构成了社会的基本力量：前者拥有资本的所有权，占支配地位；后者则是劳动力的所有者，处于从属地位。这就决定了现代国家与资本之间必然存在着内在的逻辑关联。马克思认为："现代的国家政权不过是管理整个资产阶级的共同事务的委员会罢了。"④这样，在马克思的思想中，"现代国家"便成了"资产阶级国家""现代资产阶级国家"的

---

① 《马克思恩格斯全集》第3卷，人民出版社2002年版，第149页。
② [英]杰弗里·巴勒克拉夫：《当代史导论》，张广勇、张宇宏译，上海社会科学院出版社1996年版，第124页。
③ 《马克思恩格斯文集》第1卷，人民出版社2009年版，第314页。
④ 《马克思恩格斯选集》第1卷，人民出版社2012年版，第402页。

同义语。

马克思根据 1848 年欧洲革命前后的实践，详细考察了法国从七月王朝到二月革命再到雾月政变的历史过程，从资本的逻辑发现了造成现代国家历史限度的根源。他发现，表面上看，法国 1848 年二月革命后的共和国取代七月王朝，打落了后面隐藏着资本的王冠，使资产阶级国家借社会的名义进行统治，而事实上，写在资产阶级建立的现代国家宪法上的"人民主权"原则中的"人民"不是社会全体成员，而只是占社会成员少数的资产阶级分子，国家权力被资本的所有者——资产阶级的代表所掌控，资产阶级就完全控制了整个共和国的立法权和行政枢纽。这就使国家机构沦为为资产阶级利益服务的工具，其根本职能也是维护资本统治并奴役劳动的社会秩序。作为"民意代表"的立法机构，制宪议会，"在需要捍卫资产阶级共和国的形式时，它就拥有民主主义共和派的支持票；而在需要捍卫这个共和国的内容时，它甚至连讲话的方式也与资产阶级保皇集团如出一辙了，因为构成资产阶级共和国内容的正是资产阶级的利益，正是它的阶级统治和阶级剥削的物质条件"①。特别是当资产阶级的骗术被揭穿，无产阶级起来反抗的时候（如六月起义），资产阶级国家就会通过强大的行政力量，运用军队、警察、法庭、监狱等暴力机器，对无产阶级实施赤裸裸的暴力镇压。六月起义的失败"迫使资产阶级共和国现了原形：原来这个国家公开承认的目的就是使资本的统治和对劳动的奴役永世长存"②。

在权力运行上，资产阶级及其政党控制着议会，支配着立法权；独占着内阁，垄断着行政权，甚至为了巩固统治秩序废除普选权，使权力结构呈现出行政权架空立法权的态势。资产阶级原先是按照分权制衡原则来组织自己的政权的，特别是在代议制建立初期，立法权似乎更受重视一些，甚至出现了所谓"议会万能"的论调。但

---

① 《马克思恩格斯选集》第 1 卷，人民出版社 2012 年版，第 472-473 页。
② 《马克思恩格斯选集》第 1 卷，人民出版社 2012 年版，第 470 页。

是，随着资产阶级统治地位的巩固，行政机关逐渐成了兴趣焦点，资产阶级国家的现实发展也呈现出行政权凌驾于立法权之上的趋势。这一方面是因为资产阶级分权制度本身就蕴含着行政权支配立法权的先天性缺陷。如二月革命后建立的法兰西第二共和国宪法把实际权力授予总统，而力求保障国民议会精神上的权力，使国民议会永远留在舞台上，成为公众日常批评的对象，而总统却在"极乐世界"，从而造成了有责无权的议会和有权无责的总统之间的不对等，使"民选的国民议会和国民只有形而上学的联系，而民选的总统却和国民发生个人联系"[①]。另一方面，出于维护阶级利益和统治的需要，资产阶级也会千方百计地限制立法权而扩大行政权。因为议会这个曾经作为资产阶级反对王权的工具有可能成为无产阶级反对资产阶级甚至获得统治权力的战场。于是，行政机关逐渐脱离议会的有效制约成为资产阶级国家权力的核心，而议会则逐渐沦落为行政机关的附属品。这样，当无产阶级通过议会斗争掌握立法权而对资产阶级统治构成威胁时，资产阶级便可以利用行政权力支配的常备军、无所不管的官僚制度、愚民的僧侣、奴性的司法体系和政府权力，毫不犹豫地消灭立法权以阻止无产阶级的"和平夺权"。此外，为了保证国家能够在现代化大生产和现代社会发展中更好地发挥"总资本家"的作用，国家权力需要对市场和社会生活实施有效干预，立法权和司法权由于不适应瞬息万变和错综复杂的经济和社会管理而将一部分权力转交给行政机关。这也造成了行政权的日益扩大和超常发展。

而且，社会与国家在资产阶级时代实现现实的分离，已经表明社会把经济领域从国家收回到自己的手中。资产阶级在上升时期也试图通过普选、代议制、社会舆论等途径寻求社会对国家的监督。从发展的趋势来看，未来社会与国家之间应该呈现出一种国家重新统一于社会的关系。然而，从1848年欧洲革命后法兰西共和国的制

[①]《马克思恩格斯选集》第1卷，人民出版社2012年版，第683—684页。

度安排和现实发展来看,旧式的国家机器却在资产阶级时代膨胀到登峰造极的程度,并不断地脱离社会的控制而日益凌驾于社会之上。行政权支配立法权的态势,必然造成行政权的超常发展致使国家对社会的控制达到无所不包的程度。马克思看到在行政权力扩大的背景下,国家对社会的控制达到了一个极端,认为:"这个行政权有庞大的官僚机构和军事机构,有复杂而巧妙的国家机器,有50万人的官吏大军和50万人的军队。这个俨如密网一般缠住法国社会全身并阻塞其一切毛孔的可怕的寄生机体,是在专制君主时代,在封建制度崩溃时期产生的,同时这个寄生机体又加速了封建制度的崩溃。"①在庞大的行政主导的国家寄生机体的无处不在、无所不知并且极其敏捷、极其灵活的控制之下,现实的社会必然陷于极无自动性、极其软弱、极不固定的萎缩状态。其实,不止法国,就是其议会有"议会之母"之称的英国此时也出现了行政权超越立法权的态势。比如,马克思在《帕麦斯顿内阁的失败》一文中写道:"帕麦斯顿的执政,不是一个普通内阁的执政,而是一种独裁。从对俄战争开始起,议会几乎放弃了它的宪法职权;在缔和以后,它也没有敢于重申这种职权。它经过一种逐渐的、几乎是觉察不到的衰退过程,已经降到了立法团的地位,它所不同于原来波拿巴的那个御用机构之处,只在于它那虚饰的门面和装腔作势的高调。"②

(三)社会共和国:现代国家超越的理想性维度

资产阶级并没有完成现代国家建构时预设的历史任务,只是完成了它的"上篇"。完成它的"下篇"的历史任务则落到了无产阶级的身上。因此,马克思和恩格斯在《共产党宣言》中提出:"工人革命的第一步就是使无产阶级上升为统治阶级,争得民主。"③在总结1848年法国二月革命的经验后,马克思认为无产阶级提出的"社会共和国",将是对资产阶级现代国家的超越。晚年,他又从巴黎公社

---

① 《马克思恩格斯选集》第1卷,人民出版社2012年版,第760页。
② 《马克思恩格斯全集》第16卷,人民出版社2007年版,第68页。
③ 《马克思恩格斯选集》第1卷,人民出版社2012年版,第421页。

的实践中看到了社会共和国的雏形。他在撰写《法兰西内战》时谈道:"公社——这是社会把国家政权重新收回,把它从统治社会、压制社会的力量变成社会本身的充满生气的力量;这是人民群众把国家政权重新收回,他们组成自己的力量去代替压迫他们的有组织的力量;这是人民群众获得社会解放的政治形式,这种政治形式代替了被人民群众的敌人用来压迫他们的假托的社会力量(即被人民群众的压迫者所篡夺的力量)(原为人民群众自己的力量,但被组织起来反对和打击他们)。"①公社体制把国家这个靠社会供养而又阻碍社会自由发展的寄生赘瘤迄今所夺去的一切力量,归还给了社会机体,真正体现了共和国的"社会"性质。

资产阶级建立的共和制度消灭了等级、特权和专制权力,实现了社会的政治解放。但这只是使社会中的资产阶级群体解放了自己,现代国家在性质上也逐渐变成资本借以压迫劳动的全国政权,成为社会奴役的组织力量。因此,马克思提出了要在政治解放的基础上实现社会解放的命题。他看到巴黎公社便是从政治解放上升到社会解放的组织,认为:"在法国和在欧洲,共和国只有作为'社会共和国'才有可能存在;这种共和国应该剥夺资本家和地主阶级手中的国家机器,而代之以公社;公社公开宣布'社会解放'是共和国的伟大目标,从而以公社的组织来保证这种社会改造。"②在他看来,这种共和国的"社会"性在于:常备军被废除而代之以武装的人民,警察也被立刻罢免了政治职能而不再是中央政府的工具,这两支旧政府手中的物质力量被铲除后,公社也就清除了共和国身上阶级统治的政治色彩,成为可以使劳动在经济上获得解放的政治形式。公社颠覆了造成社会与国家二元化对立的资本支配劳动的逻辑,它"想要消灭那种将多数人的劳动变为少数人的财富的阶级所有制","想要把现在主要用做奴役和剥削劳动的手段的生产资料,即土地和资

---

① 《马克思恩格斯选集》第3卷,人民出版社2012年版,第140页。
② 《马克思恩格斯选集》第3卷,人民出版社2012年版,第150页。

本完全变成自由的和联合的劳动的工具,从而使个人所有制成为现实",①进而为全社会的解放奠定所有制基础。而且,公社所采取的社会措施也已经清楚地、有意识地宣告他们的目的是解放劳动和改造社会。此外,公社将分布城乡的自治社区组织变成全国性的"自由平等的生产者的联合体",用以取代凌驾于社会之上、与社会相对立的国家政权。

马克思看到巴黎公社在铲除了国家的压迫性质之后,便把旧政权的合理职能从僭越和凌驾于社会之上的当局那里夺取过来,归还给社会的负责任的勤务员。而且,公社是由巴黎各区通过普选选出的、对选民负责的、随时可以罢免的市政委员组成的,奠定了真正民主制度的基础,即实行了真正的人民民主制和人民监督制。其中,人民民主制是通过普选制来实现的。在巴黎公社,"普选权不是为了每三年或六年决定一次由统治阶级中什么人在议会里当人民的假代表,而是为了服务于组织在公社里的人民,正如个人选择权服务于任何一个为自己企业招雇工人和管理人员的雇主一样"②。而人民监督制则是通过责任制和罢免制来实现的,即公社以真正的责任制来代替虚伪的责任制,让这些勤务员总是在公众监督之下进行工作,公社委员、警察、所有其他各行政部门的官员、法官和审判官,都已经由旧政权权力所有者的官吏变为公社负责任的、随时可以罢免的工作人员,并且从公社委员起,自上至下一切公职人员,都只能领取相当于工人工资的报酬。这就从制度上防止了公职人员由社会的公仆蜕变为社会的主人。

资产阶级反对君主专制时缔造的资产阶级的代议制民主和三权分立的权力制衡制度没有解决反而扩大了国家与社会相异化的矛盾。因为资产阶级为了巩固资本对劳动的统治,赋予行政机关以越来越大的镇压之权,同时把它自己的议会制堡垒——国民议会——

---

① 《马克思恩格斯选集》第 3 卷,人民出版社 2012 年版,第 102-103 页。
② 《马克思恩格斯选集》第 3 卷,人民出版社 2012 年版,第 100 页。

本身在行政机关面前的一切防御手段加以剥夺。这种行政权力超常发展的趋势使资产阶级议会从所谓"代表民意"的立法机构逐步蜕化到了"清谈馆"的地步。针对资产阶级国家权力呈现的"行政导向"的趋势，马克思认为巴黎公社"是一个实干的而不是议会式的机构，它既是行政机关，同时也是立法机关"①。这就是被后来的马克思主义者概括为"议行合一"模式的经典表述。在巴黎公社，其最高权力机关是普选产生的公社委员会，政府机构是公社委员会领导下的，对公社委员会负责的执行、司法、军事、公安、财政、粮食、外交、劳动和贸易、教育、社会福利十个委员会。前者是"议"，后者是"行"，它们是合一的，是一个由选民选举产生、协同工作的统一整体。其中，组成最高权力机构——公社委员会的市政委员是巴黎各区通过普选选出的，而各个政府机构的执行权又由经公社选举并对公社负责的"勤务员"掌握。这表明，公社的组织形式从整体上看是立法权和执行权合二为一的（其内部公社委员会与政府部门之间也有必要的分工），但它的革命意义不在于形式，而在于其创设了民选机关支配行政机关的权力配置原则：它强调由人民选出的权力机关在国家机构中的至上地位和管理国家的全权性，而行政机关在地位上要受制于民选机关，它只能执行民选机关的决议而不能凌驾于其之上。这就从权力的运行机制上保证了人民重新收回国家政权。

四、马克思现代国家思想视野下中国现代国家建设的独特逻辑

马克思的现代国家思想，首先是以西欧文明发展的历史逻辑为背景的，他通过考察19世纪中后期英、法、德等国的生产方式、阶级关系、经济形态、国家制度的变革来探讨现代国家问题。当时，这些国家业已完成了工业革命，确立了"自由竞争以及与自由竞争

---

① 《马克思恩格斯选集》第3卷，人民出版社2012年版，第98页。

相适应的社会制度和政治制度"①,即资本主义的市场经济制度和民主政治制度。因而,在马克思的著作中,"现代国家"就是指资本主义国家,"现代国家"是"资产阶级国家""现代资产阶级国家"的同义语。按照他的预想,当无产阶级革命摧毁资本统治的社会建立"真正的民主"制度之后,无产阶级专政的国家只不过是通往"国家已经消亡"的共产主义社会过程中一种暂时的过渡形式。然而,这个暂时的过渡在现实中"实际上将经历一个极其艰难而漫长的过程"②。尤其像中国这样具有五千年农耕文明史的东方大国,不是现代工业化和商品经济的发展促进现代国家的生成,而是需要依靠社会主义政权的力量完成工业化和改造社会经济结构的历史任务,从而使国家政权走向消亡的历史将比马克思设想的更为漫长。所以,中国社会主义国家政权建设,肩负着完成现代国家建设"上篇"和"下篇"的双重历史任务,其目标定位不在打碎国家机器,而在健全现代国家制度。

第一,中国现代国家的建设必须与发展社会主义市场经济相联系。1956年社会主义改造的基本完成,确立了生产资料公有制的经济基础,实现了劳动者与自己共同占有的生产资料的直接结合,让广大人民群众成了生产资料的主人,降低了少数人依靠生产资料的所有权奴役他人劳动的可能,从根本上颠覆了资本支配劳动的逻辑,使社会的交往规则以劳动本位取代了资本本位,最大限度地降低人对物的依赖程度,真正让自由、平等、人权的现代社会价值落地生根。人民成为生产资料的主人,从根本上铲除了私人资本绑架国家权力的土壤,从而使我国的人民民主根本区别于资产阶级国家所谓"主权在民"名义下的"主权在资",在最大程度上实现了多数人的统治。然而,我国人民民主的发展也不是一帆风顺的,尤其是"文化大革命"使中国的民主政治遭受严重曲折。以社会主义市场为目

---

① 《马克思恩格斯选集》第1卷,人民出版社2012年版,第405页。
② 《马克思恩格斯全集》第42卷,人民出版社1979年版,第140页。

标的改革启动以来，我国政府与市场和社会的分野日渐清晰，社会利益格局不断走向多元，人们的主体意识、权利意识、平等意识、独立意识、规则意识、参与意识、监督意识、责任意识不断增强，从而为人民群众充分表达诉求和主张奠定了经济文化基础。社会主义与市场经济的有机结合，既着眼于发展最广大人民的整体的、长远的根本利益，又根据现实情况尊重差异、包容多样、考虑个别，以实现为最广大人民谋取最大利益这一现代国家治理的终极目标。

第二，中国现代国家建设必须与增强社会主义公民意识同步伐。随着以社会主义市场经济为导向的经济体制改革不断深入，社会主体的主体意识、权利意识、平等意识、独立意识、规则意识、参与意识、监督意识、责任意识不断增强。这是市场经济对社会主体内在品格的要求，蕴含着对社会主体民主法治意识、自由平等精神和公正正义原则的呼唤与培育。2007年，党的十七大报告明确提出要"加强公民意识教育，树立社会主义民主法治、自由平等、公平正义理念"[①]，从而赋予社会主义公民意识以科学内涵。社会主义公民意识，秉承"民主法治、自由平等、公平正义"的理念，强调公民在法律面前一律平等、公民权利与义务的统一、公民主体意识与公共意识的统一、公民参与意识与责任意识的统一、公民自由精神与责任意识的统一。这是对我国历史上君主专制政体下形成的臣民意识的彻底否定。同时，我国公民意识的社会主义属性决定其要坚持公民意识与人民意识的统一，即从以"社会关系的总和"为本质的"现实的人"出发，兼顾人的个体性存在与集合性存在的双重属性，即：一方面，在强调公民个人主体意识的同时，充分考虑到人的集合性存在所形成的人民整体；另一方面，在强调整体性的人民至上的同时，也要充分照顾到公民个体权益。

第三，中国现代国家建设必须遵循人民民主根本价值原则。在几千年不变的君主专制主义和官本主义传统下，中国的历朝历代都

[①]《胡锦涛文选》第2卷，人民出版社2016年版，第636页。

没能跳出"其兴也勃焉,其亡也忽焉"的"历史周期律"。1945年,毛泽东在延安窑洞回答黄炎培先生关于中共能否跳出这一"历史周期律"的问题时,胸有成竹地说:"我们已经找到新路,我们能跳出这周期律,这条新路,就是民主,只有让人民来监督政府,政府才不敢松懈。只有人人起来负责,才不会人亡政息。"①因为在他看来,"中国是有缺点的,而且是很大的缺点,这种缺点,一言以蔽之,就是缺乏民主"②。这便抓住了现代国家区别于古代国家最显著的标志。1949年召开的新政协第一次全体会议把"中华人民共和国"定为新中国的国名,并在具有临时宪法性质的《共同纲领》中明确规定"国家政权属于人民",从而实现了中国从几千年封建专制向人民民主的伟大飞跃。中华人民共和国成立以来,宪法几经修改,但"中华人民共和国一切权力属于人民"这一体现人民主权的基本原则却始终未曾改变。人民民主,是对资产阶级国家"主权在资"的彻底否定,让现代国家的人民主权理念在更大范围、更宽领域、更深层次上变为现实,并从参与的广泛性和内容的真实性层面诠释了"真正民主"的内涵。

今天,我们积极稳妥地推进政治体制改革,就是以人民当家作主为根本,发展更加广泛、更加充分、更加健全的人民民主。这三个"更加"意味着让人民不仅在选举时有投票的权利,更要在日常政治生活中有广泛而持续参与的权利,不仅有进行民主选举的权利,更要有民主决策、民主管理、民主监督的权利,使人民当家作主"具体地、现实地体现到中国共产党执政和国家治理上来,具体地、现实地体现到中国共产党和国家机关各个方面、各个层级的工作上来,具体地、现实地体现到人民对自身利益的实现和发展上来"③。这便与"人民只有在投票时被唤醒、投票后就进入休眠期""选举时漫天许诺、选举后无人问津"的西方民主形成了鲜明的对照。

---

① 《毛泽东年谱(1893—1949)》中卷,人民出版社、中央文献出版社2013年版,第611页。
② 《毛泽东文集》第3卷,人民出版社1998年版,第168页。
③ 《习近平谈治国理政》第2卷,外文出版社2017年版,第292页。

第四，中国现代国家的建设需要建立和完善以人民代表大会制度为根本政治制度的国家制度体系。人民是国家的主人，拥有国家最高权力，但是不可能人人都直接参与国家事务管理，人民群众需要通过一定的机制和程序把管理国家和社会事务的权力委托给自己信任的机构和人员。这也与现代国家选择代议民主制度的趋势相吻合。鉴于立宪君主制、议会制、多党制、总统制等在近代中国的尝试均告失败，中国共产党在全国解放前夕制定建国方案时，就决定不走议会制道路，不搞三权鼎立，而是选择人民代表大会制度作为保证人民当家作主的"根本政治制度"，并在中华人民共和国成立后加以确认，明确把各级人民代表大会作为人民行使国家权力的机关。人民代表大会制度从确立之日起就建立在广泛的普选基础之上，只是出于我国幅员辽阔、人口众多且现代民主文明程度较低的国情考量，选择了基层直接民主与高层间接民主相结合的路径；在权力配置上，它吸收了现代分权制衡原则的合理内核，承认权力在国家机构之间的合理分工，同时又明确了人民代表大会作为国家权力机关的至上性和全权性，从而建构起民选机关支配官僚机关的权力运行机制，以有效纠正当代西方代议制下行政集权的弊病；它反映出代议民主实际上就是政党政治的时代内涵，只不过它不是按照西方竞争性政党制度来运作，而是与中国共产党领导的多党合作和政治协商制度相联系的，以无产阶级政党的领导统筹人民的局部利益与整体利益、当前利益与长远利益，实现中国各社会群体利益的最大整合，以多党合作寻求各种利益诉求的最大共识，从而与"竞争纷沓、相互倾轧"的西方多党制形成鲜明的比较优势。与多党制、议会民主、三权鼎立等竞争性民主制度不同，我国的制度是以民主集中制为原则的协商民主，既尊重了多数人的意愿，又照顾了少数人的合理要求，可以较好地解决民主政治过程中"多数决定"与"尊重少数"之间的协调问题，务求找到全社会意愿和要求的最大公约数，最大限度地保障人民当家作主。这也是人民民主的真谛所在。

第五,中国现代国家的建设必须坚持"建设社会主义法治国家"的目标定位。正如一个硬币的两面,民主与法治相互依存、不可分割。在《关于现代国家的著作的计划草稿》中,马克思把"人民主权"置于"人权的宣布与国家的宪法"这一大标题之下。这既表明公民的民主权利受国家最高法律确认,具有神圣不可侵犯性,又表明民主要在宪法和法律范围内,在一定的规则和程序下运行。我国"文化大革命"期间因"大民主"而造成的大混乱,就是民主无视秩序和规则的结果。它不是对人民民主的发展,而是对人民民主的亵渎。所以,邓小平总结这一历史教训时说:"为了保障人民民主,必须加强法制。使民主制度化、法律化,使这种制度和法律不因领导人的改变而改变,不因领导人的看法和注意力的改变而改变。"[①]同时,市场交往中的契约原则,在国家权力运行方式中也演化为法治原则;人民代表大会制度在国家制度体系中的"根本性"地位,也要通过法律的权威加以体现。为此,我们党把中国现代国家建构的目标定位为"建设社会主义法治国家",不断推进人民民主制度化、规范化、程序化,完成人民当家作主法治路径的整体建构。这就从理论上解决了困扰社会主义国家治理中的两大难题:如何让人民当家作主这一共产党人的价值追求落地?如何协调坚持共产党领导与规范共产党执政行为的关系?这一目标定位的目的在于,保证人民在中国共产党领导下,依法通过各种途径和形式实现对国家事务、经济文化事业和社会事务的有效管理,使人民真正成为国家、社会和自己命运的主人。

[①]《邓小平文选》第2卷,人民出版社1994年版,第146页。

第一章 政治国家：现代国家成长的现代性维度

1818年5月5日，卡尔·马克思在德国莱茵河畔的特里尔城出生。彼时，莱茵河彼岸的法国大革命业已完成，摧毁了封建君主专制统治。正如列菲弗尔所说："现代国家通过一个很长的孕育过程，通过法国革命出生到人世间，并且由编写了身份卡片的黑格尔命了名。然后，它向外扩散，蔓延到了全世界……"①在某种程度上说，法国大革命是现代国家的"摇篮"。《关于现代国家的著作的计划草稿》开篇的第一个标题便是"现代国家起源的历史或者法国革命"，这表明马克思也认为法国大革命造就了现代国家。法国大革命斩断了把国家与宗教连为一体的脐带，让国家从宗教中解放出来，成为没有任何宗教势力把持的政治上完备的政治国家。

与此形成鲜明对照的是，德意志地区仍处于邦国割据状态。直到1815年才建立的德意志邦联，实际上还只是由34个邦和4个自由城市组成的松散联盟，远未达到真正意义上的统一。而且，大部分成员中存在的专制的君主、世袭的统治集团和传统的等级议会制，使德意志邦联的政治现实还是"现代国家的过去"。马克思所生活的莱茵地区尽管受法国大革命影响，封建等级制度被废除，所有成年男子都成了法律上平等的公民。但其所在的整个普鲁士王国，还是神学的、尚未表现出政治纯粹性的国家，依靠着罗马教皇的支持实施着专制统治，更是"远远落后在使人复活的法国大革命后面"。宗

---

① ［法］亨利·列菲弗尔：《论国家——从黑格尔到斯大林和毛泽东》，李青宜等译，重庆出版社1988年版，第5页。

教仍然是普鲁士王国的政治支柱和精神支柱,仍然是以"国教"的形式成为国家主流意识形态,人们还没有从宗教中解放出来。人们没有自己的独立意识,而只有被视为绝对权威的教会的意志、上帝的意志;他们不是自己创立国家的法律,而是被动地把《圣经》奉为自己必须遵循的宪章;他们的君主不是自己的代表,而是上帝恩赐给世俗世界并能与上帝直接交流的代理人。而当时的普鲁士国王弗里德里希·威廉四世仇视法国革命,反对颁布曾于1815年许诺的宪法,拒绝召集联邦国民议会,甚至幻想恢复中世纪的国家制度。这就决定了经过一场真正的政治革命、建立新的国家制度是当时德国迫切的历史任务。正如1843年马克思给卢格的信中所说:"首先必须重新唤醒这些人心中的自信心,即自由。这种自信心已经和希腊人一同离开了世界,并同基督教一起消失在天国的云雾之中。只有这种自信心才能使社会重新成为一个人们为了达到自己崇高目的而结成的共同体,成为一个民主的国家。"[1]这个"民主的国家"便是从宗教和神权控制中解放出来的政治国家。正所谓"政治国家的抽象是现代的产物"[2]。

早在中学时代,马克思在他的宗教毕业作文《根据〈约翰福音〉论信徒同基督结合为一体》中,首先肯定了信徒与基督教有一致的必要性。在他看来,人神结合的原因在于人的本旨,因为人永远是力图用不断提高道德的办法使自己上升到神的地位,信徒"同基督教结合为一体可使内心变得高尚,在苦难中得到安慰,有镇定的信心和一颗不是爱好虚荣,也不是出于渴求名望,而只是为了基督而向博爱和一切伟大而高尚事物敞开的心"[3]。这蕴含的意思便是,信徒与基督教之间不需要中介——教会的存在。如果教会没有存在的必要,也就不需要教会控制下的基督教国家的存在。国家政权应该从基督教的阴霾下挣脱出来成为独立的政治国家。在《莱茵报》时

---

[1] 《马克思恩格斯全集》第47卷,人民出版社2004年版,第57页。
[2] 《马克思恩格斯全集》第3卷,人民出版社2002年版,第42页。
[3] 《马克思恩格斯全集》第1卷,人民出版社1995年版,第453页。

期,他坚持在批判普鲁士书报检查制度中引进对基督教国家的批判,明确指出,基督教并不评定国家形式的价值,"不应该根据宗教,而应该根据自由理性来构想国家"①。这里,马克思的思想仍属于唯心主义的理性国家观范畴,但他却是以"理性国家"反对"宗教国家"的,已经是从人类社会的本质,而不是从基督教社会的本质来判定国家制度的合理性。也就是说,彼时的马克思,已经从人的眼光,而不是从神学的观点来观察国家了。

在马克思的早期著作中,"政治国家"作为"宗教国家"(以"基督教国家"为典型)的对立面,是表征"现代国家"的主要范畴。比如,在《论犹太人问题》中,马克思分析了三种不同的国家情形,认为:"在德国,不存在政治国家,不存在作为国家的国家,犹太人问题就是纯粹的神学问题";"在法国这个立宪国家中,犹太人问题是立宪制的问题,是政治解放不彻底的问题";"只有在实行共和制的北美各州——至少在其中一部分——犹太人问题才失去其神学的意义而成为真正世俗的问题。只有在政治国家十分发达的地方,犹太教徒和一般教徒对政治国家的关系,就是说,宗教对国家的关系,才呈现其本来的、纯粹的形式"。②这说明,在马克思看来,当时的德意志地区还不存在一个经过政治解放的政治国家,当时的法国是一个经过了政治解放但还不彻底的立宪国家,而实行共和制的美国则是完成了政治解放的"政治国家十分发达的地区",即"完成了的政治国家"。政治解放的本质,就是现代国家的充分发展。政治国家的"现代"意义就在于,它是以完成政治解放为使命的政治革命的成果,国家通过把自己从宗教中解放出来实现自身的政治解放,国家的现代程度与政治解放的程度高度相关。作为政治国家的现代国家,其现代性主要体现在,它是建立在市民社会基础之上、以人民主权为价值取向的代议民主共和制国家。

---

① 《马克思恩格斯全集》第 1 卷,人民出版社 1995 年版,第 226 页。
② 《马克思恩格斯文集》第 1 卷,人民出版社 2009 年版,第 26 页。

第一节　市民社会：现代国家的现实基础

随着近代商品经济的兴起，社会私人领域逐渐获得了完整的财产权和独立的经济活动权，形成了由自由平等的契约关系所调节的自发秩序。社会经济领域逐渐摆脱了古代的和中世纪的政治共同体而具有独立的意义。这种从中世纪国家的种种政治性支配下获得解放的社会私人领域便被称为"市民社会"。现代国家正是在这种国家与市民社会分离的过程中产生的。那么，如何把握国家与市民社会的关系，便成为正确理解现代国家的前提。马克思把国家形态及其更替同国家与市民社会的关系结合起来加以考察，在《关于现代国家的著作的计划草稿》中，第三个条目便是"国家和市民社会"[①]。他基于历史唯物主义的方法论，在批判黑格尔理性国家观的过程中理顺了市民社会与国家的关系，确立了"市民社会决定国家"的立场。正如马克思在《〈政治经济学批判〉序言》中所说，对于国家问题，"既不能从它们本身来理解，也不能从所谓人类精神的一般发展来理解，相反，它们根源于物质的生活关系，这种物质的生活关系的总和，黑格尔按照18世纪的英国人和法国人的先例，概括为'市民社会'"[②]。

一、从市民社会出发：马克思现代国家思想的范式革命

马克思早年受黑格尔主义的影响，是理性国家观的信仰者。在黑格尔看来，社会伦理包含了三个环节，即家庭、市民社会和国家。"伦理的最初定在又是某种自然的东西，它采取爱和感觉的形式；这就是家庭。在这里个人把他冷酷无情的人格扬弃了，他连同他的意

[①]《马克思恩格斯全集》第42卷，人民出版社1979年版，第238页。
[②]《马克思恩格斯选集》第2卷，人民出版社2012年版，第2页。

识是处于一个整体之中。但在下一阶段，我们看到原来的伦理以及实体性的统一消失了，家庭崩溃了，它的成员都作为独立自主的人来互相对待，因为相需相求成为他们的唯一纽带了。人们往往把这一阶段即市民社会看做国家，其实国家是第三阶段，即个体独立性和普遍实体性在其中完成巨大统一的那种伦理和精神。"①在他看来，家庭（正）代表普遍性，是直接的伦理精神，市民社会（反）则代表特殊性，而国家（合）就是普遍性和特殊性的统一。正、反、合三者中，合是真理，是大全，是根据。国家以"普遍利益"和"公共福利"为目的，是"伦理理念的现实"和"绝对自在自为的理性"，是人类社会生活关系的最高的、最完满的形式或样式，是真、善、美的统一体，是一切价值最终的赋予者与评判者，其"根据是作为意志而实现自己的理性的力量"②，所以国家就成为家庭和市民社会的"真实基础""最高权力"和终极目的，是高于市民社会、优于市民社会、决定家庭和市民社会的力量，而家庭和市民社会则从属于国家、依赖于国家。当市民社会在法律和利益上与国家的法律和利益相冲突时，前者必须服从后者。然而，当马克思离开平静的校园投入火热的社会斗争时，他接触到大量的现实问题，使他的思想逐渐发生转变。因为他发现，私人利益是不遵循理性而是受物质欲望直接驱使的。任何现代国家，无论它怎样不符合自己的理性原则，一旦遇到有人想实际运用国家权力，就会被大声警告："你的道路不是我的道路，你的思想不是我的思想！"③正如他回忆时所说："1842—1843年间，我作为《莱茵报》的编辑，第一次遇到要对所谓物质利益发表意见的难事。莱茵省议会关于林木盗窃和地产析分的讨论，当时的莱茵省总督冯·沙培尔先生就摩泽尔农民状况同《莱茵报》展开的官方论战，最后，关于自由贸易和保护关税的辩论，

---

① [德]黑格尔：《法哲学原理》，范杨、张企泰译，商务印书馆1961年版，第43页。
② [德]黑格尔：《法哲学原理》，范杨、张企泰译，商务印书馆1961年版，第259页。
③ 《马克思恩格斯全集》第1卷，人民出版社1995年版，第261页。

是促使我去研究经济问题的最初动因。"①这时，马克思的思想深处便有两种逻辑的存在，一方面是理性国家作为应然的存在，代表着社会的普遍性，私人利益应当受制于理性国家；另一方面则是私人利益自身成为代替理性国家的特殊存在，理性国家则成了虚假的共同体。那么，如何破解这种冲突的逻辑，便是马克思当时面临的"苦恼的疑问"。

面对"苦恼的疑问"，马克思的思想开始是矛盾的。一方面，他深深感到物质利益对国家的支配作用。比如，在《关于林木盗窃法的辩论》中，他认为国家已"变成林木所有者的奴仆"，即"整个国家制度，各种行政机构的作用都应该脱离常规，以便使一切都沦为林木所有者的工具，使林木所有者的利益成为左右整个机构的灵魂。一切国家机关都应成为林木所有者的耳、目、手、足，为林木所有者的利益探听、窥视、估价、守护、逮捕和奔波"②。但另一方面，他又从黑格尔的理性国家观出发，视理性国家为基督教国家的对立物③，仍坚持"国家应该是政治理性和法的理性的实现"的理念④，而把私人利益对国家的支配作用，咒骂为"下流的唯物主义"，认为国家这种为特殊利益服务的行为是对国家理性的暂时背离，是"违反各族人民和人类神圣的精神的罪恶"⑤。这种思想矛盾促使马克思的国家观开始由唯心主义向唯物主义转变，同时，他提出了客观关系对国家生活的决定作用。比如，在考察摩泽尔地区的贫困状况时，马克思提出："人们在研究国家状况时很容易走入歧途，即忽视各种关系的客观本性，而用当事人的意志来解释一切。但是存在着这样一些关系，这些关系既决定私人的行动，也决定个别行政当局的行动，而且就像呼吸的方式一样不以他们为转移。只要人们一开始就

---

① 《马克思恩格斯选集》第 2 卷，人民出版社 2012 年版，第 1—2 页。
② 《马克思恩格斯全集》第 1 卷，人民出版社 1995 年版，第 267 页。
③ 《马克思恩格斯全集》第 1 卷，人民出版社 1995 年版，第 226 页。
④ 《马克思恩格斯全集》第 1 卷，人民出版社 1995 年版，第 118 页。
⑤ 《马克思恩格斯全集》第 1 卷，人民出版社 1995 年版，第 289 页。

站在这种客观立场上,人们就不会违反常规地以这一方或那一方的善意或恶意为前提,而会在初看起来似乎只有人在起作用的地方看到这些关系在起作用。"①

为了破解《莱茵报》时期"苦恼的疑问",马克思从生活退回到书斋去探究世界历史。他借助大量的历史材料,围绕市民社会与国家的关系展开研究,并在《黑格尔法哲学批判》中把被黑格尔颠倒了的市民社会与国家的关系又颠倒了过来。在他看来,"黑格尔的论点只有像下面这样解释才是合理的:家庭和市民社会是国家的构成部分。国家材料是'通过情况、任意和本身使命的亲自选择'而分配给它们的。国家公民是家庭的成员和市民社会的成员","家庭和市民社会是国家的现实的构成部分……是国家的存在方式。家庭和市民社会使自身成为国家。它们是动力","政治国家没有家庭的自然基础和市民社会的人为基础就不可能存在。它们对国家来说是必要条件",因为"国家是从作为家庭的成员和市民社会的成员而存在的这种群体中产生的"。②这里,马克思把黑格尔颠倒了的主谓关系颠倒过来,将国家置于现实社会生活之中。他从前提、动力、必要条件等诸方面论证了市民社会对政治国家的决定作用,认为市民社会是政治国家的"前提""真正构成部分""存在方式""真正的活动者""动力",是国家意志所具有的"现实的精神实在性";而政治国家是一种抽象,需要依赖市民社会的存在实现自身的生存,它的本质及其具体内容和存在方式根源于市民社会,是市民社会内在矛盾的表现。在《论犹太人问题》中,马克思从社会的主体——人的二元化的角度探讨了国家与市民社会的分离,指出:"在政治国家真正形成的地方,人不仅在思想中,在意识中,而且在现实中,在生活中,都过着双重的生活——天国的生活和尘世的生活。前一种是政治共同体中的生活,在这个共同体中,人把自己看做社会存在物;

---

① 《马克思恩格斯全集》第 1 卷,人民出版社 1995 年版,第 363 页。
② 《马克思恩格斯全集》第 3 卷,人民出版社 2002 年版,第 11—12 页。

后一种是市民社会中的生活,在这个社会中,人作为私人进行活动,把他人看做工具,把自己也降为工具,并成为异己力量的玩物。"①他进一步阐释道:"人在其最直接的现实中,在市民社会中,是尘世存在物。在这里,即在人把自己并把别人看做是现实的个人的地方,人是一种不真实的现象。相反,在国家中,即在人被看做是类存在物的地方,人是想象的主权中虚构的成员;在这里,他被剥夺了自己现实的个人生活,却充满了非现实的普遍性。"②这里,马克思是从现实出发论证市民社会对国家的基础作用的。他揭示出,政治国家与市民社会除了具有普遍利益与特殊利益的区别之外,还有抽象性与现实性的不同。即代表普遍利益的现代国家是虚构的、抽象的,而代表特殊利益的市民社会则是具体的、实实在在的。

在《神圣家族》中,马克思延续他在《评一个普鲁士人的〈普鲁士国王和社会改革〉一文》中的观点③,阐明了市民社会对现代国家的基础作用。他认为:"正如古代国家的自然基础是奴隶制一样,现代国家的自然基础是市民社会以及市民社会中的人,即仅仅通过私人利益和无意识的自然必然性这一纽带同别人发生联系的独立的人,即为挣钱而干活的奴隶,自己的利己需要和别人的利己需要的奴隶。"④与《黑格尔法哲学批判》中强调社会与国家的分离与对立不同,马克思在这里从社会与国家相统一的角度强调了市民社会作为现代国家基础的"自然"属性,即利己主义的市民生活和市民个人以及财产权利对现代国家的基础作用。政治国家不仅要承认市民社会,还要服从、服务于市民社会。在《德意志意识形态》中,马克思第一次较系统地阐述了自己的唯物主义历史观,把市民社会看

---

① 《马克思恩格斯文集》第1卷,人民出版社2009年版,第30页。
② 《马克思恩格斯文集》第1卷,人民出版社2009年版,第31页。
③ 在该文中,马克思提出:"市民社会的奴隶制是现代国家赖以存在的天然基础,正如奴隶占有制的市民社会是古典古代国家赖以存在的天然基础一样。"参见《马克思恩格斯全集》第3卷,人民出版社2002年版,第386页。
④ 《马克思恩格斯文集》第1卷,人民出版社2009年版,第312-313页。

作整个人类历史的现实基础,并认为"那些决不依个人'意志'为转移的个人的物质生活,即它们的相互制约的生产方式和交往方式,是国家的现实基础"①。这里的"物质生活""生产方式"和"交往方式"都曾被马克思概括为"市民社会"。这样,唯物史观视野下的市民社会——"物质生活关系的总和"便更为深刻而全面地超越了黑格尔所理解的市民社会——"需要的体系"。既然市民社会是整个人类历史的现实基础,是国家的现实基础,那自然也就成了现代国家的现实基础。这时,马克思便彻底摆脱了费尔巴哈人本唯物主义的烙印,其关于市民社会对国家基础作用的认识也已从《黑格尔法哲学批判》时期的"人为基础"和《神圣家族》时期的"自然基础"深化为"现实基础"。他以历史唯物主义的理论视野,从"现实的个人"出发,通过"分工"考察生产力和交往关系的关系,准确地把握住了物质生活条件中的"物质生产"这个中心环节,不仅揭示了市民社会作为"虚幻共同体"的国家基础的"现实性",而且成功地把对国家起源的思考置于基于生产力的市民社会基础之上。

马克思从"市民社会"出发把握现代国家,把被黑格尔颠倒的社会与国家的关系又颠倒了过来。但这种"颠倒"绝不是向自由主义路线的简单回归。与黑格尔"国家高于社会"的理性主义观点不同,资产阶级自由思想的鼻祖洛克基于自然法学说和社会契约论提出"社会外于国家""社会先于国家"等主张,开创了自由主义的理路。从表面上看,这一思想与马克思"社会决定国家"的主张十分相似。然而,自由主义思想家的探讨仅仅停留在社会与国家结构关系上,还未对社会先于国家的内在规定性作出明确的学理说明。他们基于对"市民社会"中的单个人的直观,把应当加以阐明的"市民社会"设想为一种天然存在的"自然状态""原初地位",看作"无须进一步论证的前提"②。与此相适应,他们把国家看作市民社会的

---

① 《马克思恩格斯全集》第 3 卷,人民出版社 1960 年版,第 377 页。
② 《马克思恩格斯文集》第 1 卷,人民出版社 2009 年版,第 46 页。

"守护者",即把市民社会中私人利益与公共利益以及私人利益之间的冲突守护在"秩序"的范围之内,守护着个人对自己特殊利益的追求,守护着"自由""平等"等市民社会价值规范,以维护市民社会的永恒存在。按照这种思想逻辑,当市民社会的利己主义原则发展到毫无节制而导致"一切人反对一切人"的矛盾和冲突加剧的时候,就需要国家政权站在"普遍利益"的制高点上,高屋建瓴地审视和批判市民社会,并对其进行强有力的匡正或重构,将私人的特殊利益整合到代表普遍利益的国家之中。从这个角度看,黑格尔"国家高于社会"的理性主义观点和"社会先于国家"的自由主义主张与其说是一种理论分野,不如说是一种逻辑发展的承续关系。正如马克思所说:"旧唯物主义的立脚点是市民社会,新唯物主义的立脚点则是人类社会或社会的人类。"①他从"市民社会"出发理解现代国家,但又跳出了"市民社会"的局限,立足于"人类社会"这一更宽阔的历史视野来把握社会与国家的内在逻辑关联。马克思没有像自由主义思想家那样,从"自然状态""原初地位""社会契约"等非历史、非现实的逻辑假设出发,也没有去抽象地捍卫"自由""平等"等市民社会价值规范,而是着眼于社会之中,揭示出国家起源于社会物质生活中的矛盾运动,在批判的视域下去追问"自由""平等"等价值规范的何以可能的历史条件,并将这些价值规范的实现指向了"人类社会或社会化的人类"。这就在国家与社会关系问题上实现了彻底的历史唯物论和彻底的历史辩证法,也使基于社会本位的现代国家观得到了最深刻的理论表达。在他看来,国家植根于社会之中,政治国家与市民社会矛盾的根源应该到市民社会中去寻找,市民社会的矛盾应该从市民社会内部寻求解决办法。因而,他没有像黑格尔那样通过设想"理性国家"来解决市民社会的矛盾与冲突,而是把希望寄托于市民社会的变革上,即以"人类社会"超越"市民社会",让社会把国家政权重新收回进而使公共权力失去政

---

① 《马克思恩格斯选集》第 1 卷,人民出版社 2012 年版,第 136 页。

治性质。同时，这也意味着国家必将走向消亡。所以，在《关于现代国家的著作的计划草稿》中，马克思把"为消灭国家和市民社会而斗争"①作为整个论证的落脚点。这里的"消灭国家和市民社会"，就是消灭作为虚幻政治共同体的国家以及这种国家所依赖的整个社会物质生活关系体系。

二、市民社会与政治国家的现实分离：现代国家生成的逻辑前提

人类进入阶级社会，产生私人利益和阶级利益以后，为了协调社会特殊利益和普遍利益的矛盾，把阶级斗争控制在可控的"秩序"范围内，需要作为虚幻共同体的国家来进行实际的干预和约束。于是，整个社会也随之分裂为社会与国家两个领域。但社会和国家这种在逻辑上的分离并不意味着它们在现实中也是分离的。这样，国家与社会是否实现现实的分离，便成为区别现代国家与古代国家的逻辑前提。在《关于现代国家的著作的计划草稿》中，马克思在开篇论证现代国家的起源时便提出："政治制度的自我颂扬——同古代国家混为一谈。……一切因素都具有双重形式，有市民的因素，也有国家的因素。"②这表明，在古代尤其是中世纪，一切因素都具有市民的因素和国家的因素双重形式，市民社会的等级和政治意义上的等级是同一的，市民社会就是政治社会，市民社会的有机原则就是国家的原则。正如马克思所说："在中世纪，财产、商业、社会团体和人都是政治的；国家的物质内容是由国家的形式设定的，每个私人领域都具有政治性质，或者都是政治领域；换句话说，政治也就是私人领域的性质。在中世纪，政治制度是私有财产的制度，但这只是因为私有财产的制度就是政治制度。在中世纪，人民的生活和国家的生活是同一的。"③彼时，财产、家庭、劳动方式、商业、

---

① 《马克思恩格斯全集》第 42 卷，人民出版社 1979 年版，第 238 页。
② 《马克思恩格斯全集》第 42 卷，人民出版社 1979 年版，第 238 页。
③ 《马克思恩格斯全集》第 3 卷，人民出版社 2002 年版，第 42 页。

社会团体和自然人等市民生活的要素，也以领主权、等级和同业公会的形式上升为国家生活的要素。以此为社会基础的古代国家，便成为市民的生活和意志的唯一内容。到了中世纪晚期，城市的兴起为市民要素独立于国家权力提供了空间，并促成了市民社会与政治国家的现实分离。

国家与社会现实分离的根本原因是社会生产力的发展和生产关系的变革，反映了人类社会从农业和手工业时代向机器大工业时代、从自然经济向商品经济发展的历史跨越。古代国家与社会之所以高度重合，就是由于在以农耕文明为显著特点的古代社会，自然经济占统治地位，支配生产的阶级对国家权力依赖性较强，人们依据政治身份划分不同的等级，整个社会建立起了一套以君主为塔尖、以领主为中坚、高等级牵制低等级的金字塔式的统治体系。个人不是作为独立的个体而是作为其所依附的共同体的"功能部件"与他人形成交往关系，使得社会淹没于国家之中，个人淹没于家长制关系、古代共同体、封建等级和公会行帮的包围之中，国家的超经济强制使社会牢牢依附于政治权力之上。而随着"交换手段和一般商品的增加"，社会中的"商业、航海业和工业"等市民要素前所未有地高涨起来，致使以前那种封建的或者行会的工业组织已不能再满足随市场出现而增加的需求，进而被工场手工业取而代之；行会师傅被工业的中间等级排挤掉了，各种行业组织之间的分工也随着各个作坊内部分工的出现而消失。这些都促进了正在崩溃的封建社会内部的革命因素迅速发展，最终，市场的扩大、需求的增加与由蒸汽和机器引起的产业革命的推动，使机器大工业代替了工场手工业，工业中的百万富翁、产业大军的首领、现代资产者代替了工业的中间等级。①在这个过程中，农村中少部分农奴离开农村来到城市，从事商业活动，逐渐成了城关市民，商品经济在专制国家统治的夹缝——城市中逐步兴起。这些初期城市的自由居民摆脱了封建领主的控制

---

① 《马克思恩格斯选集》第1卷，人民出版社2012年版，第401页。

而成为商人、手工业者或工厂主,以商品货币关系为核心的非政治性"市民"社会获得了相对自主的发展空间。当"大工业和普遍竞争所引起的现代资本"创造了独立于国家政权的所有制关系时,社会成员之间的财产关系开始抛弃了共同体的一切外观,并消除了国家对所有制发展的所有影响。由于私有财产摆脱了共同体,国家成了和市民社会并列的独立存在。这样,包括物质生活在内的社会生活领域不再受国家权力的直接干涉和管制,社会便逐步地从国家中分化、脱离出来。所以,马克思把现代国家的生成与大工业和世界市场的形成联系在一起。

随着商品经济的发展,私人的物质生产和生活摆脱国家干预的要求日益强烈,于是资产阶级通过政治革命摧毁了一切等级、同业公会、行帮和特权,从而消灭了市民社会的政治性质,完成了市民社会与政治国家现实分离的历史使命。正如马克思所说:"1648年革命和1789年革命,并不是英国的革命和法国的革命,而是欧洲的革命。它们不是社会中某一个阶级对旧政治制度的胜利;它们宣告了欧洲新社会的政治制度。资产阶级在这两次革命中获得了胜利;然而,当时资产阶级的胜利意味着新社会制度的胜利,资产阶级所有制对封建所有制的胜利,民族对地方主义的胜利,竞争对行会制度的胜利,遗产分割制对长子继承制的胜利,土地所有者支配土地对土地所有者隶属于土地的胜利,启蒙运动对迷信的胜利,家庭对宗族的胜利,勤劳对游手好闲的胜利,资产阶级权利对中世纪特权的胜利。"①其中,以法国大革命最为典型,因为"法国革命废除了封建的所有制,代之以资产阶级的所有制"②。这种所有制完全抛弃了任何政治外观,摆脱了国家权力的束缚,使政治国家和市民社会相互适应;通过承认国家与市民社会各自存在的原则和相对的独立性,使"朕即国家""家国一体"成为陈迹。而且,法国革命以代议

---

① 《马克思恩格斯选集》第1卷,人民出版社2012年版,第442页。
② 《马克思恩格斯选集》第1卷,人民出版社2012年版,第414页

民主制度取代君主专制制度,为私人领域的独立存在和工商业活动的自由发展提供了法律上和制度上的保障。①正如马克思早年批判黑格尔法哲学思想时所说,"只有法国革命才完成了从政治等级到社会等级的转变过程",使"市民社会的等级差别完全变成了社会差别,即在政治生活中没有意义的私人生活的差别",从而"完成了政治生活同市民社会的分离"。②总之,用马克思的话说:"政治革命消灭了市民社会的政治性质,它把市民社会分割为简单的组成部分:一方面是个体,另一方面是构成这些个体的生活内容和市民地位的物质要素和精神要素。"③政治革命通过破坏中世纪的等级、行会、手工业公会和特权而消灭了社会的政治性质,并逐渐促进市民社会的成长。这时,无论是作为市民社会主体的人,还是作为其生活内容的物质要素(以与财产为标志)和精神要素(以宗教为标志)都在发生着从古代向现代的转型。社会成员摆脱了人的依赖关系而成为相互独立的个人,财产摆脱了共同体的束缚而成为个人私有财产,宗教褪去了国教的皇冠使对它的信仰成了个人的私事。这些便奠定了现代国家生成的社会基础。现代国家与古代国家区别的标志之一,就在于市民社会从政治社会中分离出来,国家成为一种与私人生活并列的独立存在。

三、自由、平等、所有权的三位一体:现代国家的经济基础

市民社会与政治国家的现实分离,是商品经济的发展使私有制和"财产关系摆脱了古典古代和中世纪的共同体"所导致的。它使现代市民社会建立在了"整个的商业生活和工业生活"高度发达的基础之上。因此,在弄清了被黑格尔颠倒了的市民社会与政治国家的真正关系后,马克思便深入市民社会内部,解剖商品经济中所蕴

---

① 何增科:《市民社会概念的历史演变》,载《中国社会科学》1994年第5期。
② 《马克思恩格斯全集》第3卷,人民出版社2002年版,第100页。
③ 《马克思恩格斯文集》第1卷,人民出版社2009年版,第44-45页。

含的复杂的社会利益关系，探寻现代市民社会"物质生活关系总和"的真正秘密。在《1844年经济学哲学手稿》和《德意志意识形态》中，马克思在分析"分工"和"所有制"的基础上，初步考察了商品经济条件下社会交往的物化和异化问题。然而，这种哲学式的思维和论证还无法对商品经济下社会的运动规律进行科学分析。于是，马克思便到政治经济学中去探寻市民社会的秘密。在《资本论》及其手稿中，他对市民社会的内部结构及其本质则有了完整的认识和把握。在他看来，商品构成了社会经济机体的细胞，整个的社会财富表现为一个"庞大的商品堆积"，商品关系已经渗透到社会生活的各个领域，人与人之间的关系也都直接或间接地表现为建立在广泛的社会分工基础之上的商品关系，即"作为交换主体的个人的经济关系"。现代的市民社会是建立于社会化大生产和发达商品经济基础之上，以契约关系为中轴，以尊重和保护社会成员基本权利和自由为前提的。在那里，"流通中发展起来的交换价值过程，不但尊重自由和平等，而且自由和平等是它的产物；它是自由和平等的现实基础。作为纯粹观念，自由和平等是交换价值过程的各种要素的一种理想化的表现；作为在法律的、政治的和社会的关系上发展了的东西，自由和平等不过是另一次方上的再生物而已。这种情况也已为历史所证实。建立在这一基础上的所有权、自由、平等的三位一体"①。而且，这种三位一体也只是在现代的市民社会中才得到实现。因为古代社会产生了具有完全相反或主要是区域性内容的自由和平等，使它不是以交换价值为生产的基础，而是由于交换价值的发展而毁灭。

首先，在商品经济条件下，社会奉行平等和自由原则。在政治权力全面渗透的古代和中世纪，人们依据政治身份划分不同的等级，整个社会建立起了一套以君主为塔尖，高等级牵制低等级的金字塔式的统治体系，个人淹没于基于封建特权和等级的共同体的包围之

---

① 《马克思恩格斯全集》第31卷，人民出版社1998年版，第362页。

中。商品经济的发展促进了这种社会关系的变革。马克思依据社会物质生产方式的变化揭示了这种变革。他指出:"古代世界的基础是直接的强制劳动;当时共同体就建立在这种强制劳动的现成基础上,作为中世纪的基础的劳动,本身是一种特权,是尚处在特殊化状态的劳动,而不是生产一般交换价值的劳动",而现代商品经济条件下的劳动"既不是强制劳动,也不是中世纪那种要听命于作为上级机构的共同组织(同业公会)的劳动"。①在马克思看来,"商品是天生的平等派"②,商品生产必须以一种平等尺度衡量一切商品,把不同商品所包含的各种不同的具体劳动转化为抽象的无差别的人类劳动,独立的商品占有者才有交换不同使用价值的商品的可能。于是,生产商品的社会必要劳动时间就成为衡量商品价值的平等尺度,以社会必要劳动时间为基础的等价交换就成为商品经济运行的基本准则。这种社会规定使得人们"作为交换的主体,他们的关系是平等的关系。在他们之间看不出任何差别,更看不出对立,甚至连丝毫的差异也没有"。③因而,社会主体由于不同商品的使用价值而进行交换从而体现了相互的平等关系,而货币与不同使用价值之间的交换更是这种平等关系的现实的表现④。由此可以说,在古代和中世纪,统治者可以通过政治特权直接占有生产者的劳动,那么,现代商品经济的生产和交往关系则是通过平等交易及其契约制度占有劳动的关系。

如果说经济形式——交换,确立了社会主体之间的全面平等,那么内容——促使人们去进行交换的个人材料和物质材料,则确立了自由。因为使用价值的自然差异又使得独立的、互不依赖的个人所提供的私人劳动产品要顺利实现交换,除了需要平等的原则外,还要加上自由的规定。人们要按照等价交换的原则行使他们的平等

---

① 《马克思恩格斯全集》第 30 卷,人民出版社 1995 年版,第 200 页。
② 《马克思恩格斯文集》第 5 卷,人民出版社 2009 年版,第 104 页。
③ 《马克思恩格斯全集》第 30 卷,人民出版社 1995 年版,第 195 页。
④ 《马克思恩格斯全集》第 31 卷,人民出版社 1998 年版,第 359 页。

权利，就要摆脱封建的束缚和人身依附关系，成为自由的、不受限制的人，即"谁都不能用暴力占有他人财产，每个人都是自愿地转让财产"①。这样，商品经济以它所奉行的"等价交换""交易自由"的交往准则确立了现代社会平等和自由的规则。商品经济使市民社会在以物质交换为纽带的人对物的依赖基础上形成了彼此在物质利益上的不可分离而又相互对立的关系。这种纯粹物质的等价交换关系在产生出个人同自己和同别人的普遍异化的同时，也产生出个人关系和个人能力的普遍性和全面性。人的社会存在决定社会意识。等价交换和交易自由的商品经济运行规则反映到社会意识之中便是自由平等的社会价值观。正如马克思所说："作为纯粹观念，平等和自由仅仅是交换价值的交换的一种理想化的表现。"②社会经济和文化上的平等和自由，必然要反对政治上的特权和专制，确立自由和平等的公民政治权利，而现代市民社会交往中的契约原则，在政治权力运行方式中也演化为法治原则和定期选举原则，从而奠定了现代国家的核心价值——民主原则的社会基础。

其次，自由和平等准则的背后，是所有权的确立。随着中世纪中后期商业生活日益发达，社会成员之间的财产关系开始抛弃了共同体的一切外观并消除了国家对所有制发展的任何影响。人们以产权私人所有为基础的、通过商品和货币结合起来的交往关系形成了本来意义上的"市民"的社会。市民社会反映的是人们之间基于商品生产和交换的物质交往行为，只是彼此关心满足自身的需要的等价物的交换关系。这种交换是人们通过市场这个平台彼此相互尊重对方的产品所有权而实现各自所有权的重要方式。在这里，每个人的所有权都受到法律的保护，即所有权的转让都是出于自愿，任何个人和组织都不能用暴力占有他人的财产、产品和劳动。也就是说，"所有权还只是表现为通过劳动占有劳动产品，以及通过自己的劳动

---

① 《马克思恩格斯全集》第 30 卷，人民出版社 1995 年版，第 198 页。
② 《马克思恩格斯全集》第 30 卷，人民出版社 1995 年版，第 199 页。

占有他人劳动的产品,只要自己劳动的产品被他人的劳动购买便是如此",劳动是所有权的源泉,"对他人劳动的所有权是以自己劳动的等价物为中介取得的。所有权的这种形式——正像自由和平等一样——就是建立在这种简单关系上的"。①除了财产所有权,劳动者也摆脱了封建人身依附关系的束缚,使劳动力的所有权在法律上得到了尊重和保护。所有权的排他性,可以让所有者之间互不关心。然而,在商品经济条件下,排他的所有者之间又是相互依赖的,人们只有把自己的所有物转让给他人或社会,才能实现自己想要的所有权,而要实现这种所有权的转让,所有者就必须生产出能够满足他人或社会需要的商品。这样,每个人的劳动就不再是仅仅为自己的、"自给自足"式的私人劳动,而是努力去追求产品的交换可能性的社会劳动。这也有助于克服"自私、保守、狭隘、盲从"的小农意识,而形成现代社会的主体意识、责任意识、自律意识、创新意识和契约精神。

四、完成了政治解放的人:现代国家的主体力量

市民社会与政治国家现实分离的过程也是人获得政治解放的过程,这些获得政治解放的个人就是构成现代国家的主体力量。正如马克思所说:"市民社会的成员在自己的政治意义上脱离了自己的等级,脱离了自己真正的私人地位。只有在这里,这个成员才获得人的意义,或者说,只有在这里,他作为国家成员、作为社会存在物的规定,才表现为他的人的规定"②,而"现实的人就是现代国家制度的私人"③。市民社会是不同于公共生活领域的私人生活领域,那么,探讨作为国家基础的市民社会,就要涉及市民社会的成员——社会生活中现实的个人。在马克思看来,古代政治社会向现代市民社会的转变,反映了人类社会发展由"人的依赖关系"的社会向"以

---

① 《马克思恩格斯全集》第 30 卷,人民出版社 1995 年版,第 192 页。
② 《马克思恩格斯全集》第 3 卷,人民出版社 2002 年版,第 101 页。
③ 《马克思恩格斯全集》第 3 卷,人民出版社 2002 年版,第 102 页。

物的依赖性为基础的人的独立性"社会的变革。关于这种变革,他和恩格斯在《共产党宣言》中用极具文采和充满激情的文字描述道:"资产阶级在它已经取得了统治的地方把一切封建的、宗法的和田园诗般的关系都破坏了。它无情地斩断了把人们束缚于天然尊长的形形色色的封建羁绊,它使人和人之间除了赤裸裸的利害关系,除了冷酷无情的'现金交易',就再也没有任何别的联系了。它把宗教虔诚、骑士热忱、小市民伤感这些情感的神圣发作,淹没在利己主义打算的冰水之中。它把人的尊严变成了交换价值,用一种没有良心的贸易自由代替了无数特许的和自力挣得的自由。总而言之,它用公开的、无耻的、直接的、露骨的剥削代替了由宗教幻想和政治幻想掩盖着的剥削。"① 尽管"利己主义"和"金钱至上"的行为准则和价值观造成了人际关系的"冷酷无情",但是他们却将其视为资产阶级的革命功绩。因为这种革命功绩就是通过完成市民社会与政治国家分离的政治革命同步完成了人的政治解放。

首先就是"阶级"取代"等级"成为标志社会主体力量的基本范畴。人类自有文字记载以来的历史,都是阶级斗争的历史。然而,是资产阶级的经济学家和历史学家意识到现代社会存在阶级和阶级斗争。这是因为,在古代和中世纪,阶级是以各种等级的形式出现的,阶级对立关系被等级差别所掩盖。社会"完全划分为各个不同的等级","社会地位分成多种多样的层次"。② 等级便成了由法律规定或认可的具有一定特权的社会群体。尤其在中世纪国家与社会高度"同一"的时期,人们的社会等级就是他的政治等级,这种"等级"使个人的享受、个人的物质变换取决于个人所从属的一定的分工以及由此形成的社会地位,实质上是对人的个性和自由的剥夺,是一种身份"等级制"社会。③ 正如马克思所说:"在实行单纯的封建制度的国家即实行等级制度的国家里,人类简直是按抽屉来分类

---

① 《马克思恩格斯选集》第 1 卷,人民出版社 2012 年版,第 402-403 页。
② 《马克思恩格斯选集》第 1 卷,人民出版社 2012 年版,第 400-401 页。
③ 秦国荣:《市民社会与法的内在逻辑》,社会科学文献出版社 2006 年版,第 131 页

的。"①而到了现代社会,阶级对立则简单化了,"整个社会日益分裂为两大敌对的阵营,分裂为两大相互直接对立的阶级:资产阶级和无产阶级"②。应该说,现代社会中的"阶级"概念,与以往社会的"等级"概念相比,已发生了质的变化。与作为政治概念的"等级"不同,"阶级"是一个经济概念。它既不以政治因素,又不以个人的自然因素为原则,而是以生产要素的所有权和劳动分工为标准,从而使社会成员摆脱那种具有"政治意义"的人身依附关系,真正成为独立的"人"。在这种情况下,"个人作为一般交换手段的所有者,进入同社会为这一万物的代表者所能提供的一切东西的交换"③。这种变革,要求消灭各种封建特权和"等级"差别,使整个社会只存在简单的"阶级"对立,从而让"一切固定的僵化的关系以及与之相适应的素被尊崇的观念和见解都被消除了,一切新形成的关系等不到固定下来就陈旧了。一切等级的和固定的东西都烟消云散了,一切神圣的东西都被亵渎了。人们终于不得不用冷静的眼光来看他们的生活地位、他们的相互关系"④。在马克思看来,即便是占统治地位的资产阶级也已经是一个阶级,而不再是一个等级了。在1849年发表的《对民主主义者莱茵区域委员会的审判》中,马克思再次肯定了"阶级"代替"等级"的历史进步性,认为"正像现代工业实际上消灭了一切差异一样,现代社会也必须消灭城乡之间在法律上和政治上的一切壁障。在这个社会中还存在阶级,可是已不再有等级了。它的发展就在于这些阶级的斗争,可是这些阶级却联合起来反对等级及其天赋王权",因为"资产阶级社会不能容忍农业受封建特权的限制,工业受官僚监护的限制。这是同它的自由竞争的生活原则相矛盾的"。⑤

---

① 《马克思恩格斯全集》第1卷,人民出版社1995年版,第248页。
② 《马克思恩格斯选集》第1卷,人民出版社2012年版,第401页。
③ 《马克思恩格斯全集》第10卷,人民出版社1998年版,第645页。
④ 《马克思恩格斯选集》第1卷,人民出版社2012年版,第403-404页。
⑤ 《马克思恩格斯全集》第6卷,人民出版社1961年版,第302页。

"阶级"取代"等级",是一种在形式上将每个社会成员从不平等的宗法关系中解放出来,也就意味着特权的消灭和人权的确立,即对等级特权下的"轻视人、蔑视人、使人不成其为人"状态的否定和对个人生命、财产、利益、权利、自由、平等和个性的普遍尊重。在古代政治社会,社会交往主要是基于"等级"的血缘关系、人身隶属和人身依附的"人的从属关系"(奴隶社会中的奴隶被奴隶主完全占有,封建社会中的农奴通过依附于土地而依附于封建领主),人们生活在先赋的、不易改变的、具有代际承接性的社会等级秩序之中,个人没有独立和自由而言。在这种社会关系中,人们在交往(甚至包括经济交往)中,货币都不是唯一媒介,人们之间充满着"温情"和"友谊"。但它是因为权力和等级的存在而变得"受人尊重",显得"温情脉脉"。在这种"温情脉脉的面纱"掩盖之下的依然是利益和交易,而且充满着偶然性、不确定性和低效性,充斥着虚构、欺骗和形式主义。现代市民社会则从国家这个政治桎梏中解放出来,它打破了宗法关系的魔咒,使私有产权冲破了共同体的束缚,让商品和要素所有者按照统一的价值标准——社会必要劳动时间进行平等交易。社会中的人际关系也变成在分工和私有制基础上的"等价"的交往关系。这种现代商品经济社会的"自由竞争"和"等价交换"原则,打破了基于宗法关系的"等级制"和"特权制",将束缚人们的"天然尊长的形形色色的封建羁绊"予以斩断,把藏匿于虚幻的"田园诗般的关系"之下的利己主义予以公开。正如马克思所说:"这里已经不是像古代社会那样,只有特权人物才能交换这个或那个,而是所有的人都能够获得一切。每个人都能够按照他的收入转化成的货币的数量来进行任何的物质变换。"①当货币成为一种标准的、通用的、简单的交往媒介而普遍发挥作用时,古代社会中的人情交往便会大大淡化,整个社会关系随之趋于简单化和理性化。于是,摆脱封建桎梏和通过消除封建不平等来确立权利

---

① 《马克思恩格斯全集》第 10 卷,人民出版社 1998 年版,第 645 页。

平等的要求便提到日程上并迅速扩展开来。这时，由于人们不再生活在像罗马帝国那样的世界帝国中，而是生活在那些相互平等地交往并且处在差不多的或相同的资产阶级发展阶段的独立国家所组成的体系中，所以这种要求很自然地获得了普遍的、超出个别国家范围的性质，而自由和平等也很自然地被宣布为人权。

这样，基于身份和等级的"人情社会"就被改造为基于商品货币关系的"契约社会"，每个独立的个人都承认和尊重与自己有差异的"他人"利益的正当性，并愿意通过契约与之和平共处、承担相应的义务和责任，使人们在交换价值面前平等、自愿地进行"现金交易"。这便消除了人们基于政治权力和等级特权下的人身依附关系和不等价交换的社会条件，防止处于高等级地位的人群对低等级人群的财产、自由、平等、安全等权益的吞噬，使人成为真正相对独立的自由人，也使每个独立的个人都获得了人格独立意义上的自由的社会关系。这意味着，现代国家至少在法律层面上将普遍的人权平等地扩展至整个社会的全体成员，而非哪一个集团或哪一部分人。总而言之，现代市民社会解除了人的财产关系和交往关系的封建枷锁，消灭了社会等级之间的一切旧的差别，取消了一切依靠身份和等级而取得的特权和豁免权，培育出了现代社会独立的个人。这种独立的个人就是现代社会中能够进行自我自主支配的独立的个人。因而，在马克思看来，现代国家就是通过普遍人权来承认自己的自然基础的[①]。也就是说，作为现代国家的基础的市民社会就是"废除了特权和消除了特权的社会"，也只有消灭了特权之后，作为现代社会物质基础——真正的工业才能发展起来。

人的政治解放的现代意蕴，突出体现在公民身份和公民权利普遍化这一特性上。正如马克思所言："政治解放一方面把人归结为市民社会的成员，归结为利己的、独立的个体，另一方面把人归结为

---

① 《马克思恩格斯文集》第 1 卷，人民出版社 2009 年版，第 313 页。

公民，归结为法人。"①这就是说，政治解放的意义就在于，它在人与人之间人格平等的基础上，赋予了每个个体以平等的权利，并在这个意义上承认每个权利主体的公民身份。这种公民身份便是"当国家宣布出身、等级、文化程度、职业为非政治的差别，当它不考虑这些差别而宣告人民的每一成员都是人民主权的平等享有者，当它从国家的观点来观察人民现实生活的一切要素的时候，国家是以自己的方式废除了出身、等级、文化程度、职业的差别"②。这表明，在现代国家，公民的身份和权利通常不会因为出身、地位、文化程度、职业的差别而受到限制。作为社会主体的人是否具有公民身份，是判断其所在国家是否进入现代的显著标志。正如1843年马克思所说："一个最平凡的荷兰人与一个最伟大的德国人相比，仍然是一个公民。"③可以说，独立的个人获得公民身份和公民权利，特别是获得参与国家政治的权利，是个人获得政治解放的根本标志。因为政治解放的同时也是人民排斥的那种国家制度即专制权力所依靠的旧社会的解体，从而也就完成了政治国家同市民社会分离，而"市民社会和政治国家的分离必然表现为政治市民即国家公民脱离市民社会，脱离自己固有的、真正的、经验的现实性，因为国家公民作为国家的理想主义者，是完全另外一种存在物，一种与他的现实性不同的、有差别的、相对立的存在物"④。这样，市民社会的成员便在自己的政治意义上脱离了自己的等级，脱离了自己真正的私人地位，也使基于等级制的"臣民"变成了法律上平等的"公民"，使人们在国家和法律领域内获得了政治平等，从而造就了现代国家的主体力量。换句话说，作为社会主体的个人，其公民资格的取得，并不是基于他在社会关系中的某种特定地位，而是基于他具有人的资格本身。公民身份与其被当作国家通过法律授予个人的权利，倒不

---

① 《马克思恩格斯文集》第1卷，人民出版社2009年版，第46页。
② 《马克思恩格斯文集》第1卷，人民出版社2009年版，第29-30页。
③ 《马克思恩格斯全集》第47卷，人民出版社2004年版，第55页。
④ 《马克思恩格斯全集》第3卷，人民出版社1960年版，第97页。

如说是个人获得国家认同的标志,是人们拥有平等与普遍的社会地位的国家承诺。正如马克思在《关于林木盗窃法的辩论》中所说:"国家也应该把违反林木管理条例者看作一个人,一个和它心血相通的活的肢体,看作一个保卫祖国的士兵,一个法庭应倾听其声音的见证人,一个应当承担社会职能的集体的成员,一个备受尊敬的家长,而首先应该把他看作国家的一个公民。国家不能轻率地取消自己某一成员的所有职能,因为每当国家把一个公民变成罪犯时,它都是截断自身的活的肢体。"①

第二节 人民主权:现代国家的价值原则

主权是一个国家对其管辖区域所拥有的至高无上的、排他性的政治权力,为自主自决的最高权威,也是对内依法施政的权力来源,对外保持独立自主的一种力量和意志。主权是国家存在的基础,是国家最基本的特征之一,丧失主权则意味着国家的解体或灭亡。而国家主权的归属关系问题,是国家理论的一个基本问题。只有搞清楚这一问题,才能对关于国家的其他问题作出正确的回答。国家主权归属从君主到人民的转移,是现代国家转型的重要转折点。早年马克思对普鲁士国家的现实批判和对黑格尔国家观的理论批判的成果之一就是批判君主主权、确立人民主权,进而实现了国家观上的革命性变革。在《关于现代国家的著作的计划草稿》中,他明确列出了"人民主权"的概念条目。②

---

① 《马克思恩格斯全集》第 1 卷,人民出版社 1995 年版,第 255 页。
② 《马克思恩格斯全集》第 42 卷,人民出版社 1979 年版,第 238 页。

一、高扬人民主权旗帜：马克思在现代国家问题上的鲜明立场

中世纪后期，随着天主教会和神圣罗马帝国的衰落，英、法等国开始从宗教国家向政治国家过渡。这些国家摆脱了教权制约后，它们日益集权化的君主便宣称对国家最高权力的行使，并以一种新的"主权"话语加以表达。法国思想家布丹最早明确提出"主权"概念，强调主权是国家的主要标志。他打破了中世纪"君权神授"神话，将主权授予了君主而不再归属上帝，认为君主具有统治臣民而不受法律限制的最高权力。英国思想家霍布斯则进一步明确提出了"君权民授"，但他把人民的这种授权看作主权归属关系的一次性转让，认为人民将国家主权授予君主后就不能收回，且君主这个"主权"具有至高无上的地位。霍布斯与布丹一样都主张君主主权，并把主权的概念视作专制统治的象征。相反，另一位英国思想家洛克认为人民把主权转让给了掌握立法权的议会，且议会掌握的立法权高于国王掌握的行政权和对外权，从而使由人民选举并受人民制约的议会拥有了"神圣的"和"不可变更的"国家最高权力。在他看来，作为立法机关的议会"给予国家以形态、生命和统一灵魂"①。洛克这种"议会主权"观点间接地体现了人民主权的基本精神。法国思想家卢梭更加明确地提出主权永远属于人民，主张人民主权遵循不可转让、不可分割、不可代表且绝对不容侵犯的原则。

黑格尔试图调和君主主权与人民主权并将二者统一于王权。他把立宪君主制看作最合乎理性的政治制度。黑格尔通过对比历史上曾经存在的君主专制、民主制和贵族制等国家制度，认为"国家成长为立宪君主制乃是现代的成就"②。他把国家的内部制度本身分为三个方面——王权、行政权和立法权。其中，立法权是"规定和确立普遍物的权力"，象征着普遍性；行政权是一种使个别的、特殊的

---

① [英] 洛克：《政府论》下篇，叶启芳、崔菊农译，商务印书馆 1964 年版，第 135 页。
② [德] 黑格尔：《法哲学原理》，范杨、张企泰译，商务印书馆 1961 年版，第 287 页。

事件或领域隶属于普遍物的权力，象征着特殊性；王权则是一种作为"最后决断的主观性权力"，它是普遍性和特殊性的统一，它是最高的、最完美的整体。这表明，尽管历史上的立宪君主制是多种多样的，但黑格尔推崇的以王权为首的立宪君主制，不但在形式上而且在实质上表现出明显的君主主权倾向。正如马克思所说："一旦王权被理解为君主（立宪君主）的权力，王权就不会超出国家制度和法律的普遍性。""但是，黑格尔本来想讲的只是：'国家制度和法律的普遍性'，是国家主权意义上的王权。"①在黑格尔看来，"王权，即作为意志最后决断的主观性的权力，它把被区分出来的各种权力集中于统一的一个人，因而它就是整体即立宪君主制的顶峰和起点"②。这样，黑格尔就把主权人格化为君主的意志，把君主的意志理解为没有任何根据的"最后决断"和"任意"，把现代立宪君主的一切属性都变成了意志的、绝对的自我规定。这实际上是以"朕即国家"代替人民主权。而且，黑格尔在极力推崇立宪君主制的同时，还表现出反人民的立场，认为："把君主主权和人民主权对立起来是一种混乱思想，这种思想的基础就是关于人民的荒唐观念，如果没有自己的君主，没有那种正是同君主必然而直接地联系着的整体的划分，人民就是一群无定形的东西。他们不再是一个国家，不再具有只存在于内部定形的整体中的任何一个规定。就是说，没有主权，没有政府、没有法庭、没有官府，没有等级，什么都没有。"③

早年马克思批判黑格尔的理性国家观的时候，便站在革命民主主义的立场清算了他的君主主权及其与人民主权所谓"共存"的论调，并把对人民主权的呼吁贯穿字里行间。在他看来，主权这个概念不可能有双重存在，更不可能有和自身对立的存在，君主主权和人民主权势不两立，"不是君主主权，就是人民主权"④。因为这两

---

① 《马克思恩格斯全集》第 3 卷，人民出版社 2002 年版，第 27-28 页。
② [德]黑格尔：《法哲学原理》，范杨、张企泰译，商务印书馆 1961 年版，第 296 页。
③ [德]黑格尔：《法哲学原理》，范杨、张企泰译，商务印书馆 1961 年版，第 298 页。
④ 《马克思恩格斯全集》第 3 卷，人民出版社 2002 年版，第 38 页。

个完全对立的主权概念,其中一个是只能在君主身上存在的主权,另一个则是只能在人民身上存在的主权,但二者只有一个是真实的。马克思没有像黑格尔那样从国家理念出发,而是从现实的主体即人的活动出发考察国家主权问题。在他看来,国家主权不应与某一个特定的人即君主相联系,而应当与生活在社会关系之中的许多人相联系,体现为人民主权。人民主权与君主主权的差别,反映到国家制度层面就是民主制与君主制的差别。马克思认为,这二者的差别是"类"和"种"的差别,即"民主制是国家制度的类,君主制则是国家制度的种,而且是最坏的种"①。君主制的唯一原则就是轻视人,使人不成其为人,使世界不成其为人的世界。它把单一的经验的人推崇为国家的最高现实,将国家主权的人格化降低为任职者的自然特征,将政治统治自然化,从而使形成国家的人民成为自然地拥有主权的附属物,国家主权变成了单一的、无所不包的国家主权代表——君王的私人事务。因而,马克思讽刺道:"国王的最高宪政活动就是他的生殖活动,因为他通过这种活动制造国王,从而延续自己的肉体。"②他认为:"如果君王是'现实的国家主权',那么'君王'对外也应当被认为是一个'独立的国家',甚至不要人民也行。但是,如果君王就其代表人民统一体来说,是主宰,那么,他本人只是人民主权的代表、象征。人民主权不是凭借君王产生的,君王倒是凭借人民主权产生的。"③这就使得在君主制下,国家主权是基于"出生"这一不可选择的因素而被先天地授予了某个家族甚至某个个人。事实上,国家是以现实的人为主体的,而现实的人不是单一的个人(包括君主本人在内),而是生活在社会关系之中的人的类存在,即人民。所以,"民主制是君主制的真理,君主制却不是民主

---

① 《马克思恩格斯全集》第3卷,人民出版社2002年版,第39页。
② 《马克思恩格斯全集》第3卷,人民出版社2002年版,第53页。
③ 《马克思恩格斯全集》第3卷,人民出版社2002年版,第37页。

制的真理"①。因而,"只有民主制才是普遍和特殊的真正统一"②。据此,他明确主张消灭君主主权、建立人民主权,把被君主制颠倒了的世界再颠倒过来。那样,国家事务就不再作为少数掌握政治权力的人的特权,而被"提升为人民事务",并被"确定为普遍事务",国家在形式上成为"真实的国家"。尔后,在《关于现代国家的著作的计划草稿》中,马克思重申了"人民主权"这一现代国家的构建原则。

洛克、卢梭等人的人民主权思想给了马克思以民主主义的启示,使他彻底放弃了黑格尔的国家主义立场,站到了人民主权的立场之上。然而,为了让社会契约论论证国家起源问题时能够自圆其说,这些思想家以先验的自然法理论和抽象的自然权利为前提,绞尽脑汁去设定和描绘根本不存在的"自然状态",进而陷入历史唯心主义。马克思则没有像他们那样从"自然状态""原初地位""社会契约"等非历史、非现实的逻辑假设出发,而是着眼于社会之中,揭示出国家起源于社会物质生活中的矛盾运动,从而在国家观上实现了彻底的历史唯物论和彻底的历史辩证法。在他看来。卢梭的社会契约是"大大小小的鲁滨逊一类故事所造成的美学上的假象",是"在18世纪大踏步走向成熟的'市民社会'的预感"。③近代人民主权学说从学理上赋予了"现代国家"的政治合法性,"这里,国家利益作为人民利益在形式上重新获得现实性,但它也只应该有这种形式上的现实性。这种国家利益成了一种形式性,成了人民生活的调味品,成了一种仪式"④。其实,曾经崇拜黑格尔理性国家观的马克思,之所以能站在彻底的人民主权的立场上,就是因为马克思对黑格尔的"绝对理性"不是简单地照单全收,而是主张"人民理性"的国家观。这种人民理性的国家观不是从孤立的个人理性出发,而是依据人类

---

① 《马克思恩格斯全集》第3卷,人民出版社2002年版,第39页。
② 《马克思恩格斯全集》第3卷,人民出版社2002年版,第40页。
③ 《马克思恩格斯选集》第2卷,人民出版社2012年版,第683页。
④ 《马克思恩格斯全集》第3卷,人民出版社2002年版,第82页。

理性的整体来理解国家,认为只有这样用世俗的、人的眼光看待国家,才能将国家理解为全体人民自由和理性的体现。这种人民理性观把理性看作人民普遍利益原则,也是从人民主权的意义上理解理性的。而且,与资产阶级思想家从骨子里透出对下层群众尤其是对无产阶级的鄙视乃至恐惧不同,马克思是站在"历史活动是群众的事业"这样一个彻底的历史唯物主义的高度阐明人民主权原则的,赋予了人民——历史的创造者以特别的地位与作用,并使之具备了人民主权的特征。他特别强调"穷人的代表"——无产阶级是真正民主的实现者,是真正人民主权的象征,认为"工人革命的第一步就是使无产阶级上升为统治阶级,争得民主"①。这样,马克思便把人民主权原则与人民主体的唯物主义历史观联系起来,使无产阶级天然享有夺取国家主权的道德力量与历史合法性的来源。

二、人民主权的民族根基:现代国家的建构前提

在古代农业社会,自然经济占统治地位,人们生活在彼此之间互不联系的社会单元之中。与此相适应,人们的政治生活被古代城邦制度或封建领主制度长期分割。这些被分割的古代国家——尤其在封建领主制度之下——更多地是维护王朝的统治秩序。而这些王朝国家实质上是基于血缘关系的家族国家。由于王朝之间的更替或者王朝之间的联姻,民众对于王朝的认同和忠诚会经常发生变化,因而也就缺少与国家有机联系的纽带,更不可能成为国家建构的基础。例如,在中世纪,大多数人都认为自己首先是基督教徒,其次是某一地区的居民,只有在非说不可的情况下才说自己是哪个民族的人。随着家庭农业和手工业经济日益要求向社会化大工业经济发展,分工细化的商品经济逐渐代替了自给自足的自然经济,人们的交往活动进一步冲破了血缘联系,打破了王朝国家的诸侯割据局面,逐渐形成了一个个有共同语言、共同地域、共同经济生活以及表现

---

① 《马克思恩格斯选集》第1卷,人民出版社2012年版,第421页。

在共同文化上的共同心理素质的稳定的共同体。于是，欧洲社会便以"民族"为单位整合地域与人民。正如马克思和恩格斯在《神圣家族》中所说："民族的利己主义是普遍国家制度的自发的利己主义，它同封建主义界限所体现的利己主义互相对立。最高的存在物就是在更高的层次上确认普遍国家制度，因而也就是在更高的层次上确认民族。"①这里的"更高的层次上确认民族"，就是从"主权"意义上界定民族国家。这也反映出现代社会只认同民族国家这一种形式的政治共同体。

主权的出现，既能将分散原子式社会整合为一个整体，又能使现实的世俗国家从基督教帝国中独立出来而获得充分的现实自主，实现了民族过程与国家过程的结合。这是资产阶级通过政治革命，消除王权割据，让政治解放成为实现个体化人的解放，并推动组织形态的人组成的民族国家的发展。现代国家都是典型的民族国家，正如马克思和恩格斯在《共产党宣言》中指出的："各自独立的、几乎只有同盟关系的、各有不同利益、不同法律、不同政府、不同关税的各个地区，现在已经结合为一个拥有统一的政府、统一的法律、统一的民族阶级利益和统一的关税的统一的民族。"②这种日益明显、日益自觉地建立民族国家的趋向，便成了中世纪进步的最重要杠杆之一，也是国家组织形态在封建主义基础之上的极大发展。所以，马克思后来在《资产阶级和反革命》中，把1648年英国革命和1789年法国革命看作"民族对地方主义的胜利"③。尤其是1789年爆发的法国大革命，让作为最高权力组织的政权（State）与作为民族共同体的国家（Nation）开始融为一体，使国家在政权的基础上具有了民族利益共同体的意义。而且，法国大革命极大地鼓励和感染了欧洲大陆各国人民的民族感情，各国人民的民族意识和国家意识被充分地调动起来并进一步走向融合。比如，在德意志人民抵抗法

---

① 《马克思恩格斯文集》第1卷，人民出版社2009年版，第320页。
② 《马克思恩格斯选集》第1卷，人民出版社2012年版，第405页。
③ 《马克思恩格斯选集》第1卷，人民出版社2012年版，第442页。

国入侵的过程中，松散的德意志联邦开始意识到必须建立一个强有力的统一、完整的德意志民族国家，来捍卫全体德意志人民的利益。针对当时德国的封建专制与诸侯林立的现实，马克思和恩格斯在《共产党在德国的要求》中提出的第一条就是"全德国宣布为一个统一的、不可分割的共和国"。因为这时统一性和整合性已经成为国家的显著特征，民族业已成为当时以民族国家为表现形式的现代国家形态的主要内容。1871年，马克思在《法兰西内战》的初稿中谈道："以建立民族统一（创立民族国家）为任务的第一次法国大革命，必须消除一切地方的、疆域的、城市的、外省的独立性。"①这表明，"民族国家"与"民族统一"具有内在的一致性，其内在要求就是要消除一切地方的、疆域的、城市的、外省的独立性。

现代国家是"人民主权"的国家。人民首先是作为整体的力量来掌握国家权力、实现全体人民当家作主的。而作为整体的"人民"是与"民族"相联系的。正如格林菲尔德所说："从现代意义上讲，民族的认同是……'人民'的派生物，而'人民'则是人民的基本特征"，因而，"民族"是"具有显著特点的主权人民"。②其实，从英语表达来看，"人民"和"民族"也是同一个单词，即People。马克思在《关于现代国家的著作的计划手稿》一文中，明确地将"民族与人民"作为研究现代国家的一项专题。面对资产阶级革命浪潮，为了挽救革命带来的危机，欧洲各君主国家纷纷宣扬缔造民族国家，试图将其合法性建立在"民族"的基础上。然而，表面的宣称与内在的实质往往存在天壤之别。这些君主国家纷纷标榜自己是民族利益的代表，不过是要达到蒙骗民众、继续掌握政权的目的。人民帮助君主们从基督教手中夺取了国家的"民族"外衣，但是穿上外衣的君主们难改专制的本性，反而"以奴役和掠夺回报它的盟友"③。

---

① 《马克思恩格斯选集》第3卷，人民出版社2012年版，第136页。
② Greenfeld, L. Nationalism: Five Roads to Modernity. London: Harvard University Press, 1992:7-8.
③ 《马克思恩格斯文集》第4卷，人民出版社2009年版，第220页。

其中，黑格尔就扮演了为普鲁士王朝辩护的角色。他推崇英国的立宪君主制度，认为："只有人民对外完全是独立的并组成自己的国家，才谈得上人民主权。大不列颠的人民就是一个例子。但是，英格兰或苏格兰、爱尔兰的人民或威尼斯、热那亚、锡兰等地的人民，自从它们不再有自己的君主或自己的最高政府以后，就不再是享有主权的人民了。"①在他看来，民族国家的组成是人民主权确立的前提，但是人民要享有主权必须得有自己的君主，因而君主应是民族的代表。对此，马克思并不以为然，他认为："在这里人民的主权是民族性，君主的主权是民族性，或者说，君主权的原则是民族性。民族性本身并且只有民族性，才构成人民的主权。人民，如果其主权仅仅存在于民族性中，就拥有君主。各国人民通过各自的君主能最好地巩固和表现各自的民族性。一个绝对的个人和另一个绝对的个人之间的鸿沟，也同样存在于这些民族性之间。"②也就是说，黑格尔表面上承认人民主权和君主主权都具有民族性，但二者只能选择其一，而他把君主的存在看作人民享有主权的前提条件，因而他实际上推崇的不是"民族国家"，而是扩大了的"王朝国家"。1870年8月15日，恩格斯在致马克思的信中，也说要"强调德国民族利益和普鲁士王朝利益之间的区别"③。

不过，马克思对黑格尔人民主权具有民族性的观点持肯定态度，即只有民族性才构成人民的主权。比如，1848年欧洲革命爆发时，德国是由分裂的35个联邦和4个自治市组成的松散联盟，同时又是一个既受沙俄压迫又参与反对波兰的民族的国家。此次欧洲革命的任务，就是要把民主革命和民族革命结合起来，消灭封建制度或其残余，摆脱民族压迫，建立起统一的民族国家。马克思坚决主张以革命的方式反抗民族压迫，夺取政治权利，实现国家统一、民族独立，他明确提出德国革命的首要任务是把全德国建成为一个统一

---

① [德]黑格尔：《法哲学原理》，范杨、张企泰译，商务印书馆1961年版，第349-350页。
② 《马克思恩格斯全集》第3卷，人民出版社2002年版，第50页。
③ 《马克思恩格斯文集》第10卷，人民出版社2009年版，第341页。

的、不可分裂的共和国。而且,在他看来,即使是未来的无产阶级的国家政权建设,也要以解决民族问题为先决条件。在《共产党宣言》中,他和恩格斯指出:"无产阶级首先必须取得政治统治,上升为民族的阶级,把自身组织成为民族,所以它本身还是民族的。"①

世界是由不同的国家或民族组成的。在世界历史的发展进程中,国家或民族的互动不可避免。正如马克思和恩格斯在《德意志意识形态》中所说:"各民族的原始封闭状态由于日益完善的生产方式、交往以及因交往而自然形成的不同民族之间的分工消灭得越是彻底,历史也就越是成为世界历史。"②在民族国家与世界的互动中,只有具有保障民族独立与民族平等的权力,才能够真正形成国家之间的合作,从而创造国际社会和谐发展的前提。人民主权的民族性,宣示了民族业已形成了国家独立存在的外在形态,即人民对外完全是独立的并且组成自己的国家。这种国家的人民主权是民族的正统权,是本民族不为异民族所统治的正统权力。这也就意味着每一个民族作为一个国家人民的整体,都同样享有自主决定国内事务和平等参与国际事务的权利。这种民族独立性也构成了现代国家生存的前提条件。正如恩格斯在1893年意大利文版《共产党宣言》所作的序言中强调的,资产阶级的统治离开民族独立是不行的,同样,"不恢复每个民族的独立和统一,那就既不可能有无产阶级的国际联合,也不可能有各民族为达到共同目的而必须实行的和睦的与自觉的合作"③。

而且,马克思敏锐而深刻地看到,民族间的奴役和压迫,不仅破坏被压迫民族的主权独立,还束缚压迫民族对自己命运的掌控。其原因在于,压迫民族用来镇压其他民族的力量最后总是反过来反对它自己。1870年,马克思以英国侵占爱尔兰为例,分析道:"爱尔兰是英国政府维持庞大的常备军的唯一借口。一旦需要,正像已经

---

① 《马克思恩格斯选集》第1卷,人民出版社2012年版,第419页。
② 《马克思恩格斯选集》第1卷,人民出版社2012年版,第168页。
③ 《马克思恩格斯选集》第1卷,人民出版社2012年版,第397页。

发生过的那样,就把这支在爱尔兰受过军阀主义教育的军队用来对付英国工人。最后,目前在英国正重复着在古罗马到处都能看到的事件。奴役其他民族的民族是在为自身锻造镣铐。"①其实,早年在《关于波兰的演说》中,恩格斯也表达了这样的观点,认为:"一个民族当它还在压迫其他民族的时候是不可能获得自由的。"②于是,马克思和恩格斯便把被压迫民族的解放同国际无产阶级的胜利联系起来,号召应当以各民族的工人兄弟联盟来对抗各民族的资产阶级兄弟联盟,认为无产阶级对资产阶级的胜利就是克服了一切民族间和工业中的冲突,同时也就是一切被压迫民族获得解放的信号。

三、人民主权的民主本性:现代国家的显著标志

正如马克思所说:"人民,如果其主权仅仅存在于民族性中,就拥有君主。"③这说明,民族性只是人民主权成立必要的基础要件,但还不是核心要件。市民社会决定政治国家,意味着人民构成了现实的国家。市民社会的自由、平等法则,反映到国家政治领域,就体现为民主。民主和人民主权是同一序列的概念④,本意便是由人民来统治。在欧洲中世纪,教会成为一切政治权力合法性的源泉。君主作为国家统治者,是神在人间的具体化,其处理世俗事务方面的权力直接来源于上帝。"国王的最高宪政活动就是他的生殖活动,因为他通过这种活动制造国王,从而延续自己的肉体。"⑤君主主权意味着国家权力来自家族的血统。那这种血统的正当性又来源于哪里呢?中世纪欧洲君主主权论者将世俗君权和宗教神权结合起来,通过"君权神授"来加以解释。他们认为,君主是天命派遣,于凡间

---

① 《马克思恩格斯全集》第 16 卷,人民出版社 1964 年版,第 440 页。
② 《马克思恩格斯选集》第 1 卷,人民出版社 2012 年版,第 314 页。
③ 《马克思恩格斯全集》第 3 卷,人民出版社 2002 年版,第 50 页。
④ 马克思也曾说"民主的"这个词在德语里的意思就是"人民当权的"。参见《马克思恩格斯选集》第 3 卷,人民出版社 2012 年版,第 371 页。
⑤ 《马克思恩格斯全集》第 3 卷,人民出版社 2002 年版,第 53 页。

管治世人,是天神(上帝)在人间的代表,所以人民只可遵从君主的指示去做,不能反抗。黑格尔从国家决定社会的立场出发,把国家看作"绝对理念"的代表,并推崇立宪君主制。这就把君主权力的来源归结为"绝对理念",其实不过是君权神授的一个翻版而已。马克思则把国家的世俗化即国家从宗教中解放出来看作政治解放的重要成果,这时"国家作为一个国家,不信奉任何宗教"①。这就与"君权神授"论彻底划清了界线。而且,马克思坚持社会决定国家的立场。从主体意义上讲,就是人民有权决定国家的一切事务,有权参与国家的一切活动,有权选举、监督和罢免国家的一切官员,从而对人民主权原则作了最彻底的唯物主义解释。人民主权意味着国家权力必须来自人民的授权和委托。不管国家机关实际运作中表现出怎样的强势,拥有多广泛的权力,但从根源上说,这些权力仅仅是被委托的。在这种委托-代理关系中,人民处于主动地位,是授权者;国家机关是受托的代理人,处于被动地位,人民作为委托者随时可以收回它。

国家的价值理念需要在一定的国家制度的构建与运行中加以体现。人民主权与君主主权的对立,反映到国家制度层面,就是民主制与君主制的对立。这种对立则体现在人民对国家制度的主体关系上。是否把人民作为国家制度的原则,是衡量一个国家是不是人民主权国家的根本标准。国家的现实基础是人民,不能离开人民抽象地谈国家制度,在马克思看来,"在君主制中是国家制度的人民;在民主制中则是人民的国家制度"②。在君主专制下,君主集立法权、行政权、司法权于一身,整个国家都要适应这一点,国家法律和制度都出自君主的个人意识。马克思曾说:"在普鲁士,国王就是制度。"③也就是说,君主是整个国家唯一的政治人物,而国家制度是由君主的人格决定的;国家制度统治着人民,人民作为国家制度的

---

① 《马克思恩格斯文集》第 1 卷,人民出版社 2009 年版,第 28 页。
② 《马克思恩格斯全集》第 3 卷,人民出版社 2002 年版,第 39 页。
③ 《马克思恩格斯全集》第 47 卷,人民出版社 2004 年版,第 60 页。

产物，从属于国家制度。相反，人民主权倡导的则是"人民的自我规定""人民创造国家制度"，人民是国家制度的真正支柱，每一个环节都是整体人民的环节。它要求政治活动要按照"多数决定，尊重少数"的规则来运行，并要在宪制体系的框架内对权力实施制约与监督。正如马克思所说："人民是否有权为自己制定新的国家制度呢？对这个问题的回答应该是绝对肯定的，因为国家制度一旦不再是人民意志的现实表现，它就变成了事实上的幻想。"①所以，马克思认为："民主制是君主制的真理，君主制却不是民主制的真理"②，称民主制是国家制度的"类"，而君主制只是国家制度的"种"，并且是"坏的种"。从种属关系角度来看，作为"类"的概念，民主制并不是与君主制一样只属于国家制度中的一种，而是一种相对于君主制来说更具有根本性、本质性的国家制度。即人民当家作主、决定国家制度，是国家或国家制度的主体力量。正如马克思所说："现代国家同这些在人民和国家之间存在着实体性统一的国家的区别，不在于国家制度的各个不同环节发展到特殊现实性——像黑格尔所愿望的那样，而在于国家制度本身发展到同现实的人民生活并行不悖的特殊现实性，在于政治国家成了国家其他一切方面的制度。"③

当民主成为一种国家制度，国家的政治过程便要遵循民主选举、民主参与和民主监督的原则，一切国家公职不能按照血统固定不变，更不能由出生来决定，不能搞终身制、世袭制，而要由国家的法律和制度来决定，由选举产生的有一定任期的国家公职人员轮流承担。具体说来，人民经民主程序制定宪法和法律，经普选产生有一定任期和届别限制的、负责任的国家机构和官员；政府和官员的权力及行使也是由经人民同意的宪法和法律赋予，他们的财产、政务等信息要向民众公开；民众有批评政府和官员而不受惩罚或威胁的权利；等等。这意味着民众参与到政府活动过程之中，对宪法和法律条文

---

① 《马克思恩格斯全集》第 3 卷，人民出版社 2002 年版，第 73 页。
② 《马克思恩格斯全集》第 3 卷，人民出版社 2002 年版，第 39 页。
③ 《马克思恩格斯全集》第 3 卷，人民出版社 2002 年版，第 43 页。

实施动态监控，以保证民众对政府决策过程和议事日程的最终控制。国家机构和公职人员除了人民委托给他们保护人民权利的权力之外，本身再没有其他任何权力。如果他们违背人民的意志，损害人民的利益，甚至为一己私利出卖人民利益，人民是可以使用民主程序之"最终的决断权"，把这些国家机构和公职人员一起统统赶走，以使民众免受国家公权力的侵害。因此，"必须使国家制度的实际承担者——人民成为国家制度的原则"①。这种制度没有独立内容，只有民主才是它的真实内容和存在方式。马克思将其看作社会前进发展的必然。

人民主权赋予了每个公民以平等的权利，并且在这个基础上，国家公共权力成为全体公民的权力而不是某个人或一部分人的权力，从而构成了社会成员获得公民权利的前提和基础。而且，人民平等享有主权的地位，只有通过每个公民在社会生活中的主人翁地位才能得以体现；人民的民主权利，也只有通过具体的公民权利才能得以实现。这种公民权利的内容就是政治参与，确切地说，就是参与国家治理。正如马克思所说，现代国家"一部分是政治权利，只是与别人共同行使的权利。这种权利的内容就是参加共同体，确切地说，就是参加政治共同体，参加国家。这些权利属于政治自由的范畴，属于公民权利的范畴"②。公民权利是个体作为国家成员的权利，是普遍的、公共性的权利，代表普遍利益，它通过个体禀赋的普遍性质而表现出来。这既超越了古代的帝国时代，也超越了古代的共和时代。因为即使在雅典城邦公民直接民主制下，作为社会成员大多数的奴隶也只是"会说话的工具"，在法律上是不具有公民资格的。现代国家消除了出身、等级、文化程度、职业的差别在政治上的意义，使不论属于哪个阶级的公民在法律上都获得了平等的政治权利。工人阶级作为现代社会的劳动者，与古代社会的农奴和

---

① 《马克思恩格斯全集》第3卷，人民出版社2002年版，第72页。
② 《马克思恩格斯文集》第1卷，人民出版社2009年版，第39页。

奴隶相比，一个最显著的现代人特征就是公民权的获得。正如马克思所言："公民权即积极的公民权对于工人是如此的重要，凡是在工人享有公民权的地位，如在美国，他们都从中'取得利益'，而凡是在工人没有公民权的地方，他们都力求取得公民权。"①当然，正所谓"没有无义务的权利，也没有无权利的义务"。与古代"有权无责"的君主或"有责无权"的臣民相比，现代公民的特点是实现了权利与责任的结合。这也是现代国家内在品格之所在。如果说，公民最大的权利，就是参与国家的公共治理，那么，公民最重要的责任，就是促进社会的公共利益，其中就包括为他人争取人权和公民权。因此，马克思在 1864 年为国际工人协会拟定的《临时章程》中提出："一个人有责任不仅为自己本人，而且为每一个履行自己义务的人要求人权和公民权。"②在这里，马克思充分肯定了工人为自己和他人争取平等的公民权利的必要性和重要性，同时也表明它是通往"人的解放"的历史过程中的一个必要条件和必备环节。

四、人民主权的宪法确认：现代国家的法治逻辑

在"人民主权"或"民主"的话语范畴下，"人民"是一个正义和真理的化身，但人民有时可能被激情冲昏了头脑而出现集体非理性，容易以多数人的名义剥夺少数人的权利，最终导致"多数人的暴政"的发生。如古希腊雅典的直接民主被人们奉为民主的典范，可雅典的公民大会最终以不敬神和腐蚀青年的思想为由处死苏格拉底。其实，"多数人的暴政"形式上似乎遵循"多数决定"的民主规则，但事实上所谓多数人的意志往往是由统治集团中少数人的专断意志所操纵和控制。这就要求民主要在一定的规则和秩序下进行。人民主权或民主成为现代国家的标志，就在于它与法治正如一个硬币的两面，不可分割。在《关于现代国家的著作的计划草稿》中，

---

① 《马克思恩格斯全集》第 3 卷，人民出版社 1960 年版，第 238 页。
② 《马克思恩格斯全集》第 21 卷，人民出版社 2003 年版，第 17 页。

马克思将"人权的宣布"与"国家的宪法"联系在了一起,并将"人民主权"置于这一标题之下,且单列出"司法权力和法"一节。①在马克思的著作中,现代国家又被指称为"立宪国家"(包括立宪君主制国家和立宪共和制国家)。这表明,实现人民主权的目的是保障人权,而确认了人权原则的宪法则是实现人民主权的规范和保障,从而使民主制度下的法律体现人的本质化存在,是为了实现人的本质。这便与"君主的意志即法律"的君主专制形成了鲜明的对比。正如马克思在《黑格尔法哲学批判》中所说:"在民主制中,不是人为法律而存在,而是法律为人而存在;在这里,法律是人的存在,而在其他国家形式中,人是法定的存在。民主制的基本特点就是这样。"②宪法确立了国家基本的政治制度和制定法律的依据,是建构现代国家的规范,现代国家要依据宪法产生并服从于宪法。马克思在《法兰克福议会》中提出,要在人民主权的基础上制定宪法,清除德国现存制度中一切与人民主权原则相抵触的东西。③因为宪法是政府的合法性基础,只要任何宪法都不存在,"任何政府也都是不存在的"④。这既可避免形成君主专制、贵族专制那样的一个人或少数人的独裁,又可避免出现像古代直接民主制下"多数人的暴政"。

现代民主的目的在于保障人们的自由、平等的人权和公民权利,让政府和官员更好地为社会谋取普遍的福祉。这也是现代人为争得人民主权而斗争最根本的原动力。而"立宪"的目的,正是通过宪法和法律至高无上的权威来保障公民的自由和权利。在马克思看来,真正的法律都会反映自由的存在,以规范的形态确认人的自由权利。他早年在《莱茵报》时期批判普鲁士的书报检查制度时,通过对《新闻出版法》和《书报检查法》比较分析后,认为:"新闻出版法就是对新闻出版自由在法律上的认可。它是法,因为它是自由的肯定存

---

① 《马克思恩格斯全集》第 42 卷,人民出版社 1979 年版,第 238 页。
② 《马克思恩格斯全集》第 3 卷,人民出版社 2002 年版,第 40 页。
③ 《马克思恩格斯全集》第 5 卷,人民出版社 1958 年版,第 14 页。
④ 《马克思恩格斯全集》第 5 卷,人民出版社 1958 年版,第 45 页。

在"、"而书报检查制度正如奴隶制一样,即使它千百次地作为法律而存在,也永远不能成为合法的"。因为专制的法律表现了任性与专横,算不得真正的法律。在马克思看来,法律"不是压制自由的措施",而是"肯定的、明确的、普遍的规范,在这些规范中自由获得了一种与个人无关的、理论的、不取决于个别人的任性的存在。法典就是人民自由的圣经"。①而且,这些自由又不是属于哪个人、哪个集团的特权,而是以"法律面前人人平等"的原则赋予了组成"人民"的每一个人。而法律之所以能够成为"人民自由的圣经",就在于它是人民通过民主程序创制、反映人民意志的规范性文件。因此,马克思在《论离婚法草案》中提出了这样的观点:"只有当法律是人民意志的自觉表现,因而是同人民的意志一起产生并由人民的意志所创立的时候,才会有确实的把握,正确而毫无成见地确定某种伦理关系的存在已不再符合其本质的那些条件,做到既符合科学所达到的水平,又符合社会上已形成的观点。"②后来,他在《黑格尔法哲学批判》中又从政治制度的角度重申了这一思想,指出:"在民主制中,国家制度、法律、国家本身,就国家是政治制度来说,都只是人民的自我规定和人民的特定内容。"③正因为如此,人身、新闻出版、言论、结社、集会、教育和宗教自由,一旦穿上宪法的制服便成为不可侵犯的了。

法治的意义在于为保障公民的自由和权利而树立宪法与法律至高无上的权威。用马克思的话来说就是,它"把君主主权下'受命于天'的非凡的权利变成以文件作根据的平凡的权利,把贵族血统的统治变成一纸公文的统治"④,它要求政府、官员和公众都要受宪法和法律的制约,都没有超越宪法和法律的特权。从国家权力的授予者——社会公众的层面看,他们也应该在宪法和法律的框架内,

---

① 《马克思恩格斯全集》第 1 卷,人民出版社 1995 年版,第 176 页。
② 《马克思恩格斯全集》第 1 卷,人民出版社 1995 年版,第 349 页。
③ 《马克思恩格斯全集》第 3 卷,人民出版社 2002 年版,第 41 页。
④ 《马克思恩格斯全集》第 6 卷,人民出版社 1961 年版,第 16 页。

合法、有序地与参与政府过程、表达自己的利益诉求,且自己利益诉求的表达行为不得以侵犯公共和他人的利益、扰乱社会正常秩序为代价,以防止出现非理性的、无序的大众恐慌和社会混乱。对国家权力的行使者——政府和官员来说,宪法和法律限定了国家权力的行使的范围,规范了国家权力运作的程序,使政府和官员在法律的框架内忠实履行自己的职责,竭力地为公众服务,并对自己的施政行为的后果承担法律责任,以使每个社会主体合法的所有权、自由和平等权利都能得到切实有力的保障。但在现实生活中,政府和官员手握国家大权,处于强势地位。因此,法治的核心内容是强调合理地运用和有效地制约、限制公共权力,防止公共权力对人民自由和权利的侵犯。掌握立法、执法、司法权力的政府官员一旦违反了法律,更要受到法律的制裁。也就是说,法治强调的重点不在限制公民的"私权"上,而是在约束政府和官员的"公权"上。因为只有加强对公权力的制约,将其关在"制度的笼子里",才能有效防止政府和官员由于滥用权力而造成对公民正当权利的侵害。正如马克思所说:"法律的用处通常是限制政府的绝对权力。"[①]像英国那样的立宪君主制国家,之所以在保留君主的情况下还可称为现代国家,就因为其君主的权力也要受宪法和法律的制约。这也是它与传统君主专制国家的根本区别所在。而且,由于法律是人民创制、反映人民意志的规范性文件,因此法治使政府通过对法律负责来间接对人民负责,也体现了民主的规范化、制度化。这也正是现代国家的"现代性"表征之一。

第三节 代议民主共和制:现代国家的制度形式

从人民与国家的关系来看,现代国家必然体现在两个层面:第

[①]《马克思恩格斯全集》第12卷,人民出版社1962年版,第576页。

一个层面就是人民与国家关系的基本原则,即是人民决定国家制度,还是国家制度决定人民;第二个层面则是人民与国家关系的制度形式,即人民掌握国家权力、参与国家事务管理的制度形式。其中,第一个层面具有决定性意义。对此,马克思鲜明地提出了人民决定国家制度的人民主权立场。人民主权原则决定了现代国家的制度安排必须遵循以下原则,即:国家权力至少在法理上属于多数人,而不是一个人或少数人;国家最高权力的产生实行选举制,而不是世袭制;掌握国家权力的公职人员实行限任制,而不是终身制;等等。这就使得现代国家通常采用通过选举产生最高国家权力机关和国家元首、实行任期制的民主共和制。而且这种民主共和制不是由广大民众直接组成最高国家权力机关,亲自行使国家权力,而是由人民依法选出的代表组成代议机关,代表人民行使国家权力,即代议民主共和制。马克思也赞同以代议民主共和制作为现代国家的制度安排,他在《关于现代国家的著作的计划草稿》中专列了"代议制国家与宪章"条目。而且,从第四大标题开始直到文末,马克思勾画出了现代国家为实现"人民主权"所作的制度安排及其组织架构。其中,代议制是这一制度体系的主轴。因为其他诸如权力分开、立法权与立法机构、执行权与公共管理、集权制与联邦制、政党、选举权等都可看作保证代议制正常运转的构成要素和实现机制。

一、代议民主共和制:人民主权原则的有效实现形式

当人民主权的价值观得到普遍认可之后,人们就要考虑其如何实现的问题了。从理论上讲,"一人一票"的直接民主是实现人民主权最彻底的制度安排。但是在古希腊直接民主实践中,却出现了暴民政治的无序状态。小国寡民尚且如此,在国土面积和人口都大大超过古代城邦的现代国家,若都实行直接民主,更容易造成"多数暴政"的非理性状态。这其实也是对民主精神的亵渎。因而,人民实现其主权的基本途径只能是选举自己的代表组成国家权力机关或立法机关,通过"代议"来实现自己的意志。正如密尔所说:"显然

能够充分满足社会所有要求的唯一政府是全体人民参加的政府;任何参加,即使是参加最小的公共职务是有益的;这种参加范围大小应到处和社会一般进步程度所允许的范围一样;只有容许所有的人在国家主权中都有一份才是终究可以想望的。但是,既然在面积和人口超过一个小市镇的社会里,除去公共事务的某些极次要部分外,所有的人参加公共事务是不可能,从而就可以得出结论说,一个完善政府的理想类型一定是代议制政府了。"①

其实,现代国家是以市民社会与政治国家的现实分离为前提的。这就使得不可能一切人都能单独地参与国家生活,因为如果一切人都成了国家权力的直接行使者,那么,市民社会的力量或者赋予自己以政治存在,使市民社会变成政治社会,或者让政治存在成为它的现实存在,使政治社会变成现实社会。无论哪种情形,都意味着市民社会的自行消灭,也就不存在市民社会与政治国家相互分离的现实了。市民社会通过其代表议员来参与政治国家的立法这一方式,本身就是两者相互分离的表现。正如马克思所说,"现代资产阶级国家体现在议会和政府这两大机构上"②,政府是"以凌驾于社会之上的权力自居的阶级统治形式",而它的议会则是"以社会自身的权力自居的阶级统治形式"。③这样,现代国家便通过代议制来组织自己的政权。它将人们的政治参与限定在几年一次的公民投票行为之中,让民众通过选择自己的利益代言人实施统治,较好地协调了精英民主与大众民主的关系,较成功地解决了民主的规模和民主的实现问题,从而超越了古希腊的城邦直接民主制。马克思也把代议民主看作现代国家普遍采用的制度安排。在他看来:"代议制是一个进步,因为它是现代国家状况的公开的、未被歪曲的、前后一贯的表现。"④而这种现代国家状况的"公开的、未被歪曲的、前后一贯的表现",

---

① [英]J.S.密尔:《代议制政府》,汪瑄译,商务印书馆1982年版,第52页。
② 《马克思恩格斯选集》第3卷,人民出版社2012年版,第163页。
③ 《马克思恩格斯选集》第3卷,人民出版社2012年版,第138页。
④ 《马克思恩格斯全集》第3卷,人民出版社2002年版,第95页。

就是说明代议民主的存在是以承认和保障人民主权的价值原则为前提的。马克思认为:"国民议会的行为并没有预先决定人民的行为。国民议会本身没有任何权利——人民委托给它的只是维护人民自己的权利。如果它不根据交给它的委托来行动——这一委托就失去效力。到那时,人民就亲自出台,并且根据自己的自主的权力来行动。"①人民是国家权力的终极来源,人民与代议机关之间是委托代理关系,代议机关的唯一职责是维护人民的权利。如果没有履行好这一职责,人民就可以根据自己的自主的权力解散它。

在《共产党宣言》中,马克思考察了资产阶级的政治上升过程,认为:"它在封建主统治下是被压迫的等级,在公社里是武装的和自治的团体,在一些地方组成独立的城市共和国,在另一些地方组成君主国中的纳税的第三等级;后来,在工场手工业时期,它是等级君主国或专制君主国中同贵族抗衡的势力,而且是大君主国的主要基础;最后,从大工业和世界市场建立的时候起,它在现代的代议制国家里夺得了独占的政治统治。"②从欧洲政治发展的历史来看,现代的代议民主制的渊源可以追溯至中世纪的等级代表制。在等级代表制下,等级议会是由生来就不平等的不同等级派出的代表组成的,它尽管对君主的权力有了限制,但仍以君权至上为前提,遵行的仍是主权在君,把君主视为国家的代表或受委托者,当君主认为议会妨碍自己权力时甚至可以让其长期处于"关门"状态。因而,马克思说:"等级代表制所代表的是一种早已被现代工业消灭了的社会制度,或者最多是些日益被资产阶级社会所超过、排挤和破坏的高傲的等级残余。"③资产阶级将反对专制王权和反对等级代表制结合起来,通过政治革命使市民社会从君主国家的专制权力的束缚中挣脱出来,让社会成员被法律赋予平等的公民权,使代议制成为由生而平等的公民选举产生的代表组成议会,议会奉行主权在民的原

---

① 《马克思恩格斯全集》第 6 卷,人民出版社 1961 年版,第 16 页。
② 《马克思恩格斯选集》第 1 卷,人民出版社 2012 年版,第 402 页。
③ 《马克思恩格斯全集》第 6 卷,人民出版社 1961 年版,第 291 页。

则（至少在名义上），是代表人民行使国家权力的机关，并构成了对行政权力的制衡力量。这种权力制衡实际上是现代市民社会与政治国家之间分离与制约关系的政治表现。因为立法权作为市民社会的政治存在的代表，代表的是政治意识，"而政治意识只有在它同行政权发生冲突时才会显示出自己的政治本质"①。所以，马克思说，与"旧社会的相应的政治表现是天赋国王、监护一切的官僚和独立的军队"不同，在现代国家中，现代市民社会可以通过诸如"同意纳税的权利和拒绝纳税的权利"的立法动议对管理公共事务的政府实施监督。②对于代议民主的这种现代意义，恩格斯也曾在《德国状况》一文中有过这样的描述："资产阶级消灭了国内各个现存等级之间一切旧的差别，取消了一切依靠专横而取得的特权和豁免权。他们不得不把选举原则当做统治的基础，也就是说在原则上承认平等；他们不得不解除君主制度下书报检查对报刊的束缚；他们为了摆脱在国内形成独立王国的特殊的法官阶层的束缚，不得不实行陪审制。"③

在《关于现代国家的著作的计划草稿》中，马克思将代议制和宪章相联系，提出了"立宪的代议制国家"和"民主的代议制国家"的概念。这表明，"立宪"与"民主"是代议制的两大基石。这也体现了现代国家"民主"与"法治"两大特质。如前所述，在马克思的著作中，立宪制包括立宪君主制和立宪共和制。如果说立宪君主制只是"资产阶级一小部分人在国王的招牌下进行统治"，那么立宪共和制则是"全体资产阶级借人民的名义进行统治"。④推崇立宪君主制的黑格尔曾经在设想现代国家机构时，将等级代表制与代议民主制拼凑、混合而设计出了"王权""行政权"和"立法权"诸环节。在他设想的立法机关中，君主是"最高决断环节"，行政官员是重要的"咨议环节"，最后环节才是由市民社会的工商业者等级选派的代

---

① 《马克思恩格斯全集》第 3 卷，人民出版社 2002 年版，第 149 页。
② 《马克思恩格斯全集》第 6 卷，人民出版社 1961 年版，第 301 页。
③ 《马克思恩格斯全集》第 2 卷，人民出版社 1957 年版，第 647 页。
④ 《马克思恩格斯选集》第 1 卷，人民出版社 2012 年版，第 676 页。

表，即等级要素。这样，由工商业者推选的等级要素便不像君主那样有决定权，也不像行政官员的代表那样有咨议权，而只有单纯的、表面的立法权，只是以"政治的装饰品"的形式包含着现代代议制的因素。相对于王权和行政权，它只具有辅助的、补充的意义，因而也就无法阻止君主以普遍利益的名义维护其"孤立的利益"，无法阻止官员滥用权力谋取私利，无法反映人民的意志、体现人民的普遍利益。正如马克思所批判的那样："等级要素是立宪国家批准的法定的谎言：国家是人民的利益，或者说，人民是国家的利益。"①看来，黑格尔主要强调的是传统的等级制方面，同现代的代议制有很大差别。他自认为立宪君主制体现了普遍利益和特殊利益的统一，并将其看作理想的国家政权组织形式，试图将人民主权与世袭的国王尊严之间、代议制和等级制之间、下议院与上议院之间的对立统一起来。然而，黑格尔主张的立宪君主制，是他从现存的立宪君主制的设施和等级代表制原则推衍出来的理想国家形式，实际不过是共和制和君主制之间的"中介"和"混合物"，不过是允许公民平等、宗教自由和有限政治代表权的宪法框架与由君主权威及官僚机构所共同支撑的封建等级制的结合体，不过是世袭的君主制和现代的立宪制的矛盾体。他既想在君主制基础上加上立法权用以影响和制约王权，又想在承认立宪的国家中保存王权的"最高决断地位"。正如马克思所说："黑格尔希望有中世纪的等级制度，然而要具有现代意义的立法权；他希望有现代的立法权，然而要具有中世纪等级制度的外壳。这是最坏的一种混合主义。"②这种混合主义的"二律背反"让黑格尔在"立宪"与"君主"之间最终选择了"君主"，使他推崇的立宪君主制成为王权至上的立宪君主制，实际上是一种改了装的君主专制。所以，立宪君主制不是现代政治的最高成就，而是传统君主制度与现代政治原则相妥协的产物。马克思关于黑格尔法哲学

---

① 《马克思恩格斯全集》第 3 卷，人民出版社 2002 年版，第 82 页。
② 《马克思恩格斯全集》第 3 卷，人民出版社 2002 年版，第 119 页。

批判的文章，主要内容就是"同立宪君主制这个彻头彻尾自相矛盾和自我毁灭的混合物作斗争"①。

后来，马克思在《神圣家族》中再次阐明："立宪主义总的说来就是现代代议制国家和旧的特权国家之间的矛盾。"②因为立宪君主制的解释空间非常大，"立宪"与"君主"之间的界限也很难把握。而当时的欧洲，除了英国外，包括普鲁士在内的立宪君主制国家大都采用君主权力大于议会的"二元君主"制，其议会往往被称为"虚位议会"。这种立宪君主制因在实践中无法兼顾君主和议会权力之争，很容易像第二次世界大战前的日本和意大利那样沦为政变的牺牲品而走向法西斯独裁主义。所以，尽管立宪君主制也是现代国家的一种政权组织形式，但马克思明确把"民主的代议制国家"称为"完备的现代国家"③，而民主的代议制便是现代的代议民主共和制（像英国那样的立宪君主制国家，虽然保留国王甚至仍在形式上赋予其至高的尊严，但议会是实际上的权力中心，而君主只是作为国家象征的"虚位君主"。这种立宪君主制的代议制国家可以说实行的是一种立宪的虚君共和制度。它们的国家权力也是由选举产生的、有一定任期的代议机关行使，而不是被世袭产的、终身任职的君主掌握，这与代议民主共和制实际上已无大的区别）。在1843年发表的《论犹太人问题》中，马克思之所以把法国称为"政治解放不彻底"的立宪制国家，而把美国称之为"政治国家十分发达的地区"，就是因为当时"七月王朝"统治下的法国实行的是立宪君主制，而美国已经实行了民主共和制。在《哥达纲领批判》中，马克思不仅将民主与"人民主权"相连，还认为人民主权"只有在民主共和国内才是适宜的。"④

其实，早在中学时代，马克思就表现出对共和体制的制度偏好。

---

① 《马克思恩格斯全集》第47卷，人民出版社2004年版，第23页。
② 《马克思恩格斯文集》第1卷，人民出版社2009年版，第315页。
③ 《马克思恩格斯文集》第1卷，人民出版社2009年版，第314页。
④ 《马克思恩格斯选集》第3卷，人民出版社2012年版，第374页。

他在关于奥古斯都元首政治的拉丁语毕业作文《奥古斯都的元首政治应不应当算是罗马国家较幸福的时代？》中，通过把奥古斯都时代（共和制最终衰落和帝国兴起）与古罗马历史上布匿战争以前的时代（罗马共和国）、尼禄时代加以对比，认为"奥古斯都的元首政治应该算是最好的时代"，但不能认为这个时代就是幸福的，因而，"奥古斯都时代不应该受到我们的过分赞扬，以致我们看不到它在许多方面都不如布匿战争以前的时代。因为，如果一个时代的风尚、自由和优秀品质受到损害或者完全衰落了，而贪婪、奢侈和放纵无度之风却充斥泛滥，那么这个时代就不能称为幸福时代"。①与此相对照，他把布匿战争以前的罗马时代称为"最美好的"和事实上的幸福，认为："由于风尚纯朴、积极进取、官吏和人民公正无私而成为幸福时代的。"②那个时代的典型特征就是在城邦国家的基础上出现了奴隶社会条件下的共和制。马克思之所以称那个时代是"最幸福的"，有一个重要原因便是，在当时普鲁士的中学里，不能使用"共和国"一词，而只能用"最幸福"来隐晦表达。换句话说，在马克思的思想中，幸福是"共和国"的一种含蓄表达。这便可以看出在不同政体之间，马克思倾向于共和制。而且，这一制度偏好贯穿其一生。他早年通过研究和批判黑格尔法哲学，认为相对于黑格尔所推崇的立宪君主制，共和制是一种优越的国家形式。1848年，面对邦国林立的德意志地区，马克思在《共产党在德国的要求》一文所提出的17条革命策略中，第一条就是"全德国宣布为一个统一的、不可分割的共和国"③。也就是说，马克思不赞成以普鲁士王国为基础建立统一的德意志帝国，而主张以共和国的方式解决德国统一问题。1873年，马克思和恩格斯在《社会主义民主同盟和国际工人协会》一文中明确提出："同盟与一切专制制度为敌，不承认除共和制

---

① 《马克思恩格斯全集》第1卷，人民出版社1995年版，第463页。
② 《马克思恩格斯全集》第1卷，人民出版社1995年版，第461页。
③ 《马克思恩格斯全集》第5卷，人民出版社1958年版，第3页。

以外的任何其他政体。"①恩格斯晚年在《家庭、私有制和国家的起源》一文中将民主共和国视为"国家的最高形式",认为它在现代社会条件下"正日益成为一种不可避免的必然性",并指出:"它是无产阶级与资产阶级之间的最后决定性斗争也只能在其中进行到底的国家形式。"②在他看来:"对无产阶级来说,共和国和君主国不同的地方仅仅在于,共和国是无产阶级将来进行统治的现成的政治形式。"③这表明,无产阶级国家在君主制与共和制之间,只能选择共和制。因而,恩格斯认为:"如果说有什么是毋庸置疑的,那就是我们的党和工人阶级只有在民主共和国的这种形式下,才能取得统治。民主共和国甚至是无产阶级专政的特殊形式。"④

二、普选权:代议民主共和制的基础

现代代议民主制国家的典型特征是普选制。现代国家是以市民社会为基础的,而市民社会的主体又是平等、自由的权利个体。这便使社会有一种力图让所有民众尽可能普遍地参与立法的内在冲动。但代议民主意味着,社会成员不是直接参与而是通过委托他们的代表(议员)组成立法权机关的方式间接参与立法,那么,如何协调这种少数人的直接参与(精英民主)与多数人间接参与(大众民主)的关系?如何保证这种委托-代理关系真实有效?马克思在《黑格尔法哲学批判》中谈道:"这里并不涉及:市民社会应该通过议员行使立法权,还是全体成员都应该单个地行使立法权。这里涉及的倒是:扩大选举并尽可能普及选举,即扩大并尽可能普及选举权和被选举权。"⑤这样,他便找到了普选权这一解开矛盾的钥匙。在他看来,选举是真正的市民社会对代议机关、对议员的真正关系。

---

① 《马克思恩格斯全集》第 18 卷,人民出版社 1964 年版,第 512-513 页。
② 《马克思恩格斯选集》第 4 卷,人民出版社 2012 年版,第 189 页。
③ 《马克思恩格斯选集》第 4 卷,人民出版社 2012 年版,第 652 页。
④ 《马克思恩格斯选集》第 4 卷,人民出版社 2012 年版,第 294 页。
⑤ 《马克思恩格斯选集》第 3 卷,人民出版社 2002 年版,第 150 页。

换句话说，选举是市民社会对现代国家的直接的而非间接的、实际存在的而不是单纯想象的关系。因此，显而易见："选举构成现实市民社会的最根本的政治利益。"①在马克思看来，普选是至关重要的政治利益，是占统治地位的少数人的特殊利益让位于广大人民的普遍利益的根本途径。因而可以说，普选权是代议民主制的基础，没有普选权就没有现代意义上的代议民主制。这也是它与欧洲中世纪封建等级议会制的根本区别。因为等级议会虽然也有代表的意思，但是它的代表不是由人民选举、受人民委托的，而是由等级世袭或君主委任产生的。

选举作为国家制度的组成部分，可以追溯到古希腊、古罗马和中世纪的欧洲。但作为支撑现代民主制度运行基础的选举仅仅延续了传统选择官职的形式，其本质与程序却发生了根本转变。这种转变的根本之处就在于它是人民主权原则框架下的选举。古希腊和罗马共和国时期的官员和国家机构虽然是经过选举产生的，但奴隶是没有公民权的，且只有成年男性公民才真正享有权利，而妇孺、外邦人被排除在外，因此，实际上是贵族主权。中世纪神圣罗马帝国的皇帝是选举产生的，但选举皇帝的选举会是由贵族推荐的皇族组成，实质上还是君主主权。而现代国家则在法律上宣布了公民有普遍、平等的选举权利，而公民选举权的剥夺也必须由法律来规定。可以说，人民主权原则是现代国家选举制度的根本出发点，而普选权的确立又是人民主权原则落地生根的重要制度基础。它至少从法理上让国家权力真正来自人民的委托。现代民主也正是在这种委托与受托的互动中逐渐走向成熟的。

在《1848 至 1850 年的法兰西阶级斗争》一文中，马克思揭示出法国制宪国民议会拟定的共和国宪法确认了这样一个普选权事实，即"它把固定不变的、无责任的、世袭的王权改成了可变更的、

---

① 《马克思恩格斯全集》第 3 卷，人民出版社 2002 年版，第 150 页。

有责任的、由选举产生的王权,即改成了任期四年的总统制"①。尽管他主要是从揭露共和国的资产阶级性质而言的,但这也揭示出普选权对国家制度变革的现代意义。它表明,在现代国家中,普选权是通过选举制、任期制、限任制、变更制和责任制来运作的。与古代国家的权力来自基于血缘关系的世袭相比,人民通过选举直接或间接地掌握着国家权力行使者的任免权,并组成国家的立法机关、行政机关和司法机关等。这是国家权力授权与委托的合法性来源。然而,这种权力的委托和授予不是选举完成之后就一成不变了。人民通过宪法和法律对各种职务的任期都有一定的规定,当国家权力行使者在任期届满以后,其职权、职责就应自然取消。而且,当职务任期届满后,其连选、连任也是有一定限制的。也就是说,任何人担任的公职都不是终身的。而选举所体现的权力委托与授权关系,表明权力的行使也是一种责任,权力行使者要对权力委托者——选民负责,而古代的君主和领主的权力因为没有这种委托关系,因而也就无须对运用权力的后果负责了。这样,公众选举的、有一定任期的、负责任的权力行使者,取代了古代国家那种世袭的、终身的、不负责任的权力拥有者,从而在民众与代表、授权者与掌权者之间建立起了可靠而有效的制度性联系。其中,"选举"这个环节至关紧要,它关系到权力的委托与授予是否真实有效,关系到主权在民这一现代国家的核心理念是否能够落到实处。为此,现代选举便确立了"普遍、平等、秘密投票"原则。选举的普遍性,要求凡达到选举年龄的公民,除被依法剥夺政治权利者外,普遍享有选举权,从而保证权力来源的广泛性;选举的平等性,意味着每位选民在一次选举中只能投出一票,每张选票的效力相等,从而保证权力来源的有效性;而秘密投票(或称无记名投票),是指选举时投票人不在选票上署名,并亲自将选票投入票箱,且填写的选票不向他人公开,从而有利于选民更真实地表达自己的意愿以保证权力来源的真实性。

---

① 《马克思恩格斯选集》第1卷,人民出版社2012年版,第477-478页。

与资产阶级学者只是在抽象的政治国家层面探讨普选权问题不同，马克思是深入现实社会的利益关系之中，从市民社会与国家关系的角度加以探讨的。在《关于现代国家的著作的计划草稿》中，马克思将"选举权"与"消灭国家和市民社会"相联系作为他撰写关于现代国家的著作的落脚点，意指国家的消亡是由普选所致。在他看来，"选举是市民社会对政治国家的非间接的、直接的、不是单纯想象的而是实际存在的关系"①。选举权改革的关键是市民社会和国家关系的变革，即扬弃市民社会和国家的对立。最大限度地扩大选举权和被选举权的意义，也不只是选民数量的增加，而是要保障无财产的劳动群众参与到社会政治生活之中，使他们的利益诉求能够得到充分的表达，并在此基础上冲破狭隘的利益藩篱，形成真正代表人民普遍利益且能够自觉遵守执行的法律，以解决贫富分化、教育不公等社会实际矛盾和问题，改变市民社会的私人性、自私自利性的存在状况，尤其要改变市民社会财产向少数人集中的不合理的财产关系和利益关系，消除人的异化，使每一个人都能过上体现自己类本质的美好生活，使人民的根本利益得到法律和承认和保护，使人民成为社会政治生活的真正主体，让人民主权原则从根本上得到保障。

按照上述思想理路，马克思进一步提出："实行普选权的必然结果就是工人阶级的政治统治。"②可以说，普选制是测量工人阶级成熟性的标尺。因为它在一定程度上扩大了无产阶级的政治参与，扩大了民主的范围，它同时能够被无产阶级加以有效利用，使之从剥削的手段转变为解放的方式。1852年，马克思在《宪章派》一文中指出："他们为之而斗争的宪章里的六条，所包括的内容，无非是对普选权的要求，以及使普选权不致成为工人阶级的空想的那些条件。这就是：实行秘密投票、规定议员支薪、每年举行大选。但是对于

---

① 《马克思恩格斯全集》第3卷，人民出版社2002年版，第150页。
② 《马克思恩格斯全集》第11卷，人民出版社1995年版，第425页。

英国工人阶级来说普选权等于政治权力,因为在英国,无产阶级占人口的绝大多数,在长期的、虽然是隐蔽的内战过程中,无产阶级已经清楚地意识到自己的阶级地位,而且甚至在农业地区也不再有农民,而只有地主、产业资本家(农场主)和雇佣工人。因此,在英国,普选权的实行,和大陆上任何标有社会主义这一光荣称号的其他措施相比,都将在更大程度上是社会主义的措施。"①在马克思看来,实行普选权,无产阶级就会利用现代国家权力维护自己的利益,并不断壮大起来,从而可能在英国这样一个工人阶级占大多数的国家中,伴随商业的普遍发展和工人阶级意识的提高,工人阶级可以通过普选这样的和平方式来掌握政权,进而依靠国家权力推动社会主义的措施得到真正实施。19世纪后期,德国工人政党积极开展议会斗争并获得了越来越多的选票。他们向世界各国展示了选举权这一最锐利武器中的一件最新的武器。这样,普选权便被他们由欺骗的工具变成解放的工具。于是,争取普选权、争得民主,已经成为无产阶级战斗的首要任务之一。而且,利用选举权进行斗争,为工人阶级"得到了千百倍的好处",而"由于这样有成效地利用普选权,无产阶级的一种崭新的斗争方式就开始发挥作用,并且迅速获得进一步的发展。人们发现,在资产阶级用来组织其统治的国家机构中,也有一些东西是工人阶级能够用来对这些机构本身作斗争的"。②

三、分权制衡:代议民主共和制的权力配置方式

任何类型国家的政治权力一般都包括立法权、行政权、司法权,不同之处在于三种权力之间的关系不同。这三种权力的关系又被称为"权力结构"。在中世纪,不受监督的君主集立法、行政、司法等国家权力于一身。这种权力配置方式的特点是权力高度集中:从形

---

① 《马克思恩格斯全集》第11卷,人民出版社1995年版,第424-425页。
② 《马克思恩格斯选集》第4卷,人民出版社2012年版,第390页。

式上讲，三种权力集中于一个人或几个人手中；从功能上讲，三种权力集中于行政权力，立法权、司法权被极度弱化，服从于行政权。由于行政权是一种垂直性、等级性、强制性的权力，因此这种权力结构必然表现为专制。专制的权力结构的代表形式是君主专制，君主独揽大权，国家权力完全属于君主，宫廷是国家政治生活的中心，君主的意志就是法律，所有臣民都必须服从，君主行使权力不受法律限制，也不受其他机关监督。资产阶级通过政治革命取得政权后，通过宪法将国家的立法权、行政权和司法权平行设置且让这三种权力相互制衡。这种三权鼎立的权力结构形式是对君主专制统治和君主专制制度的否定。因为在他们看来，"立法、行政和司法权置于同一个人手中，不论是一个人、少数人或多数人，不论是世袭的、自己任命的或选举的，均可公正地判定是虐政"①。在《关于现代国家的著作的计划草稿》中，马克思在第五至第八部分突出了权力的分开、立法权、执行权、司法权等主题，体现了他对分权制衡的重视。在他看来，"分权和权力互相监督"是"为了自由的利益所十分必需的"②。

从分权制衡的理论上讲，国家的立法权、行政权和司法权应该是平行设置的，但从制度设计和实际运行来看，这三权并不是对等的，相对于立法权和行政权，司法权并不是很重要，甚至"在某种意义上可以说是不存在的"③。这就是说，相对于立法权和行政权，司法权是留作"后手"设置的，通常处于一种"超脱状态"。国家权力之间的相互制衡主要是在立法权与行政权之间展开的。因而，在《关于现代国家的著作的计划草稿》中，马克思没有在"权力的分开"这一标题中设置司法权的内容，而是把行政权称作"执行权"，进而探讨现代国家立法权与执行权之间的分离与制约关系，司法权则被

---

① [美]汉密尔顿，杰伊，麦迪逊：《联邦党人文集》，程逢如、在汉、舒逊译，商务印书馆 1982 年版，第 246 页。
② 《马克思恩格斯选集》第 1 卷，人民出版社 2012 年版，第 438 页。
③ [法]孟德斯鸠：《论法的精神》上卷，张雁深译，商务印书馆 1993 年版，第 160 页。

放到"司法权与法"部分单独论述。在他看来,"现代资产阶级国家体现在议会和政府这两大机构上"①,其中,政府是"以凌驾于社会之上的权力自居的阶级统治形式",而它的议会则是"以社会自身的权力自居的阶级统治形式",②现代的民主共和国便是"行政权形式和议会形式"二者"互为补充"的国家制度。这种权力的分开与制衡实际上是现代国家和市民社会之间分离与制约关系的政治表现。因为在市民社会与政治国家分离的情况下,市民社会需要通过一种中介参与政治国家治理,政治国家也需要一种中介参与市民社会治理;市民社会参与政治国家治理的中介就是立法权,政治国家参与市民社会治理的中介就是执行权。与此相适应,掌握立法权的议会便成为市民社会在政治国家中的全权代表,而掌握执行权的官僚机构则成为政治国家在市民社会中的全权代表。③于是,一方面,公民的政治参与是通过选举代表(议员)的方式组成立法权机关的间接参与,让掌握立法权的代议机关去制约和监督掌握执行权的行政机关,以实现个体的私人利益和阶级的特殊利益;另一方面,国家则要通过掌握包括行政权在内的执行机关来干预市民社会的事务,以维护社会的"普遍利益"和统治阶级的共同的利益。这样,立法权作为市民社会的政治存在的代表,代表的是政治意识,而政治意识只有在它同行政权发生冲突时才会显示出自己的政治性质。④

关于立法权与行政权的制衡关系,洛克主张议会至上,认为:"在一切场合,只要政府存在,立法权是最高权力,社会的任何成员和社会的任何部分所有的一切权力,都是从它获得和隶属于它的。"⑤这里的"社会的任何成员和社会的任何部分所有的一切权力"当然包括行政权在内。这种议会至上论彰显了人民主权的底蕴,因

---

① 《马克思恩格斯选集》第 3 卷,人民出版社 2012 年版,第 163 页。
② 《马克思恩格斯选集》第 3 卷,人民出版社 2012 年版,第 138 页。
③ 欧阳英:《马克思政治哲学思想探析》,中国社会科学出版社 2018 年版,第 43 页。
④ 《马克思恩格斯全集》第 3 卷,人民出版社 2002 年版,第 149 页。
⑤ [英]洛克:《政府论》下篇,叶启芳、崔菊农译,商务印书馆 1964 年版,第 92 页。

为立法权之所以至高无上,就是因为它是"人民同意"的体现。相对而言,孟德斯鸠则更倾向于行政权至上,在他看来,行政权应该拥有废除立法权的决议的权力和解散立法议会的权力,但立法权不能对等地拥有处置行政权的权力。他认为:"立法机关不应有权审讯行政者本身,并因而审讯他的行为。他本身应该是神圣不可侵犯的,因为行政者之不可侵犯,对国家防止立法机关趋于专制来说是必要的。"①出现这种分歧的原因在于,洛克所处的时代是资产阶级同贵族抗衡的时代,资产阶级试图通过加强议会的立法权来削弱和架空王权。而到了孟德斯鸠所处的时代,君主专制王权已基本被摧毁,资产阶级已经开始在现代的代议制国家里夺得独占的政治统治。这时,资产阶级便需要通过限制立法权,以免其他阶级利用议会这个所谓的民意机构来威胁它的统治。

与权力平行设置的三权鼎立思想不同,马克思更倾向于让立法权高于执行权,让人民选出的代议机关去制约掌握行政权的官僚机关(而不能相反),以便从权力的运行机制上保证人民主权的实现。因为在他看来,人民主权的国家制度是人民制定和实施法律的国家制度,而立法权代表的是人民,是决定国家制度的人民主权。它取代了王权和从属于王权的行政权的特殊意识、主观任性等,是普遍的类意识。在《德国的动荡局势》一文中,马克思称赞1831年黑森宪法为"欧洲曾经宣布过的一部最具自由主义色彩的根本法",认为"没有哪一部宪法对行政机关的权力作过这样严格的限制",它"使政府在更大程度上从属于立法机关,并且给司法机关广泛的监督权",它"使代表们能够依靠国家法庭来解除任何一个大臣的职务,只要他被认为是犯有哪怕是曲解立法议会的某项决定之罪过"。在这里,"君主被剥夺了豁免权。……法院有权对有关官员的任免奖惩制度的一切问题作出最后决定。众议院从议员中选出一个常任委员会,组成类似古代雅典最高法院的机构,对政府实行检查和监督,并把

---

① [法]孟德斯鸠:《论法的精神》上卷,张雁深译,商务印书馆1993年版,第162页。

违反宪法的官员送交法院审判,即使是下级执行上级的命令时违反宪法,也不得例外。于是,政府官员便摆脱了王权的控制。另一方面,法院由于握有对行政机关的一切法令条例作出最后裁定的全权,便成为全能的了。由人民选举的市镇议会议员,不仅应关注本地的,而且应当关注全国的法律实施情况"①。而且,"代议机关只由一院组成,它同行政机关不论发生什么冲突,都有权停止征收一切费用和赋税"②。从这段论述中我们可以明显地感觉到,马克思对立法机关、司法机关监督、制约行政机关及官员的充分肯定。在这里,他突出强调的是监督行政权,并没有提及行政机关对立法机关与司法机关的监督和制约。至于立法机关与司法机关之间的关系,马克思虽没有明确表述,但从"众议院从议员中选出一个常任委员会,组成类似雅典最高法院的机构"这句可以看出,司法机关的权力是源于立法机关的授权的。从这个意义上说,马克思也是把司法权看作与行政权具有同类性质的"执行权"的。

四、政党政治:代议民主共和制的核心领域

以普选权为基础的代议民主制的建立,使现代国家的政治生活与古代国家存在质的差异,权力斗争的焦点不再是君主的王位,而是代议机构——议会的席位,而议席的获得又需要从选民中争取更多的选票。这就需要建立有纲领、有组织、有纪律的政治组织——政党,通过影响、争取选民来赢得多数选票,以夺取或维持政权。政党经过选举成为执政党之后,通过领导和掌握国家政权来贯彻实现党的政纲和政策,使自己所代表的阶级或阶层、集团的意志变为国家意志,而没有执政的政党也以各种方式参与政治活动,就国内外重大政治问题发表意见,对国家政治生活施加影响。这样,政党组织政权,行使权力,处理和协调与国家、社会团体和群众之间的

---

① 《马克思恩格斯全集》第 19 卷,人民出版社 2006 年版,第 16 页。
② 《马克思恩格斯全集》第 19 卷,人民出版社 2006 年版,第 17 页。

关系，便成为现代国家政治生活的一种常态，即"政党不仅是现代政治组织的独特形式，而且是它的中心"①。或者说，现代国家的政治在某种意义上就是政党政治。从世界历史发展开看，政党自 17 世纪下半叶在英国产生之后，在 18 世纪末 19 世纪初便开始在欧美国家普遍出现和发展，到 19 世纪末 20 世纪初，世界政治生活开始进入政党政治的时代，政党之间的竞选和轮流执政以及在议会的相互攻评成为一个引人注目的政治现象。马克思便生活在这个欧美国家政党和政党制度广泛发展的时代，他在《关于现代国家的著作的计划草稿》中也专设了"政党"一章。

政党政治不仅是指建立政党组织，它还包括投票选举、竞选、游说、议会党团、议会辩论、倒阁等一系列规则和制度。马克思在考察 1848 年欧洲革命历史和实践时，对西欧各主要国家政党之间的政治斗争也作了详尽分析，比如法国的秩序党、山岳党、共和派之间和英国托利党、辉格党、宪章派之间在议会内外围绕国家权力开展的斗争。这些党派之间的斗争，实质上是资产阶级内部不同派别的斗争。但是，西欧政党政治建构起的一系列竞争性的规则和制度，体现了政治的公开性的一面。这种竞争性的政党制度的公开性，是基于"合法反对原则"这一理论基础的。"合法反对原则"的确立，是对这样一种政治现实的肯定和选择：党派斗争虽有坏处，但其不仅是不可避免的，还是对于用相对稳定的方式维持政治秩序，保持政治生活的活力和政治领导层的及时更新有益处的；与其让不同党派之间不择手段地无谓斗争，搞乱社会秩序，给野心家以危害资产阶级民主的机会，倒不如因势利导，制定完善的政党斗争"规则"，使之合法化。②正如马克思评论英国议会内的党派斗争时所说，"不是靠把政权经常保持在同样一些人手中而使自己永存下去，而是采用这样的办法，它轮流地使政权从一只手放下，又立刻被另一只手

---

① [英]杰弗里·巴勒克拉夫：《当代史导论》，张广勇、张宇宏译，上海社会科学院出版社 1996 年版，第 124 页。
② 朱光磊：《政治学概要》，天津人民出版社 2001 年版，第 312 页。

抓住",这种议会斗争的技巧恰好在于"在短兵相接的格斗中打击的不是职位,而仅仅是当时占有职位的人,并且在进行打击的时候,要使这个人在作为大臣下台以后,马上又能作为大臣的候选人而上台"。① 很明显,这种公开、合法的政党竞争相对于宫廷斗争的"血雨腥风""刀光剑影",无疑是一种巨大的历史进步。它在党派之间不断"吵架"的表象下,让国家在冲突和稳定的反复交替中把对立和矛盾控制在"秩序"范围之内,从而以更为文明、理性的手段更加有效地维护统治阶级的共同利益。

政党政治在现代的代议制国家里普遍确立,使无产阶级同资产阶级之间的政治斗争也集中表现为两个阶级的政党之间的斗争。马克思十分重视无产阶级政党的建立和发展。他通过《共产党宣言》《1848 年至 1850 年的法兰西阶级斗争》《共产主义者同盟中央委员会告同盟书》《国际工人协会临时章程》《哥达纲领批判》等著作,深刻阐述了建立独立的无产阶级政党的重要性和必要性。在马克思看来,无产阶级要取得革命胜利必须建立自己的政党。他在对资产阶级革命的研究中发现,无产阶级往往是资产阶级革命的主导力量,可革命成功后胜利成果却被资产阶级占有,原因在于此时的无产阶级还仅仅是"自在的阶级"。伴随着大工业的发展,无产阶级的人数越来越多,共同的日益陷入贫困的经济地位促使他们展开争取自身权益的斗争。如果无产阶级能够唤醒自己独立的阶级意识和阶级追求,组建自己独立的政党,就可以逐渐由"自在的阶级"变为"自为的阶级",进而与资产阶级政党相抗衡,而不再跟在资产阶级之后做其附庸,去充当资产阶级民主派的、随声附和的合唱队。正如马克思所讲,"无产阶级在反对有产阶级联合力量的斗争中,只有把自身组织成为与有产阶级建立的一切旧政党不同的、相对立的政党,才能作为一个阶级来行动",而且,"为保证社会革命获得胜利和实现革命的最高目标——消灭阶级,无产阶级这样组织成为政党是必

---

① 《马克思恩格斯全集》第 11 卷,人民出版社 1962 年版,第 399 页。

要的"。①巴黎公社失败的原因之一，就是没有组织一个革命的无产阶级政党，从而无法有效教育和组织工人开展夺取政权的政治斗争。也就是说，如果不能组织起独立的革命政党，工人阶级就不可能夺取政权，即使夺取了政权也不能巩固政权。因而，恩格斯也认为："最好的办法就是在每一个国家里建立一个无产阶级的政党，这个政党要有它自己的政策，这种政策显然与其他政党的政策不同，因为它必须表现出工人阶级解放的条件。"②

---

① 《马克思恩格斯选集》第3卷，人民出版社2012年版，第173-174页。
② 《马克思恩格斯选集》第3卷，人民出版社2012年版，第40页。

第二章 资产阶级国家：现代国家批判的资本性维度

1843年，当遭到普鲁士专制政府迫害被迫流亡时，马克思首先选择的目的地便是他心中向往的大革命的故乡——法国巴黎。然而，他通过对法国大革命历史的理论分析和对当时政治现实的考察，认为经历了政治解放的现代国家并没有预想的那样美好。比如，在《论犹太人问题》中，马克思批判了鲍威尔对政治国家的崇拜。他看到了现代国家的抽象性，认为犹太人问题实际上就是政治解放的历史限度和现代国家的内在缺陷问题。在他看来，现代国家的建立只是让国家成为自由国家，并没有让人成为自由人。现代国家应该以平等地保护市民社会成员的普遍自由为己任，而现代市民社会的自由其实就是以私人财产权为基础的"一切人反对一切人的战争"。这种你死我活的战争的结果必然是弱肉强食，并造就了一个被市民社会所抛弃的群体——无产阶级，使得现代国家所奉行的自由、和平等成为泡影。实际上，现代国家保护的是少数有产者的自由，而不是社会普遍的自由；维护的是以为"物"为中介的"原子式"的物化关系，而不是人们的普遍交往联系；最终造成的是人的异化，而不是人的自由。在《〈黑格尔法哲学批判〉导言》中，马克思将政治革命称为"局部的纯政治的革命"，其基础"就是市民社会的一部分解放自己，取得普遍统治，就是一定的阶级从自己的特殊地位出发，从事社会的普遍解放"①。据此，马克思提出，对德国来说，如果仅仅只是用现代制度否定旧制度，那么它就只是"时代错乱"；但如果

---

① 《马克思恩格斯选集》第1卷，人民出版社2012年版，第12-13页。

把对德国旧制度的批判与对现代国家制度的批判相结合,那么它就"处在当代的焦点"。①

于是,马克思在《德意志意识形态》中提出同其他类型的国家一样,现代国家也是一种以超阶级的社会普遍利益代表的面目出现的"虚幻的共同体的形式",实际上不过是"资产者为了在国内外相互保障各自的财产和利益所必然要采取的一种组织形式"。②后来,他又在《共产党宣言》中指出:"现代的国家政权不过是管理整个资产阶级的共同事务的委员会罢了。"③现代国家的确立以资本的发展为前提,资产阶级在掌握国家政权之后组织的现代国家只是资产阶级"独占的政治形式"。这样,在马克思的思想中,"现代国家"便成了"资产阶级国家""现代资产阶级国家"的同义语。尤其是他通过总结 1848 年欧洲革命经验,科学分析了资本主义社会的阶级关系,揭示了资产阶级国家的实质和发展规律。在马克思看来,作为政治国家的现代国家只是实现了政治解放,还没有彻底解决人的解放的问题,而这一问题的根源需要到市民社会中去寻找。他通过对政治经济学的研究,在《资本论》中给出了答案。于是,马克思在《哥达纲领批判》中明确提出"'现代国家'是一种虚构"④,现代国家制度的根基就是资产阶级社会。恩格斯在《反杜林论》中对现代国家的这种"虚构"作了经典表达,指出:"现代国家,不管它的形式如何,本质上都是资本主义的机器,资本家的国家,理想的总资本家。"⑤可以说,马克思对现代国家的批判,不仅揭露了这种国家形态中实际存在的矛盾,还科学解释了这些矛盾形成的过程、根源和必要性。这种解释不是从先验的规定和抽象原则的立场出发到处重新辨认逻辑概念的规定以阐明当时具体的政治问题(如人民主权、

---

① 《马克思恩格斯选集》第 1 卷,人民出版社 2012 年版,第 3 页。
② 《马克思恩格斯选集》第 1 卷,人民出版社 2012 年版,第 212 页。
③ 《马克思恩格斯选集》第 1 卷,人民出版社 2012 年版,第 402 页。
④ 《马克思恩格斯选集》第 3 卷,人民出版社 2012 年版,第 373 页。
⑤ 《马克思恩格斯选集》第 3 卷,人民出版社 2012 年版,第 666 页。

立宪君主制、等级制、代议制等），而是研究现实的社会和政治关系，从现代国家矛盾的本来意义上把握其特有的发展逻辑。

第一节 主权在资：人民主权原则背后的资本逻辑

"人民主权"是构建现代国家普遍遵循的基本原则。这一原则的积极实践主要是在以法国大革命为代表的政治革命摧毁封建君主专制制度后实施的。并且，由于只有法国大革命才完成了从政治等级到社会等级的转变，革命后建立的纯粹的资产阶级统治"所具有的典型性是欧洲任何其他国家所没有的"①，所以，马克思经常以法国资产阶级政权更替和演变的历史为例，对现代资产阶级国家进行深入的解剖。早在克罗茨纳赫时期，马克思就通过对法国大革命历史的研究，发现资产阶级民主制仅仅是资产阶级实现其利益的工具，并不能实现人民主权。他在为《人民的主权》所作的笔记中摘录到："自从新宪章成了对全体法国人的奖赏以后，在法国有三千二百万握有主权者、理论就是如此；但是这个理论在实践中归结为什么呢？首先应该[从这个数目中]减去所有穷人，可怜的握有主权者，他们的特权就是在病房中使用简陋的床铺"，"可见，真正荣获[最高奖赏]的法国人的数目只有八百万选民（从不久以前开始，大约有二十万人），列入这个数字的并不是进行统治的人数，而是经过同意可以进行统治的人数，因为对他们来说，五年举行一次的投票……就把他们的主权完全履行完了"，"这种所谓的人民主权，无非是君主国的有产阶级为了夺取君主的权利而让各非有产阶级相信的骗局……穷人到处都在受苦，而不是在进行统治；劳动者在服从，而不是在指挥；小商人和小业主在劳动，而不是在发号施令；富人到处都由于

---

① 《马克思恩格斯选集》第1卷，人民出版社2012年版，第667页。

金钱的影响而在进行统治,并且参加政权,担任官职"。①以法国大革命为典型代表的政治革命废除了通过出生获得统治权的合法性,却用金钱的特权代替了血统的特权。具体说来,在现代国家,政治统治的合法性来源于人民的同意和授权,国家权力的运行必须经过一套合法的民主程序。但这套民主程序事实上有利于掌握巨大财富和资源的少数精英。权力精英寻找经济上的"金主",资本精英寻找政治上的"代理人"。权力精英以资本精英为后盾,通过争取人民的选票来获得国家权力,而人民在投票之后便进入"休眠状态"。他们不再参与国家管理,不再决定和影响政策制定,而是接受精英们的统治,成为名义上的主权拥有者而实际上的被统治者。正如资产阶级社会是资产阶级的金钱游戏场,资产阶级国家不过是资产阶级的权力游戏场。资产阶级的权力源于他们所拥有的资本,因而政治活动中的权力游戏只不过是为了保障经济领域中的金钱游戏能够顺利进行下去的另一种金钱游戏而已。②现代国家只是资产阶级"独占的政治形式",是资产阶级为了维护自身的经济利益和政治利益组织的国家政权形式。19 世纪中后期,马克思又根据 1848 年欧洲革命后的实践,在《1848 至 1850 年的法兰西阶级斗争》《路易·波拿巴的雾月十八日》《法兰西内战》中详细考察了法国从七月王朝到二月革命再到波拿巴政变称帝的历史过程,系统研究了资产阶级政权从君主制到共和制再到君主制的演化关系,分析了资产阶级国家"人民主权"原则背后的资本逻辑。

一、资产阶级独占统治:现代国家的主权性质

法国大革命摧毁了法国的君主专制统治,传播了自由民主的进步思想,震撼了整个欧洲的君主专制制度并给其以沉重打击。然而,法国大革命期间不健全的政府制度,造就了拿破仑这个法兰西人民

---

① 《马列著作编译资料》第 3 卷,人民出版社 1980 年版,第 196 页。
② 王新生:《马克思政治哲学研究》,科学出版社 2018 年版,第 205 页。

的皇帝。1815年，在滑铁卢战役过后，路易十八得以复位，波旁王朝第二次复辟。在波旁复辟王朝时期，国王有着较大的行动自由和更大的专制权力，他们常常随心所欲，解散议会，任免首相和大臣，颁布敕令。1830年，七月革命推翻了复辟的波旁王朝，国会让奥尔良公爵路易·菲利浦三世以法王路易十三的后代支系第八代孙的身份继承王位，法国进入了奥尔良王朝即七月王朝时期。奥尔良王朝不敢明目张胆地和议会对抗，使得奥尔良王朝的政治体制具有二元制的特征，即有国王和议会两个权力中心。1848年的法国二月革命推翻了金融贵族统治的七月王朝，建立了革命临时政府。在当时错综复杂的阶级斗争形势下，这个临时政府的构成成分必然是分享胜利果实的各个不同阶层的代表。这样，在把金融贵族和一般资产阶级混为一谈的那些无产者的观念里，在根本就否认有阶级存在或至多也只认为阶级是立宪君主制产物的那些共和主义庸人的想象里，在那些先前被拒于政权之外的资产阶级的甜言蜜语里，资产阶级的统治似乎已随着共和国的成立而被排除了。于是，无产阶级以为这个临时政府似乎就是他们以前所向往的消灭了一切阶级对立、实现人类彻底解放的社会共和国。针对这种普遍的陶醉状态，马克思在《1848至1850年的法兰西阶级斗争》中剖析了法国二月革命建立的共和国的实质，认为它不是巴黎无产阶级强令临时政府接受的那个社会共和国，而是在政治上对资产阶级社会重新加固的资产阶级共和国，而"资产阶级共和国不外是整个资产阶级的完备的纯粹的统治形式"①。因此，从本质上讲，资产阶级国家与某个特定少数阶级联合，压迫它自己的社会或该社会的多数。②

马克思从法国二月革命后建立的共和国临时政府的人员和机构构成中看到，占社会成员少数的资产阶级分子掌控着国家的政权。他对二月革命前后法国的政治制度进行比较分析后，认为"资产阶

---

① 《马克思恩格斯选集》第1卷，人民出版社2012年版，第498页。
② [英]约翰·麦克里兰：《西方政治思想史》，彭淮栋译，海南出版社2003年版，第616页。

级分裂成为两大集团,一是大地产,一是金融贵族和工业资产阶级,这两大集团曾先后独占政权,前者在复辟王朝时期独占过政权,后者在七月王朝时期独占过政权"①,而二月共和国"不是资产阶级中的少数几个集团,而是法国社会中所有阶级,都突然被抛到政权的圈子里来"②。由此看来,在二月革命以前,资产阶级只有一小部分人打着国王的旗号进行统治,而二月革命后的共和国中则"打落了后面隐藏着资本的王冠",使资产阶级国家借社会的名义进行统治。然而,马克思看到的却是二月革命产生的临时政府中绝大多数是资产阶级的代表,而工人阶级只有路易·勃朗和阿尔伯两个代表,甚至连拉马丁这个"不代表任何特殊阶级"的"二月革命的代言人",按其地位和观点来看也是属于资产阶级的。并且,与任何世俗的国家政权机关不同,由路易·勃朗和阿尔伯两人任主席的卢森堡委员会既没有任何经费预算,也没有任何行政权。这表明,临时政府这个"设有社会机构的共和国",是资产阶级在二月革命后、站稳脚跟之前对无产阶级的"临时"让步。也表明彼时法国无产阶级还抱有与资产阶级共存的幻想。实际上,无产阶级的社会机构和资产阶级共和国之间,即两个具有阶级矛盾的政治权力之间根本不可能并存。于是,工人阶级的代表就被逐出了临时政府的所在地,临时政府中的资产阶级分子就把实际的国家政权和行政枢纽完全掌握在自己手中了。③更为露骨的是,还没等共和国宣告成立,内阁的一切职位都已被临时政府中的资产阶级分子,以及《国民报》派的将军、银行家和律师们瓜分了。④不久,在5月4日开幕的制宪国民会议中,占压倒优势的也是资产阶级共和派、《国民报》的共和派,而无产阶级的代表——路易·勃朗和阿尔伯则被国民议会排除在由自己所任命

---

① 《马克思恩格斯选集》第1卷,人民出版社2012年版,第497-498页。
② 《马克思恩格斯选集》第1卷,人民出版社2012年版,第452页。
③ 《马克思恩格斯选集》第1卷,人民出版社2012年版,第453页。
④ 《马克思恩格斯选集》第1卷,人民出版社2012年版,第451页。

的执行委员会之外。①因为资产阶级是不能容忍与自己利益相冲突的阶级与自己同时存在于同一个政府之中的。这样，资产阶级就完全控制了共和国的立法权和执行权。六月起义失败后，卡芬雅克组建了清一色的资产阶级共和派政府，小资产阶级民主派被排除出去。

据此，马克思认为二月共和国"首先应该完善资产阶级的统治，因为这个共和国使一切有产阶级同金融贵族一起进入了政权的圈子"②。也就是说，二月共和国使资产阶级的统治成为更加全面的统治，一切有产阶级和金融贵族一样获得了参加政权的机会，从而由部分金融贵族的统治变成真正的资产阶级全体的统治。在马克思看来，在法国七月事变中工人争得了资产阶级君主国，而在二月事变中工人又争得了资产阶级共和国。于是，这个曾被无产阶级幻想为"社会共和国"的共和国只是复辟王朝和七月王朝的综合，是资产阶级两大集团"在同等掌握政权的条件下维护共同的阶级利益，而又不停止相互间的竞争"的组成形式③。这个叫作"资本"的共和国的国家权力实际上掌握在占社会成员的少部分但拥有社会绝大部分财富的资产阶级手中。他们依靠财产和教育上的优势，在物质生活、社会生活、政治生活、精神生活等领域处于支配地位，进而占据了国家机关的各个要职，控制了国家权力。正如马克思所说，法国1848年二月革命"以前是由资产阶级中一小部分人在国王的招牌下进行统治，今后将由全体资产阶级借人民的名义进行统治"④。在他看来，资产阶级把王权当作"替罪羊"，当无产阶级起来造反的时候，就让王权承受工人阶级的炮火；而当王权成为工人阶级的累赘的时候，资产阶级就与工人阶级联合起来推翻王权。无产阶级依靠当时在巴黎的强大武装力量把共和国强加给临时政府，并非无产阶级共和国，而是资产阶级共和国代替资产阶级君主国，是资本的统治获得了充

---

① 《马克思恩格斯选集》第1卷，人民出版社2012年版，第465—466页。
② 《马克思恩格斯选集》第1卷，人民出版社2012年版，第452页。
③ 《马克思恩格斯选集》第1卷，人民出版社2012年版，第498页。
④ 《马克思恩格斯选集》第1卷，人民出版社2012年版，第676页。

分完善的表现。资产阶级共和国与资产阶级君主国的区别,只是掌权者是资产阶级"全体"还是"其中一小部分",只是资产阶级以"人民"的名义进行统治还是以"国王"的名义进行统治,而这些对于广大无产阶级来说则是无限制的专制统治,是必须终止的狂妄空想。因此,马克思说:"资产阶级口头上标榜是民主阶级,而实际上并不如此,它承认原则的正确性,但是从来不在实践中实现这种原则。"①

二、维护资产阶级利益:主权在资的本质内涵

自人类进入阶级社会并产生国家以来,每一个试图取代旧统治阶级的新阶级,为了达到自己的目的,不得不把自己的利益说成社会全体成员的共同利益。也就是说,新兴的阶级赋予自己的思想以普遍性的形式,把它们描绘成唯一合乎理性的、有普遍意义的思想。资产阶级更不例外。因为资产阶级已经是一个阶级,不再是一个等级了,所以它必须在全国范围内而不再是一个地域内组织起来,并且必须使自己的利益具有一种普遍的形式。资产阶级建立自己的统治前宣布自己代表全社会的普遍利益,是为了争取更多的阶级、阶层与其一起奋斗,推翻封建统治。资产阶级的政治家和思想家提出"人民主权"的主张,是为了反对封建君主专制制度对资本扩张所必需的资源自由流动的束缚。从这一点上讲,这也代表了当时社会的普遍利益。资产阶级建立自己的统治后,依旧宣称自己代表全社会的普遍利益甚至代表全人类的普遍利益,目的是获得更多的利益。一旦普遍利益影响到资本的特殊利益,资本就会摒弃普遍利益。正是在这一背景下产生的人民主权论,存在不同程度的"乌托邦"色彩。这时的人民主权论本身就是一种政治原则,提供的只是一种政治价值的追求。而当它面对政治现实时,就往往显得非常虚无了。在现实的政治斗争中,只有那些掌握一定资本的人,才会依靠自己的经济实力反对政治特权,要求改变自己政治上的无权地位,获得

---

① 《马克思恩格斯全集》第 10 卷,人民出版社 1998 年版,第 692 页。

政治统治的权力。正如马克思所说:"资产阶级从自己的物质利益出发,必然要提出参与政权的要求。只有它自己才能利用各项法律来满足它的商业和工业的要求。它必然要从既不学无术又妄自尊大的腐朽的官僚手中把照管它的这些'最神圣的利益'的权力夺取过来。它必然要要求监督国家财政的权利,因为它认为自己是财富的创造者。资产阶级在剥夺了官僚对所谓教育的垄断权以后,在意识到它在真正理解资产阶级社会要求方面优越于官僚以后,它也想获得同它的社会地位相称的政治地位。"①当然,资本主义市场竞争使得各单个资本家之间达成普遍的利益共识十分困难,作为"管理整个资产阶级的共同事务的委员会"和"理想的总资本家",资产阶级国家维护的是个整个资产阶级长远的"共同利益",而不是只考虑个别资本家暂时的直接利益,甚至有时出于维护长远的共同阶级利益的考量而不惜牺牲个别资本家的暂时利益。

1. 资产阶级国家机构以维护和服务资产阶级利益为出发点和根本准则

占据国家要职的资产阶级分子,基于共同的经济地位和社会关系而形成共同的政治立场和价值理念,因此这些掌权的人就会偏向自己的利益集团,通过其掌控的政府机构设法为自己所属的资产阶级利益服务。马克思通过考察法国二月革命后建立的共和国临时政府的施政过程,认识到资产阶级国家以维护和服务整个资产阶级的利益为出发点和根本准则,其政策更是围绕着资产阶级的阶级利益这一主轴制定和实施的,揭示出资产阶级的国家机构只不过是为占社会成员少数的资产阶级利益服务的工具而已。他通过分析二月革命后建立的共和国临时政府为挽救社会信用和私人信用而采取的措施,看到本来其是推翻金融资本控制的七月王朝的产物,然而,为了维护国家信用,临时政府却公然出台投靠金融资产阶级的政策。法定偿付期限未到,它就给国家债权人付清了五分、四分五和四分

---

① 《马克思恩格斯全集》第 6 卷,人民出版社 1961 年版,第 121 页。

息的债券的息金。不过,此时政府的财政已经拮据不堪,于是它就让小资产者、仆役和工人掏钱出来,为政府赠给国家债权人的这份使他们喜出望外的礼物付款。因此,政府宣布凡存款在100法郎以上的储蓄银行存折不得提取现款。这样,储蓄银行中的存款被没收了,使小资产者这时所持有的已经不是储蓄银行的存折而是公债券,于是他们就不得不把这种债券拿到交易所去出卖,从而直接听任交易所犹太人的宰割。①这些政策表面上维持了国家经济的正常运转,但实际上只对银行家有利,而对于工人、农民、小资产阶级等普通民众来说,只能是再次陷入极度贫困的开始。

面对商业信用危机,临时政府没有迫使银行破产,也没有建立一个国家银行并把全国信用事业置于国家监督之下,反而规定银行券强制流通。不仅如此,它还把一切外省银行变成了法兰西银行的分行,使法兰西银行网络遍布法国全境。后来,临时政府又向法兰西银行订约借款,把国有森林抵押给它作为担保。而此时,临时政府又日益被有增无已的财政赤字压得直不起腰来,于是它只得采取英勇手段——开征新税。但它不向交易所的"豺狼"、银行大王、国家债权人、食利者和工业家去征税,而让农民为资产阶级的信用事业作牺牲。临时政府对所有四种直接税每法郎加征四十五生丁附加税,不是像官方报刊所说的落到大地产上,而是首先落在农民阶级身上,即落在法国绝大多数人民身上。②而且,临时政府把增加税收与建立国家工厂相联系,并利用社会舆论把国家工厂描绘成工人享乐的地方。这就使农民怨恨地把四十五生丁附加税与共和国等同起来,也与工人阶级等同起来,从而在心里与工人阶级对立起来。正如马克思所说:"法国农民心目中的共和国就是四十五生丁税,而在他们看来,巴黎无产阶级就是靠他们出钱来享乐的浪费者。"③这就使资产阶级既增加了税收,又离间了工人和农民这两个最大劳动阶

---

① 《马克思恩格斯选集》第1卷,人民出版社2012年版,第458-459页。
② 《马克思恩格斯选集》第1卷,人民出版社2012年版,第459-460页。
③ 《马克思恩格斯选集》第1卷,人民出版社2012年版,第460页。

级的关系,并有机会利用农民的不满孤立和打击工人阶级。

由此可见,掌握行政权的临时政府只是为资产阶级利益服务的。而在马克思看来,被资产阶级渲染的"代表民意"、掌握立法权的制宪议会其实也是如此。如几个月后,由临时政府拟定、古德肖重新提出的对资本课税的方案(通过抵押税的形式),被制宪议会否决;限制工作日为十小时的法律被废除;重新施行了负债者监禁制度。① 于是,马克思揭露:"在需要捍卫资产阶级共和国的形式时,制宪议会就拥有民主主义共和派的支持票;在需要捍卫这个共和国的内容时,制宪议会甚至连讲话的方式也与资产阶级保皇派如出一辙了,因为构成资产阶级共和国内容的正是资产阶级的利益,正是它的阶级统治和阶级剥削的物质条件。"②资产阶级凭借自己的财产权利,凭借对经济、文化和其他社会资源的占有和控制,形成了能够影响国家决策的最强大的"压力集团"。本来,人民选举议员,是为了实现社会的普遍利益,但这些议员实际上变成了资产阶级特殊利益的代言人。因此,资产阶级的国家机构及其制定的政策是为资产阶级的整体利益服务的,而且它在为资产阶级服务时不惜损害整个社会的利益。而资产阶级的国家机构与人民利益相对立的必然性,是由资本主义客观的经济发展规律所决定的,即使它们意图是实行改善人民生活状况的政策,也会最终囿于赤字和财政困难而向资产阶级妥协,并牺牲人民的利益。

2. 现代国家维护的资产阶级利益是资产阶级所有权和资本主义生产方式

作为"理想的总资本家",现代国家维护资产阶级利益,不是维护个别资本家或某几个资本集团的利益,而是维护资产阶级的整体利益。这种资产阶级的整体利益,从根本上讲,维护的是资产阶级所有权和资本主义的生产方式。正如马克思在《德意志意识形态》

---

① 《马克思恩格斯选集》第 1 卷,人民出版社 2012 年版,第 474 页。
② 《马克思恩格斯选集》第 1 卷,人民出版社 2012 年版,第 472-473 页。

中所写:"现代国家是与这种现代私有制相适应的。现代国家由于税收而逐渐被私有者所操纵,由于国债而完全归他们掌握;现代国家的存在既然受到交易所内国家证券行市涨落的调节,所以它完全依赖于私有者即资产者提供给它的商业信贷……实际上国家不外是资产者为了在国内外相互保障各自的财产和利益所必然要采取的一种组织形式。"①而资产阶级的财产权无非是其所有权在法律上的确认。在《资本论》中,马克思从资本主义生产方式的角度分析了资产阶级国家是如何维护资产阶级利益的。资产阶级运用其掌握的国家权力,利用经济的、政治的、法律的甚至军事的手段,利用其"控制"的财政、金融、赋税、国债等经济机制调节社会经济运行;通过殖民制度、国债制度、重税制度、保护关税制度、商业战争等,强制推行资本主义生产方式,维护资本主义私有制和资产阶级经济利益。在马克思看来,国家"通过以保护关税的形式主要向土地所有者、中小农民和手工业者征收赋税,通过加快剥夺独立的直接生产者,通过强制地加快资本的积累和积聚,总之,通过加快形成资本主义生产方式的条件,来从时间上加快这种转化"②。而资本主义生产方式形成以后,其又对国家机构的行为具有一种决定性的约束力。英国学者密里本德对此有比较深刻的论述,他指出:"国家是附着在资本主义生产方式上面的","国家的性质是由生产方式的性质和要求决定的。任何政府都不能忽视也不能逃避这种'结构的强制力',不管这些政府是什么情况,有什么愿望和做过什么许诺。资本主义的经济有其自身的'合理性',对这一点任何政府迟早也要屈从,而且往往较早就屈从了"。③资本主义生产方式诸如一种客观的非人格力量,本身具有一种"结构的强制力"。这种生产方式的结构强制力,迫使国家只能按照资产阶级的利益诉求且符合现有生产方式的正常运作作出自己的决策。

---

① 《马克思恩格斯选集》第 1 卷,人民出版社 2012 年版,第 212 页。
② 《马克思恩格斯文集》第 7 卷,人民出版社 2009 年版,第 887 页。
③ [英]密里本德:《马克思主义与政治学》,商务印书馆 1984 年版,第 78 页。

同时，在资本主义的初期，"为了把丧失财产的人按照对资本有利的条件变成工人，发生过国家强制，因为这些条件当时还没有通过工人之间的相互竞争而被强加于他们"，"这样，被暴力剥夺了土地、被驱逐出来而变成了流浪者的农村居民，由于这些古怪的恐怖的法律，通过鞭打、烙印、酷刑，被迫习惯于雇佣劳动制度所必需的纪律"。①国家是一种有组织的暴力，"原始积累的不同因素，多少是按时间顺序特别分配在西班牙、葡萄牙、荷兰、法国和英国。在英国，这些因素在17世纪末系统地综合为殖民制度、国债制度、现代税收制度和保护关税制度。这些方法一部分是以最残酷的暴力为基础，例如殖民制度就是这样。但所有这些方法都利用国家权力，也就是利用集中的有组织的社会暴力，来大力促进从封建生产方式向资本主义生产方式的转变过程，缩短过渡时间。暴力是每一个孕育着新社会的旧社会的助产婆。暴力本身就是一种经济力"②。资本原始积累意味私有财产即资本主义生产方式前提的确立，资产阶级国家便通过立法确立"私有财产神圣不可侵犯"的原则，并借用国家暴力来保护资产阶级的私有财产。正如马克思所说："现代的资产阶级财产关系靠国家权力来'维持'，资产阶级建立国家权力就是为了保卫自己的财产关系。"③为了保护财产权，资产阶级通过在宪法中确认"私有财产神圣不可侵犯"原则将本阶级的特殊利益上升为社会普遍利益，并通过国家的强制力量来保护资产阶级的财产关系。

3. 资产阶级国家宪法背后隐藏着资产阶级的利益

除了维护资产阶级利益的国家机构，马克思注意到确认人民主权原则和人民权利的法兰西共和国宪法背后隐藏的也是资产阶级的利益。他通过考察1848年六月起义失败后的法国政治局势，分析1848年11月4日通过的法兰西共和国宪法，认为宪法的"每个条款都包含着相反的一面，使条款本身变得完全无效。例如，'投票是

---

① 《马克思恩格斯文集》第5卷，人民出版社2009年版，第846页。
② 《马克思恩格斯文集》第5卷，人民出版社2009年版，第861页。
③ 《马克思恩格斯全集》第4卷，人民出版社1958年版，第331页。

直接的和普遍的'——'除法律将来规定的情况外'"①。而"法律将来规定的情形"往往是诸如"选民必须在选区居住满六个月"的限制性条款。由于当时的无产阶级居无定所，所以在选举资格加上对居住权的要求，实际上是取消了无产阶级的选举资格。这样，宪法在宣称普选权原则的同时，也就取消了普选权，但还不能说是完全违反宪法。因为普选权是从权力来源上保证人民主权的制度安排，所以对无产阶级选举权的剥夺也就是对人民主权原则的根本颠覆。

除了选举权，宪法还赋予了人民人身、新闻出版、言论、结社、教育、宗教等自由，并让这些权利穿上宪法的外衣而成为不可侵犯的了。然而，当这些自由的每一种都被宣布为法国公民的绝对权利时，总是加上一个附带条件，说明它只在不受"他人的同等权利和公共安全"或"法律"限制时才是无限制的。而这些"未来的法律"总是用取消自由的办法来规定被允诺的自由。这实际上是资产阶级的法律取消无产阶级的自由。正如马克思所说："这些基本法律由秩序之友制定出来了。所有这些自由都得到调整，结果，资产阶级可以不受其他阶级的同等权利的任何妨碍而享受这些自由。至于资产阶级完全禁止'他人'享受这些自由，或是允许'他人'在某些条件（这些条件都是警察的陷阱）下享受这些自由，那么这都是仅仅为了保证'公共安全'，也就是为了保证资产阶级的安全，宪法就是这样写的。"②经过法律的调整，资产阶级把无产阶级看作"他人"并剥夺了无产阶级的自由，而他们却可以不受自己的"他人"——其他阶级的同等权利的任何妨碍而享受这些自由。同时，法律上用以限制自由的公共安全不是全社会的公共安全，而只是资产阶级的公共安全。这样，作为人民主权核心内容的人民的权利被彻底掏空了。人人都受法律保护，都要遵守法律，但资本家享有着以私有财产权利为核心的一切权利。而工人只有去为资本家履行出卖劳动力

---

① 《马克思恩格斯全集》第 10 卷，人民出版社 1998 年版，第 691 页。
② 《马克思恩格斯选集》第 1 卷，人民出版社 2012 年版，第 681-682 页。

并增殖剩余价值的全部义务。

除此之外,马克思还看到了法兰西共和国宪法的一个致命缺陷。宪法作为法律的法律,是人民意志的最高体现,任何掌握权力的人都要通过敬畏它来敬畏人民。然而,这部法兰西共和国宪法竟然给了总统通过提请全民公决取消宪法的权力,这就等于"宪法本身是在号召以暴力来消灭自己"[①]。按理说,全民公决是最体现主权在民原则的,但在马克思看来,"宪法把自己托付给'全体法国人民和每一个法国人的警惕性和爱国心',而在前面的另一条文中,它已经把有'警惕性'和'爱国心'的法国人托付给它专门发明出来的最高法院所实行的温柔的刑事监护了"[②]。路易·波拿巴正是利用了宪法的这一致命伤发动军事政变实现独裁统治的,并最终称帝变法兰西第二共和国为法兰西第二帝国,使人民主权蜕变回君主主权。

关于现代国家与资产阶级利益之间深度的内在关联,马克思在《法兰西内战》中通过概述法国大革命以来的历史作了精辟的概括,他说:"18 世纪法国革命的大扫帚,把所有这些过去时代的残余都扫除干净,这样就从社会基地上清除了那些妨碍建立现代国家大厦这个上层建筑的最后障碍。现代国家大厦是在第一帝国时期建立起来的,而第一帝国本身又是从半封建的旧欧洲反对现代法国的几次同盟战争产生的。在以后的各个时期的政治体制下,政府都被置于受议会控制,即受有产阶级直接控制的地位。它不但变成了巨额国债和苛捐重税的温床;不但由于拥有令人倾心的官职、金钱和权势而变成了统治阶级中各不相让的党派和冒险家们彼此争夺的对象,而且,它的政治性质也随着社会的经济变化而同时改变。现代工业的进步促使资本和劳动之间的阶级对立更为发展、扩大和深化。与此同步,国家政权在性质上也越来越变成了资本借以压迫劳动的全国政权,变为了为进行社会奴役而组织起来的社会力量,变成了阶

[①] 《马克思恩格斯选集》第 1 卷,人民出版社 2012 年版,第 682 页。
[②] 《马克思恩格斯选集》第 1 卷,人民出版社 2012 年版,第 684 页。

级专制的机器。"①法国 1789 年革命摧毁了阻碍资本主义发展的封建君主专制制度，经过短暂的立宪君主制和政权频繁更替的法兰西第一共和国时期，拿破仑于 1805 年建立法兰西第一帝国，完备了资产阶级专制机器，并在同欧洲反法同盟战争中加强。这时，资产阶级斗争的主要对象是封建专制势力，新的阶级对立尚处于潜在状态，他们还能够把自己解放和发展的特殊利益，无偏差地与普遍的社会进步摆在同样的位置上，把自己看作社会普遍利益的代表者。随着资本主义在欧洲主要国家迅速发展，资产阶级对工人阶级的剥削日益加深，资本主义固有的矛盾日益尖锐，尤其是 1825 年经济危机和 19 世纪三四十年代爆发的欧洲"三大工人运动"之后，工人阶级作为独立的政治力量登上历史舞台，现实不再容忍在资产阶级的视野里存在与无产阶级的"共同利益"。1848 年二月革命后，法国建立第二共和国，并残酷镇压了工人的六月起义，资产阶级为了对抗无产阶级的反抗，将权力越来越集中在行政权上，并最终建立了路易·波拿巴的法兰西第二帝国。第二帝国的建立，虽然使工商业得到发展，但是民众的贫困与无耻的骄奢淫逸形成鲜明对照，使资产阶级与无产阶级的对立一目了然。

三、资本统治和奴役劳动：主权在资的实质所在

在阶级社会中，国家是占社会人口少数的剥削阶级压迫占社会人口多数的劳动阶级的工具。现代资产阶级国家虽然确立了"人民主权"的法理原则，但仍然没有改变少数人压迫多数人的实质，只是压迫者与被压迫者由奴隶主和奴隶、封建主和农奴演化成了资本家和工人。早在《论犹太人问题》中，马克思就注意到，从宗教中解放出来的"政治国家"，并不是一个"自由国家"，而是一个被市民社会奴役的国家。作为成熟了的市民社会，资产阶级社会把现代国家变成了资本奴役劳动的工具。在《1848 年至 1850 年法兰西的

---

① 《马克思恩格斯选集》第 3 卷，人民出版社 2012 年版，第 95-96 页。

阶级斗争》中,马克思揭示,六月起义的失败"迫使资产阶级共和国现了原形:原来这个国家公开承认的目的就是使资本的统治和对劳动的奴役永世长存"①。

1. 资产阶级国家民主制的实施以不损害资本对劳动的专制统治为底线

资产阶级民主共和制作为对封建君主专制的否定,其历史进步性不容抹杀。然而,资产阶级共和国的成立,标志着全体资产阶级都获得了统治权。这时,资产阶级想使革命停顿下来,把它限制在资产阶级利益的范围内,于是采取种种措施反对无产阶级的要求,甚至调集反动军队,随时准备镇压无产阶级的反抗。在《1848年至1850年法兰西的阶级斗争》中,马克思是这样描述和揭露二月共和国隐蔽的统治套路的,他说:"正如七月君主国不得不宣布自己为设有共和机构的君主国一样,二月共和国也不得不宣布自己为设有社会机构的共和国。"②然而,它虽然成立了专门的无产阶级劳动部,但那只能是一个软弱无力的、徒有善良愿望的卢森堡委员会,它所设立的"国家工厂"也只不过是露天的英国习艺所③,它所组成的别动队表面上是同资产阶级国民自卫军对立的无产阶级自卫军,而实际上则是从流氓无产者中收买的用以反对无产阶级的"隐蔽武装"。当资产阶级的骗术被揭穿、无产阶级起来反抗的时候,资产阶级国家就运用军队、警察、法庭、监狱等暴力机器,对无产阶级实施赤裸裸的暴力镇压。如1848年6月22日,巴黎工人为抗议解散"国家工厂"而举行起义,临时政府悍然动用军队、别动队、国民自卫军对没有领袖、没有统一计划、没有经费和多半没有武器的工人进行了残酷镇压。尔后,资产阶级为自己所经受的死亡恐怖进行了闻所未闻的残酷报复,残杀了3000多名俘虏。④六月起义侵犯了资产

---

① 《马克思恩格斯选集》第1卷,人民出版社2012年版,第470页。
② 《马克思恩格斯选集》第1卷,人民出版社2012年版,第453页。
③ 《马克思恩格斯选集》第1卷,人民出版社2012年版,第454、462页。
④ 《马克思恩格斯选集》第1卷,人民出版社2012年版,第467页。

阶级社会的秩序，于是，二月共和国便摘掉了保护和掩饰这个凶恶怪物的王冠，暴露出这个凶恶怪物的脑袋，从而显示了资产阶级民主制的本性。马克思在对六月起义和之前的法国革命进行比较分析后，认为："1789年以来的许多次法国资产阶级革命，没有一次曾侵犯过秩序，因为所有这些革命都保持了阶级统治和对工人的奴役，保持了资产阶级秩序，尽管这种统治和这种奴役的政治形式时常有所改变。六月革命侵犯了这个秩序。"①

资产阶级国家实现民主制的真正目的，并非完全是对人民主权的崇尚，而是通过民主制这一"最好的政治外壳"来保障资产阶级的财产所有权，调配和发挥资产阶级的力量，保障资产阶级对无产阶级和人民大众的统治。因而，资产阶级在对国家作出制度安排时不可能真正贯彻主权在民的民主本意。从本质上看，它仍然是阶级统治的工具，只不过它以"民主共和"这个隐蔽的方式掩盖了资产阶级对无产阶级的统治。用民主制代替君主制，丝毫不会触动资本主义社会资本支配劳动的经济本质；相反，只要把保护神圣不可侵犯的资本主义利润的斗争方式加以改变，就可以同样地在民主制下保持这种利润，这种利润便是资本家对工人创造的剩余价值的无偿占有。正如恩格斯后来在《反杜林论》中所说："现代国家也只是资产阶级社会为了维护资本主义生产方式的共同的外部条件使之不受工人和个别资本家的侵犯而建立的组织。现代国家，不管它的形式如何，本质上都是资本主义的机器，资本家的国家，理想的总资本家。它越是把更多的生产力据为己有，就越是成为真正的总资本家，越是剥削更多的公民。工人仍然是雇佣劳动者，无产者。资本关系并没有被消灭，反而被推到了顶点。"②马克思在《路易·波拿巴的雾月十八日》中明确指出，"六月起义者的失败，固然为资产阶级共和国的奠基和建立准备和扫清了基地，但同时它也表明，欧洲的问

---

① 《马克思恩格斯选集》第1卷，人民出版社2012年版，第469页。
② 《马克思恩格斯选集》第3卷，人民出版社2012年版，第666页。

题并不是争论'共和国还是君主国的问题',而是别的问题。它揭示出,资产阶级共和国在这里是表示一个阶级对其他阶级实现无限制的专制统治"①。

2. 资产阶级为镇压无产阶级反抗不惜从民主共和国退回到君主国

1848年欧洲革命之所以以失败告终,一个重要原因就在于,资产阶级在领导这次革命时,为了保持自己的既得利益,惧怕无产阶级,甚至公开同封建专制势力结成联盟。比如,在法国二月革命前,资产阶级共和派"本来已经准备好在开始时满足于奥尔良公爵夫人摄政,恰好这时爆发了二月革命"②。换句话说,如果不发生二月革命,资产阶级共和派出于自身利益的考量,就要和七月王朝的王室和保皇势力妥协了。因而,马克思说:"这个派别取得统治权并不像它在路易-菲力浦时期所幻想的那样,是通过资产阶级举行反对国王的自由主义叛乱,而是由于无产阶级对资本举行了被霰弹镇压下去的起义。"③面对突如其来并超乎想象的革命胜利,资产阶级共和派没有做好充分的准备,所以只能建立法兰西共和国的"临时政府"。这也显示出他们推动法国再次走向民主共和的底气明显不足。因为在某种意义上,共和国是在无产阶级逼迫下成立的,是无产阶级强加给临时政府、并通过临时政府强加给全法国的。这就使得帝制复辟的危险依然困扰着这个资产阶级统治的现代国家。在《1848年至1850年法兰西阶级斗争》中,马克思曾预言,资产阶级各个集团准备抛弃立宪共和国这一它们阶级统治最强大最完备的形式,"后退到低级的、不完备的、较软弱的形式即君主国去"④。

1849年6月,金融贵族和大土地所有者的代表——秩序党掌握了议会、内阁和军队大权。路易·波拿巴则依靠农民的支持当上了

---

① 《马克思恩格斯选集》第1卷,人民出版社2012年版,第677页。
② 《马克思恩格斯选集》第1卷,人民出版社2012年版,第680页。
③ 《马克思恩格斯选集》第1卷,人民出版社2012年版,第680页。
④ 《马克思恩格斯选集》第1卷,人民出版社2012年版,第537页。

法兰西的总统,依靠自己秘密流氓组织"十二月十日会"进行篡夺军政大权的活动。他就职后,通过一系列卑劣的政治操作,将大权独揽,积极复辟君主制。1852年12月2日,他正式宣布自己为法兰西皇帝,称"拿破仑三世",建立了法兰西第二帝国。他之所以能够成功复辟帝制,正是由于秩序党的反人民性和内部各集团利益的尖锐矛盾,使其在与路易•波拿巴争权夺势的斗争中归于失败。秩序党伙同资产阶级共和派镇压了无产阶级和小资产阶级的反抗,以后秩序党击败了资产阶级共和派。秩序党在反人民的斗争中,不得不加强行政权力,而加强行政权力则使路易•波拿巴地位更加稳固,使两者的矛盾更加突出出来。于是,路易•波拿巴用到各地巡视的方式把人民鼓动起来反对秩序党。1852年1月11日议会复会时,路易•波拿巴把延长总统任期的权力得到手,随后把掌握军队权力作为自己的目标。秩序党穷于内部争吵,随着尚加尔涅将军军权的丧失,最后它自身连同共和国一起粉身碎骨了。这样,在整个1848年革命期间,法国资产阶级政权经历了从民主共和国到军事独裁帝国的演变。但是,攫取国家最高权力的路易•波拿巴并不是一个多么有雄才大略的伟大人物,而只是一个平庸的、可鄙的、滑稽的小丑。

这表明,当人民主权这一进步思想与资产阶级利益发生冲突时,就会使自己出丑。尤其是在无产阶级足以与资产阶级抗衡的条件下,资产阶级为了维护自己的统治利益,为了镇压无产阶级和人民群众的反抗,甚至不惜向独裁君主妥协而将自己曾经宣扬的"人民主权"原则置于脑后,他们宁可把权力交给像路易•波拿巴这样的"小丑",也不交给无产阶级。其实,从资产阶级的利益考量,二月革命时期,法国已经建立了完备的资产阶级统治,如果以君主制来组织国家,王权便成为介于资产阶级和人民之间的虚构权力,既为资产阶级利益效劳,又替资产阶级统治掩护,而掌握实际统治权的资产阶级有了王权这个"替罪羊",也就无需对自己的统治负责,因为每当无产阶级要向资产阶级本身射击的时候,炮弹总是落在替罪羊身上。当然，如果这个替罪羊成了资产阶级的累赘，如果资产阶级想把自己的政权确立为专为自身服务的政权，资产阶级就会主动同无产阶级联合起来反对王权。把国王作为防备人民的避雷针，而把人民作为防备国王的避雷针，这便是资产阶级的如意算盘。当然，国王也不甘心充当资产阶级的工具，他也可以把自己打扮成无辜的、善良的为人民谋利益的"救世主"，而把一切罪恶推卸到资产阶级头上而使之成为"靶心"。那时，资产阶级由于害怕王权和人民联合起来反对自己而不敢轻举妄动，甚至要勾结曾经的革命对象——封建王权，来镇压自己曾经的革命盟友——无产阶级和人民群众。在这种情形下，他们宁愿向君主让步选择君主国，也不选择民主共和国。而且，除法国经历路易·波拿巴当选总统→发动政变→复辟帝制的过程外，1848年革命后的欧洲大陆各国都以不同的方式纷纷走向了君主制的复辟。比如，普鲁士在经历了两任资产阶级政府统治之后，恢复了勃兰登堡王朝的统治；意大利在经历了数次革命风波之后，也同样恢复了王权统治。

3. 资产阶级为加强对本国无产阶级的统治甚至出卖本国民族利益或对他国民族实施殖民侵略

资产阶级为了维护对无产阶级的统治和压迫，公然出卖作为人民整体的民族的利益。比如，普法战争时期，面对普鲁士军队的大兵压境，以梯也尔、特罗胥为首的所谓法兰西第三共和国"国防政府"没有丝毫犹豫，随即开始屈膝向普鲁士侵略者投降，并与之勾结签订合约，通过出卖民族利益来换取清剿工人阶级的军事力量，以达到彻底剿灭工人阶级，继续保持资本奴役劳动、维护资产阶级利益的目的，并将发动普法战争的债务重担转嫁到劳动人民身上。正如马克思所说："国防政府在民族义务和阶级利益之间的这一冲突中，没有片刻的犹豫便把自己变成了卖国政府。"[①]因为要保卫巴黎，就要武装工人阶级并把他们组织成为一支在战争中锻炼并提升战斗

[①]《马克思恩格斯选集》第3卷，人民出版社2012年版，第76页。

力的军事力量。巴黎战胜普鲁士侵略者,无疑是法国工人战胜法国资本家及其国家寄生虫。在马克思看来,自诩为"国防政府"的临时政府"'防御'的不是普鲁士的士兵,而是巴黎的工人"①。这也揭示出,一旦民族运动开始唤起无产阶级的阶级意识,并使无产阶级的组织得到锻炼、资产阶级的统治地位受到威胁时,资产阶级就会毫不犹豫地调转枪口,镇压无产阶级革命,必要时甚至不惜牺牲民族利益,与压迫民族的统治阶级勾结起来。

而且,资产阶级在利润之魔的驱使下,为了增加原料供给和扩大产品销路,不断开拓世界市场,把落后民族纳入世界资本主义体系之中。正如马克思在《资本论》中所说:"世界市场的突然扩大,流通商品种类的倍增,欧洲各国竭力想占有亚洲产品和美洲宝藏的竞争热,殖民制度,——所有这一切对打破生产的封建束缚起了重大的作用。"②世界市场的开拓,充满着资本统治的所谓文明民族对落后民族的殖民压迫的血与泪。也就是说,资产阶级不仅奴役本国的无产阶级,还压榨落后国家和民族的无产阶级。具体说来,"殖民制度大大促进了贸易和航运的发展。'垄断公司'是资本积聚的强有力的手段,殖民地为迅速产生的工场手工业保证了销售市场以及由市场垄断所引起的成倍积累。在欧洲以外直接靠掠夺、奴役和杀人越货而夺得的财宝,源源流入宗主国,在这里转化为资本"③。这样,世界上就形成了两个对立的阵营:一个是拥有资本并剥削地球上绝大多数居民的为数极少的文明民族阵营;另一个是形成这个绝大多数的殖民地和附属国被压迫、被剥削的"未开化"和"半开化"民族阵营。正如马克思在《共产党宣言》中所说:"正像它使农村从属于城市一样,它使未开化和半开化的国家从属于文明的国家,使农民的民族从属于资产阶级的民族,使东方从属于西方。"④这种国家

---

① 《马克思恩格斯选集》第 3 卷,人民出版社 2012 年版,第 77 页。
② 《马克思恩格斯文集》第 7 卷,人民出版社 2009 年版,第 371 页。
③ 《马克思恩格斯文集》第 5 卷,人民出版社 2009 年版,第 864 页。
④ 《马克思恩格斯选集》第 1 卷,人民出版社 2012 年版,第 405 页。

间的民族压迫分裂了世界无产阶级运动，使之成为一个以民族为单位的对立的政治力量。因为宗主国的资产阶级将从殖民地掠夺来的"战利品"拿出一部分收买本国的无产阶级上层分子，使其中的一部分人也参与到了压迫殖民地人民的行列中去了，有的甚至还受雇充当资本集团在殖民地的代理人。这就使得打上民族烙印的无产阶级运动会使各国劳动人民彼此仇视和敌对，难以形成团结一致的力量。而且，由殖民统治造成的民族压迫，反过来也阻碍着宗主国的现代国家建构进程。比如，1848年欧洲革命时期，德国资产阶级力图结束封建分裂状态，建立一个统一的资产阶级民族国家，但是德国的资产阶级却又奴役着波兰等其他民族。这使得德国人民习惯于战争和军队镇压的场面而无法获得民主和自由。正如恩格斯所说："只要我们还在帮助压迫波兰，只要我们还使波兰的一部分受德国的束缚，我们自己就仍然要受俄国和俄国政策的束缚，我们在国内就不能彻底摆脱宗法封建的专制政体。建立民主的波兰是建立民主德国的首要条件。"[①]

综上所述，资产阶级国家试图将权力的统一与权力结构的制度化达到完美的状态，以装饰其"普遍的社会公共利益代表"的面孔。然而，它的宪法通过普选权给予了政治权力的那些阶级——无产阶级、农民阶级和小资产者，正是它要永远保持其社会奴役地位的阶级，而被它认可享受旧有社会权力的那个阶级——资产阶级，却被剥夺了这种权力的政治保证。这样的结果便是，资产阶级的政治统治被宪法硬塞进了民主主义的框子里，而这个框子时时刻刻都在帮助敌对阶级取得胜利，并危及资产阶级社会的基础本身。也就是说，宪法要求前者不要从政治的解放前进到社会的解放，要求后者不要从社会的复辟后退到政治的复辟。[②]马克思认为打破这一僵局的办法只有无产阶级革命。他从法国1848年二月革命后建立的共和国

[①]《马克思恩格斯全集》第5卷，人民出版社1958年版，第391页。
[②]《马克思恩格斯选集》第1卷，人民出版社2012年版，第480页。

镇压无产阶级反抗的暴力行径中，更加深刻地认识到资产阶级国家的实质就是维护资本奴役劳动的统治秩序。在资产阶级社会，资产阶级和无产阶级构成了社会的基本力量，前者拥有资本的所有权，后者则是劳动力的所有者，它们的矛盾也构成了社会的主要矛盾。法国 1848 年六月起义的失败也使工人阶级认识了这样一条真理："它要在资产阶级共和国范围内稍微改善一下自己的处境只是一种空想，这种空想只要企图加以实现，就会成为罪行。于是，原先无产阶级想要强迫二月共和国予以满足的那些要求，那些形式上浮夸而实质上琐碎的、甚至还带有资产阶级性质的要求，就由一个大胆的革命战斗口号取而代之，这个口号就是：**推翻资产阶级！工人阶级专政！**"①因此，可以说资产阶级的政治革命为无产阶级的社会革命准备了条件。当无产阶级感到在资产阶级共和国范围内稍许改善一下自己的处境都只是一种空想的时候，便要起来反抗，打碎这个国家机器，建立自己的阶级专政。

第二节 社会"赘瘤"：资本逻辑下代议民主共和国的发展限度

代议民主是现代国家普遍采用的制度安排。普选权、议会、政党是支撑现代国家代议民主制度的三大支柱。这样的制度设计，遵循了社会与国家分离的现实，有助于改变国家的寄生性。但在资本统治的逻辑下，这些机构和国家制度，从根本上说，是为资产阶级利益服务的，是资本压迫劳动的工具。这些民主共和机构和制度的设立，是出于资产阶级保证其统治的合法性和稳定性的需要，以实现其阶级统治的利益。换句话说，如果这些机构和制度不能满足资产阶级的统治利益的需要，甚至妨碍威胁到了资产阶级的统治利益，资产阶级就会对其加以改变甚至废除，使现代国家仍然不能摆脱被

---

① 《马克思恩格斯选集》第 1 卷，人民出版社 2012 年版，第 469 页。

社会供养而又凌驾于社会之上的寄生赘瘤的历史命运。比如，马克思通过分析法国 1848 年二月革命后从第二共和国向第二帝国的演化过程，认为路易·波拿巴建立的法兰西第二帝国这个寄生物"有着常备军、无所不管的官僚制度、从事愚民勾当的教会、唯命是从的司法体系的政府权力，已完全脱离社会，甚至一个以一伙饿鬼般的亡命徒作后盾的、平庸到可笑地步的冒险分子，都可以来运用它。它已经无须再使用旧欧洲为反对 1789 年革命建立的现代世界而结成的武装同盟这样的借口了。它不再是一个从属于议会内阁或立法议会的阶级统治工具。国家政权的最后、最高的表现就是第二帝国：它甚至于践踏统治阶级的利益；它用它自己挑选的立法团和由它自己出钱供养的参议院来代替统治阶级摆样子的议会；它的无限权势得到了普选的批准，它被公认为维护'秩序'亦即维护地主和资本家对生产者的统治的必要条件；它用昔日的破旧面具掩盖今天的贪污腐化之盛行，掩盖最腐朽的寄生集团——金融骗子们的得逞；它放纵过去的一切反动势力，形成一个万恶之渊薮"①。这表明，法兰西第二共和国只是作为"阶级统治工具"的资产阶级国家的政权组织形式，资产阶级为了对付来自无产阶级的威胁，不得不消灭经过一个世纪以来的斗争从君主制度方面夺来的自由主义的让步，把它让位于更加有效的路易·波拿巴的专制，使"国家回到了最古的形态，回到了宝剑和袈裟的极端原始的统治"②。这个脱离了资产阶级议会控制的第二帝国作为现代国家的最后阶段，更好地保护了资本的统治，成了代表资产阶级统治的"最后的、堕落的、唯一可能的形式"③。

一、废除普选权：割裂人民与国家间的制度性联系

作为资产阶级革命成果之一的普选权的确立，使社会民众掌握

---

① 《马克思恩格斯选集》第 3 卷，人民出版社 2012 年版，第 137-138 页。
② 《马克思恩格斯选集》第 1 卷，人民出版社 2012 年版，第 672 页。
③ 《马克思恩格斯选集》第 3 卷，人民出版社 2012 年版，第 138 页。

了议员、总统和其他官员(直接或间接)的任免权,从而使统治者的产生方式由基于血统的世袭制转变为基于民主的选举制。然而,"选举的性质并不取决于这个名称,而是取决于经济基础,取决于选民之间的经济联系"①。资产阶级国家虽然取消了选举权和被选举权的财产资格,但是高昂的选举成本恰恰使得私有财产在选举过程中发挥了决定性的作用,使得当选者必然代表私有财产的利益。资本作为私有财产的纯粹形式,成为滋养选举制度的天然养分,渗透进了选举制度的每个细胞,扭曲着普选权所追求的民主精神。普选权的本意是要实现大多数人的统治,但是由于资本具有利益最大化与寡头化倾向,其对选举的控制使普选权成了资产阶级的垄断权力,也使代议民主偏离了原有的轨道,走向了少数人的统治。资本对选举的控制内化在选举制度的基本设计中,通过财产资格、职业准入和选区划分三方面的选举制度设计加以巩固、强化,表象的普遍选举最终难逃被资本控制的命运。正如恩格斯在《共产主义原理》一文中所说:"代议制是以资产阶级的在法律面前平等和法律承认自由竞争为基础的","在这种立宪君主制的国家里,只有拥有一定资本的人即资产者,才有选举权"。②这是资本主义自由竞争规则下资本对选举控制的突出表现。据此,马克思说:"普选权正是一根磁针,它虽然摆动了几次,但最后总是指向这个负有统治使命的阶级。"③

英国是现代代议民主制度的发源地。马克思在《宪章派》一文中详述了资产阶级对选举所设的严格的财产资格限制:"一个男子要想享有不列颠议会选举权,如果是在城镇选区,他就得有除缴纳济贫捐外收入不少于 10 英镑的房产;如果是在各郡,那他必须是一个每年收入不少于 40 先令的自由农,或者是一个每年收入不少于 50 英镑地租的土地租佃者。单单从这一点,就可以得出结论:宪章派在刚刚结束的选举斗争中能够正式参加活动的只是很少数的

---

① 《马克思恩格斯选集》第 3 卷,人民出版社 2012 年版,第 340 页。
② 《马克思恩格斯选集》第 1 卷,人民出版社 2012 年版,第 300 页。
③ 《马克思恩格斯全集》第 6 卷,人民出版社 1961 年版,第 244 页。

人。"①与财产资格限制相关,资产阶级对选举所设置的职业、身份限制,目的是保证只让律师、记者和其他的政治冒险家这些资本的代言人当选。同样,选区的划分也是受资本控制的。比如,马克思在调查了一组议会选区的统计数字后指出:"一共有327个选区。这327个选区受选举巨头控制的情况是:有1个选举巨头控制9个选区,有4个选举巨头各控制8个选区,有1个选举巨头控制7个选区,有3个选举巨头各控制6个选区,有8个选举巨头各控制5个选区,有26个选举巨头各控制4个选区,有29个选举巨头各控制3个选区;结果72个选举巨头控制着297个选区。所谓'独立的'选区仅仅30个。下院总共有654个议员,其中594个议员是由297个受控制的选区选出来的。这594名议员中有274名不是贵族,就是贵族的直系亲属。"②这些所谓的"选举巨头"无疑都是能够在背后操控选举的资本巨头。因此,马克思提出,资产阶级国家普选权"只是让人民每隔几年行使一次,来选举议会制下的阶级统治的工具"③。

虽然资产阶级常常利用对选举的控制谋取自己的统治利益,但在不断壮大的无产阶级和广大人民群众革命运动日趋高涨的攻势下,当选举转而不受资产阶级的控制而威胁他们的统治时,资产阶级将义无反顾地取消选举。马克思通过考察1848年二月革命后的法国,看到法兰西第二共和国的新宪法的特点是它在宣布实行普遍的自由的同时,却又在实施细则中将这一自由取消。在他看来,七月王朝过高的选举资格限制虽然在二月共和国时期被取消,使直接的、普遍的选举权得到确认,但是,1850年3月31日的选举法不仅把政治犯,把所有被认为藐视早已确定的社会舆论和出版法的罪犯一律划入不能享受政治权利的范围,还规定了居住资格,从而使三分之二的法国人不能参加投票。结果,只有资产阶级可以不受其

---

① 《马克思恩格斯全集》第11卷,人民出版社1997年版,第425页。
② 《马克思恩格斯全集》第14卷,人民出版社2013年版,第526页。
③ 《马克思恩格斯选集》第3卷,人民出版社2012年版,第141页。

他阶级的同等权利的任何妨碍而享受这些自由,而无产阶级却成了被边缘化的选举的"看客"。因而,马克思指出:"宪法的每一条本身都包含有自己的对立面……在一般词句中标榜自由,在附带条件中废除自由。"①普选权的各种各样的限定条件表明,资产阶级只有在其统治是普选的结果和结论时才承认普选权是人民主权意志的绝对行为,一旦普选权的内容不再能归结为资产阶级的统治,资产阶级就会加以调整,甚至取消普选权以进行报复。②3月10日和4月28日的选举,联合起来的小资产阶级取得了巨大胜利。秩序党则以废除普选法,制定新选举法和出版法来回应小资产阶级在这两次选举中的胜利。新的选举法和出版法的通过,迫使革命的和民主的党派退出了官方舞台。

在马克思看来,"宪法的基础是普选权。废除普选权,——这就是秩序党的最后结论,资产阶级专政的最后结论"③。因为把资产阶级统治看作普选权的产物和结果,看作人民主权意志的绝对表现,就是资产阶级宪法的意义。但是,当这种选举权,这种主权意志的内容已不再归结为资产阶级统治的时候,宪法也就没什么意义了。资产阶级的责任正是通过调整选举权,使它合乎资产阶级的统治这一理性,而普选权一再消灭现存国家权力而又从自身再造出新的国家权力,其目的就是消灭整个资产阶级统治的稳定状态,消除时刻危及资产阶级一切的现存权力和权威,并威胁要把无政府状态本身提升为权威。因此,资产阶级便将它一向用来掩饰自己并从中汲取无限权力的普选权抛弃。这也就等于公开承认:"我们的专政以前是依靠人民意志而存在的,现在它却必须违背人民意志而使自己巩固起来。"④路易·波拿巴的雾月十八日政变中,资产阶级抛弃了其阶级统治的"最强大最完备的形式"——议会制共和国,后退到了"低

---

① 《马克思恩格斯选集》第1卷,人民出版社2012年版,第682页。
② 《马克思恩格斯选集》第1卷,人民出版社2012年版,第717页。
③ 《马克思恩格斯选集》第1卷,人民出版社2012年版,第536页。
④ 《马克思恩格斯选集》第1卷,人民出版社2012年版,第537页。

级的、不完备的、较软弱的形式"——君主国,正是普选制的历史命运的写照。以普选而产生的总统开始,以个人独裁结束,在追求民主共和的社会潮流中,法国的普选被路易·波拿巴演绎成复辟的历史丑剧,他利用普选权得到了皇帝般的总统宝座,又利用皇帝般的总统权力废除普选权。普选权的废除,阻断了无产阶级和其他革命阶级以合法的方式参与国家政权的通道,使人民群众根本无法参与国家权力,更无法控制议会对行政权的制约,因为"国民议会和每个议员一旦使人民,即他们的授权人丧失了权利,自己也就会丧失代表权"①,从而加速了资产阶级国家政权凌驾于社会之上的趋势。二月革命以来,从普选权的扩大与确立,再到缩小普选范围、废除普选权,把选举权变成特权,是一个逐渐走向资产阶级专政的过程。因而,马克思认为:"1848年以来就庸俗化了的'民主共和国''普选权'等空话的旗帜下联合所有的民主追求者的做法,并没有实现。"②

马克思在《1848年11月8日通过的法兰西共和国宪法》中说:"1849年3月15日的选举法把除政治犯以外的一切罪犯都划入这个范围。1850年3月31日的选举法不仅把政治犯,把所有被判定为'反对早已成为定论的舆论'和反对新闻出版法的罪犯一律划入这个范围,而且实际上规定了居住资格,从而使三分之二的法国人不能参加投票!"紧接着,他以蔑视的口吻说:"在法国,'选举权是直接的和普遍的'这句话的本意就是如此。"③与普选权的废除相匹配,不久之后问世的新的新闻出版法经过秩序党的修正而变得更加严厉。它规定要增加保证金,还要对报纸副刊上登载的小说征收特别印花税,并将周刊和月刊上发表的所有达到一定页数的作品都纳入征税范围。更为致命的是,它规定报刊上的每一篇文章都要有作者署名。在马克思看来:"保证金的规定扼杀了所谓的革命报刊;人民

---

① 《马克思恩格斯选集》第1卷,人民出版社2012年版,第543页。
② 《马克思恩格斯全集》第49卷,人民出版社2016年版,第91页。
③ 《马克思恩格斯全集》第10卷,人民出版社1998年版,第686页。

把这些报刊的死亡看成是对废除普选权的报应。但是,新法律的意图和作用不仅仅局限于这一部分报刊。当报刊匿名发表文章的时候,它是广泛的无名的社会舆论的工具;它是国家中的第三种权力。每篇文章都署名,就使报纸仅仅成了或多或少知名的人士的作品集。每一篇文章都降到了报纸广告的水平。以前,报纸是作为社会舆论的纸币流通的,现在报纸却变成了多少有点不可靠的本票,它的价值和流通情况不仅取决于出票人的信用,而且还取决于背书人的信用。"①也就是说,它是用取消自由的办法来规定宪法允诺的自由。本来报刊的使命应该是反映社会不满、监督政府行为、捍卫公众利益,而这样一来,社会舆论对国家监督的成本就要随保证金、税收的增加而增加(增加了媒体的开支),风险就要随署名的要求而加大(暴露身份的监督者有被当权者报复和迫害的危险),效果也就随之从"国家中的第三种权力"降低到广告的水平,从而使公众政治参与的渠道被关闭,监督和制约政治权力的能力被削弱,国家这个寄生机体便可以肆无忌惮地侵蚀社会。

二、行政权支配立法权:分权制衡的国家权力结构失灵

正如马克思在后来的《法兰西内战》的写作中所指出的:"现代资产阶级国家体现在议会和政府这两大机构上。"②其中,资产阶级的政府是"以凌驾于社会之上的权力自居的阶级统治形式",而它的议会则是"以社会自身的权力自居的阶级统治形式"。③也就是说,拥有立法权的议会和掌握行政权的政府分别是社会和国家的代表。1789 年大革命之前的法国实行的是行政权高于立法权或立法权融于行政权的君主专制制度。法国著名思想家孟德斯鸠设想国家的立法权、行政权和司法权平行设置,并以掌握立法权的代议机关去制约和监督掌握行政权的官僚机关。这种分权制衡的民主制较之君主

---

① 《马克思恩格斯选集》第 1 卷,人民出版社 2012 年版,第 544 页。
② 《马克思恩格斯选集》第 3 卷,人民出版社 2012 年版,第 163 页。
③ 《马克思恩格斯选集》第 3 卷,人民出版社 2012 年版,第 138 页。

专制具有很大的历史进步性。在君主专制时期，议会是资产阶级对抗王权的有力武器。因此，在资产阶级代议制建立初期，立法权似乎更受重视一些，甚至出了所谓"议会万能"的论调。但是，随着资产阶级统治地位的巩固，行政机关逐渐成了兴趣焦点，行政权力的扩张已是一个不争的事实，资产阶级国家的现实发展也呈现出行政权凌驾于立法权之上的趋势，行政权日益脱离立法权的有效制约而成为庞大国家机器的核心中枢，现代国家甚至被戏称为"行政国家"。

在《1848 至 1850 年法兰西阶级斗争》中，马克思从法兰西第二共和国宪法的矛盾中看到了立法权只是名义上高于行政权，不可能从根本上制约行政权。他认为："宪法中所包含的矛盾的表现：矛盾一方是享有主权、不许解散、通过实行普选权而产生的国民议会，另一方是总统，按照条文，总统应当对国民议会负责，而实际上，总统不仅同样通过实行普选权而获得批准，并把分配在国民议会各个议员身上从而百倍分散的全部选票集中于一身，而且，总统还掌握着全部行政权，而国民议会则只是作为一种道义力量悬浮在行政权之上。"[1]在马克思看来，尽管由变更制、选举制、任期制、责任制产生的总统较之终身的、世袭的、无责的君主是一种重大的历史进步，但除此之外，它具有王权的一切特征。实权掌握在总统而不是议会手中，使得"宪法实施的第一天就是制宪议会统治的最后一天"[2]。在《路易·波拿巴的雾月十八日》中，马克思又通过分析 1848 年至 1851 年路易·波拿巴在立法权与行政权的斗争中复辟帝制的过程，看到由于议会不能有效地制约总统（比如路易·波拿巴不经议会同意就能随意解散内阁并轻易组织所谓"临时内阁"），使行政权由超常发展导向了军事专制，并引发了路易·波拿巴的政变。他认为，这"直接的具体结果就是波拿巴对议会的胜利，行政权对立

---

[1]《马克思恩格斯选集》第 1 卷，人民出版社 2012 年版，第 486-487 页。
[2]《马克思恩格斯选集》第 1 卷，人民出版社 2012 年版，第 481 页。

法权的胜利，不讲话的权力对讲话的权力的胜利。在议会中，国民将自己的普遍意志提升为法律，即将统治阶级的法律提升为国民的普遍意志。在行政权面前，国民完全放弃了自己的意志，而服从于他人意志的指挥，服从于权威。和立法权相反，行政权所表现的是国民的他治而不是国民的自治"①。在马克思看来，造成行政权逐渐凌驾于立法权之上的原因在于资产阶级政治制度的本身。

  首先，资产阶级分权制度本身就蕴含着行政权支配立法权的先天性缺陷。法兰西第二共和国制宪议会通过的宪法将国家权力平行分给了代表立法权的国会和掌握行政权的总统。马克思认为这样的宪法本身就有一个致命弱点，那便是它"不是在脚踵上，而是在头脑上，或者不如说，是在两个头脑（在这里宪法误入了迷途）上：一个是立法议会，另一个是总统"②。一方面，国民议会是由普选产生并享有连选连任权的 750 名人民代表构成的一个不受监督、不可解散、不可分割的立法机关，它拥有无限的立法权、最终决定（宣战、媾和及商约等）权，独揽大赦权，并因自己不间断地召集会议而经常站在政治舞台最前面。另一方面，总统是一个具有王权一切特性的暂时的独裁者，事实上处在国家权力体系的核心地位：他掌握行政权的一切手段，有权不经国民议会任免自己的内阁成员、分封一切官职，统率一切武装力量，从而在法国操纵着至少有 150 万人的命运（因为有这么多人的物质生活依赖 50 万各级官吏和各级军官）；他享有赦免个别罪犯、解散国民自卫军以及（经国务会议同意）罢免由公民自己选出的省委员会、县委员会、市镇委员会的特权；另外，同外国缔结条约时，他也具有倡议和领导的作用。这样，作为根本大法的宪法在权力授予的制度安排上就显示出偏向行政权的倾向，因为它把实际权力给了总统，而力求为国民议会保证精神上的权力；它使国民议会永远留在舞台上，成为公众日常批评的对

---

① 《马克思恩格斯选集》第 1 卷，人民出版社 2012 年版，第 759 页。
② 《马克思恩格斯选集》第 1 卷，人民出版社 2012 年版，第 682 页。

象,而总统却在极乐世界过着隐居的生活,从而造成了有责无权的议会和有权无责的总统之间的不对等。①紧接着,马克思又从权力的来源的角度分析了这种不对等性,他认为因为宪法规定总统由所有的法国人直接投票选举,而全法国的选票是分散在 750 个国会议员之间,可是在这里选票就集中在一个人身上。这种 750 对 1 的权力格局,使选民感到国会议员只不过是某个政党、某个城市、某个桥头堡的代表,甚至只是表示必须选出一个人来凑足 750 个人民代表,而总统则是一种神权的体现者和人民恩赐的统治者,于是他们不关注议会选举和议员候选人的具体情况而把选举总统看作自己行使主权的王牌,从而使"民选的国民议会和国民只有形而上学的联系,而民选的总统却和国民发生个人联系"②。国民议会试图独揽大权,但总统的权力居然也带有王权性质,这种内部矛盾必然使得双方权力争夺日趋激烈。在马克思看来,宪法对权力授予和权力来源的不对等规定使立法权在与行政权的对抗中总是极其怯懦地、畏缩地、沮丧地、软弱无力地放弃了斗争③。这样的结果便是,在这种权力争夺中,总统更占优势,国民议会根本不可能创立独立的、不依靠政府权力的机关,它在逐渐丧失了内阁和军队总指挥权,与行政权公开决裂后,"被自己的阶级、军队以及其余各阶级所抛弃"而走向"死亡和崩溃"④。简言之,立法权还不能有效地制约行政权;相反,当立法权一旦构成了对行政权的实际威胁时,行政权便会毫不犹豫地消灭立法权。

如果说资产阶级分权制度的先天性缺陷是导致行政权支配立法权的直接原因,那么,资产阶级立法权不能最终制约行政权反而还沦落成它的附属品的根本原因在于维护资产阶级利益和统治的需要。马克思通过分析路易·波拿巴成立的第一个也是最后一个议会

---

① 《马克思恩格斯选集》第 1 卷,人民出版社 2012 年版,第 683 页。
② 《马克思恩格斯选集》第 1 卷,人民出版社 2012 年版,第 683-684 页。
③ 《马克思恩格斯选集》第 1 卷,人民出版社 2012 年版,第 687 页。
④ 《马克思恩格斯选集》第 1 卷,人民出版社 2012 年版,第 755 页。

制内阁——巴罗-法卢内阁解散从而使议会失去对行政权控制的事件后,认为:"法国资产阶级的物质利益恰恰是和保持这个庞大而分布很广的国家机器最紧密地交织在一起的。它在这里安插自己的多余的人口,并且以国家薪俸形式来补充它用利润、利息、地租和酬金形式所不能获得的东西。另一方面,资产阶级的政治利益又迫使它每天都要加强压制,即每天都要增加国家政权的经费和人员,同时又不断地进行反对社会舆论的战争,并由于猜疑而去摧残和麻痹独立的社会运动机关,如果不能把它们根本割掉的话。这样,法国资产阶级的阶级地位就迫使它一方面要根本破坏一切议会权力、包括它自己的议会权力的存在条件,另一方面则使得与它相敌对的行政权成为不可克制的权力。"①秩序党为巩固自己的统治而废除了普选权,议会也随之丧失了对内阁的控制权。1849 年 11 月 1 日,路易·波拿巴未经议会同意就解散了巴罗-法卢内阁,就是一个立法权与行政权力量对比变化的决定性的转折点。后来,秩序党控制的议会在反抗掌握行政权的路易·波拿巴时,由于是从资产阶级的特殊利益出发,甚至其中还掺杂了议员的私利,总是极力避免和拒绝在重大的、迫切的问题上与行政权进行斗争,而把自己反对行政权的斗争缩小为关于权限问题的无谓争吵,变成吹毛求疵、无谓争讼以及关于界限问题的争论,把最无聊的形式问题变成了自己的活动内容,致使"当斗争具有原则意义,行政权真正名誉扫地,当国民议会的事业将成为国民的事业的时候,秩序党不敢斗争"②。而不敢斗争的后果就是,路易·波拿巴越来越明显地把全部行政权集中在他一个人身上,越来越容易利用行政权来达到个人目的,而掌握立法权的议会在与路易·波拿巴的较量中让出了一个又一个阵地,错失了一次又一次的翻盘机会,坐视他的内阁从"非议会制内阁"到"超议会制内阁"再到"反议会制内阁"的演化,最终面对路易·波拿

---

① 《马克思恩格斯选集》第 1 卷,人民出版社 2012 年版,第 708 页。
② 《马克思恩格斯选集》第 1 卷,人民出版社 2012 年版,第 726 页。

巴政变称帝时已无力回天。试想，二月革命之后，如果资产阶级不过多地纠结于本阶级、本集团的私利，能通过其掌握的国民议会理直气壮地去制约甚至支配行政权力，或许能避免路易·波拿巴的行政集权的加强并走向独裁统治。

从资产阶级政治的发展路向上看，当它尚处在和封建王权对抗的状态中时，立法权是其削弱王权势力的有力武器，于是他们便鼓吹"议会至上""议会万能"等论调；而当资产阶级不仅在议会中，还在行政权中确立了自己的统治地位时，他们便千方百计地限制立法权而扩大行政权。因为议会这个曾经作为资产阶级反对王权的工具有可能成为无产阶级反对资产阶级、争得统治权力的战场。立法权和行政权的这种二律背反关系，使行政机关逐渐脱离议会的有效制约成为资产阶级国家权力的核心，而议会则逐渐成沦落为行政机关的附属品。这样，当无产阶级通过议会斗争掌握立法权而构成了对资产阶级统治的威胁时，资产阶级便可以利用行政权力支配的常备军、无所不管的官僚制度、愚民的僧侣、奴性的司法体系和政府权力，毫不犹豫地消灭立法权以阻止无产阶级的"和平夺权"。正是借助强大的行政权力，路易·波拿巴才"自命为负有保障'资产阶级秩序'的使命"，并于1851年12月2日实现了复辟帝制的政变。这昭示着行政权力臻于完备，并且达到了行政独裁的程度，成为无产阶级革命道路上必须首先予以摧毁的对象。如果说行政权在法国的超常发展还有小农的影响，或许认为还有一定的特殊性，那么，作为资产阶级世界的"缔造者"和"心脏"，已经完成了工业化、有"议会之母"之称的英国彼时也出现了行政权超越立法权的态势，则可以进一步证明其普遍意义。比如，马克思在《帕麦斯顿内阁的失败》一文中写道："帕麦斯顿的统治，不是一个普通内阁的统治，而是一种独裁。自从对俄战争开始起，议会几乎放弃了它的宪法职权；在缔和以后，它也没有敢于重申这种职权。它经过一种逐渐的、几乎是觉察不到的衰退过程，已经降到了立法团的地位，它所不同于原来波拿巴的那个御用机构之处，只在于它那虚饰的门面和装腔作势的高调。"①

三、竞争性政党政治：资本统治劳动的"障眼法"

现代代议民主催生现代政党政治。资产阶级国家一般采取两党制或多党制的政党制度，即以两党或多党相互竞争、轮流执政为主要特征的政党制度。对于这种竞争性的政党制度，不少人极为推崇，将其看作最完美的政党制度。应该肯定的是，现代民主国家的政党政治，是对古代专制国家宫廷政治的重大超越，扩大了政治参与的广度和深度，开启了人类政治发展的新机制。但是在存在资本与劳动、无产阶级与资产阶级斗争的条件下，这种政党制度在根本上是资本政治化的一种手段，本质上是以民主的假象掩盖资本对劳动的专政。

首先，资产阶级政党之间的斗争，不过是资产阶级内部不同派别的斗争。从 17 世纪中叶起，在英国议会内部逐渐形成了托利和辉格两大政党。这两大政党在议会内相互攻击、相互牵制、轮流执政，标志着西方政党制度的起源。对于这两大政党的冲突与对抗，马克思没有像资产阶级学者那样仅从政策分歧的角度进行考量，而是运用阶级分析的方法加以考察。他指出，托利党是"旧式贵族的党"，而"辉格党人是资产阶级即工商业中间阶级的贵族代表"。②这两个政党在政治较量中的差别不是英国应执行何种政策的差别，而是曲折地反映出英国国内阶级力量的对比。比如，自从 1688 年"光荣革命"以来，除了诸如 1789 年法国革命和随之而来的复辟造成的若干次短期的中断，处于执政地位的一直是辉格党。马克思通过分析这一阶段英国历史后发现："力图保持自己世袭的寡头政权乃是辉格主义的唯一特征。除此以外辉格党有时也加以维护的那些利益和原则，并不是它自己的，而是工商业阶级即资产阶级的发展强加于它的。

---

① 《马克思恩格斯全集》第 16 卷，人民出版社 2007 年版，第 68 页。
② 《马克思恩格斯全集》第 11 卷，人民出版社 1995 年版，第 418 页。

就像 1688 年以后辉格党和当时拥有极大权势的金融巨头联合在一起一样,在 1846 年我们看到它又和工业巨头联合在一起。辉格党对 1831 年改革法案的实行没有尽多大力量,正像它对 1846 年自由贸易法案的实行没有尽多大力量一样。这两个改革运动——政治的也好,商业的也好——都是资产阶级的运动。一当这两个运动中的任何一个发展到不可遏止的地步,一当它同时变为使托利党下台的最可靠手段,辉格党便上台执政,并把同政权有关的那一部分胜利果实据为己有。1831 年辉格党人把政治方面的改革扩大到刚好不致使中间阶级过分不满的程度;1846 年以后他们又把自己的自由贸易措施限制在刚好能替土地贵族保留尽可能多的特权的地方。他们每一次都操纵运动,以便阻止运动向前发展并同时恢复自己的地位。"①这表明,托利党或辉格党,只代表某个行业或领域资产阶级的利益,而不是所有民众的利益。从现实角度看,资产阶级政党的纲领中,几乎都包含有维护资本主义社会经济秩序的要点,甚至被列为自己的首要目的。资产阶级国家各利益集团和政治势力均对这些政党施加不同的影响,使其政策有利于自己的利益,从而导致政策代表的利益范围缩小,而普通民众大多被排除在外。而从马克思对 1848 年法国革命后政治走向的分析,可以看出,"轮流争夺霸权的统治阶级中的各集团各党派,都把占据(控制)(夺得)和操纵这个庞大的政府机器看做胜利者的主要成果"②。路易·波拿巴正是利用了资产阶级共和派、山岳党和秩序党以及秩序党内部的正统派和奥尔良派的斗争,一步一步地攫取国家权力并最终政变成功的。

其次,资产阶级国家的政党制度不过是资产阶级以民主的名义巧妙地维护其统治利益而有意采取的一种"障眼法"。1858 年,马克思在评析英国资产阶级政党的议会斗争时指出,英国资产阶级的寡头政体,"不是靠把政权保持在同样一些手中而自己永存下去的,

---

① 《马克思恩格斯全集》第 11 卷,人民出版社 1995 年版,第 419 页。
② 《马克思恩格斯选集》第 3 卷,人民出版社 2012 年版,第 137 页。

而是采取这样的办法：它轮流使政权从一只手中放下，又立刻被另一只手抓住"。这形象地表明，资产阶级国家多党轮流执政的制度设计，是资产阶级有意识地使用两只手来统治人民的方法，多党竞争的技巧恰好在于"在短兵相接的格斗中打击的不是职位，而仅仅是当时占有职位的人，并且在进行打击的时候，要使这个人在作为大臣下台以后，马上又能作为大臣的候选人而上台"。①这样，相互竞争的政党表面上扮演着互相反对的角色。然而，政党之间尽管表面上斗争激烈，充其量不过是资产阶级内部的分歧和争斗。不同的资产阶级政党，虽然会在竞选中把自己的施政纲领包装得个性十足，但执政后实际的政策差距并不大。就反对党来说，它反对的不是资产阶级国家本身，而是在这个国家中掌握政权的党及其所代表的利益集团，同时自己也随时准备去掌握权力。反对党成为执政党，也只是政权在资产阶级不同集团之间更迭，在维护资产阶级共同利益方面则是完全一致的。即使被马克思视为"现代国家最完善的例子"②的美国也是如此。1891 年，恩格斯在为马克思写的《法兰西内战》所作的导言中，这样评价美国的政党制度："正是在美国，同在任何其他国家中相比，'政治家'都构成国民中一个更为特殊的更加富有权势的部分。在这个国家里，轮流执政的两大政党中的每一个政党，又是由这样一些人操纵的，这些人把政治变成一种生意，拿联邦国会和各州议会的议席来投机牟利，或是以替本党鼓动为生，在本党胜利后取得职位作为报酬。大家知道，美国人在最近 30 年来千方百计地想要摆脱这种已难忍受的桎梏，可是却在这个腐败的泥沼中越陷越深。"美国没有王朝、没有贵族，除监视印第安人的一小群士兵外没有常备军，也没有那种拥有固定职位与领取年金的官僚。然而，恩格斯说："我们在那里却看到两大帮政治投机家，他们轮流执掌政权，以最肮脏的手段来达到最肮脏的目的，而国民却无力对

---

① 《马克思恩格斯全集》第 11 卷，人民出版社 1963 年版，第 399 页。
② 《马克思恩格斯选集》第 1 卷，人民出版社 2012 年版，第 212 页。

付这两个大政客集团，这些人表面上是替国民服务，实际上却是对国民进行统治和掠夺。"①所以，从某种意义上讲，美国的资产阶级专政集中体现为政党的专政。

再次，相互斗争的资产阶级政党，在镇压无产阶级反抗方面具有高度的一致性。这一点在法国1848年革命中表现得尤为典型。1849年3月初，法国开始了立法国民议会的选举运动。当时有两大敌对集团，一是秩序党，一是民主社会主义党或红党。站在两者中间的是三色旗共和党人。秩序党是六月起义以后成立的，是奥尔良派和正统派联合组成的一个党派。这是资产阶级两大集团，即大地主和金融贵族大工业资产阶级集团。这两大集团在共同掌握政权的条件下捍卫共同的阶级利益，他们的选举口号是："财产、家庭、宗教，秩序！"这个口号体现了资产阶级政治统治的存在条件。秩序党有巨额资金，有遍布法国各地的支部，有豢养出来的思想家，有现存政府权力的全部威势，在全国有不可胜数的小国王为代表。通过选举，它占有了立法议会的绝对多数。社会民主党或红党，是社会党与民主党、工人的党和小资产阶级的党结合而成。这个党在选举中获得了巨大的成就，山岳党（议会里的小资产阶级的民主主义代言人）要充当议会里的先锋，就不得不与社会主义空谈家们联合。这时各个阶级发展程度还不允许无产阶级实行革命专政。同时，参加革命的农民、军队和外省的一些地方都站在了山岳党一方，这样山岳党就成了联合革命力量的指挥官，因此，卷入革命运动的一切中间阶层，就必定把该党主要人物赖德律-洛兰视为他们的英雄。1849年6月12日，立法议会否决了赖德律-洛兰代表山岳党提出的弹劾总统和内阁违反宪法炮轰罗马的控诉书。1849年6月13日，山岳党和受它影响的群众上街游行，游行队伍碰上尚加尔涅军队的刺刀，就一哄而散了。尚加尔涅则成了秩序党的救星。秩序党的镇压措施和路易·波拿巴及其内阁的各项法案的通过和实施，说明两

---

① 《马克思恩格斯选集》第3卷，人民出版社2012年版，第54页。

个权力在镇压反对资产阶级专政的一切阶级方面,是完全协调一致的。只是后来的资产阶级统治者发现完全无视无产阶级的利益进行赤裸裸的镇压太危险,因而在一定范围和程度上进行改良,采取利益妥协、部分利益分享的办法,适度顾及无产阶级利益,以更好保护资产阶级核心的、主要的、根本性利益。这样的改良使得其剥削手段更巧妙、更隐蔽,当两个阶级没有发生冲突时,他们能部分考虑民众的利益,一旦发生冲突,资产阶级政党维护的依然是资产阶级的利益。

以普选权、分权制衡、政党政治为主要内容的现代代议民主制度的创设初衷,是通过一系列制衡机制限制行政权力,保障公民权利。但是,现代代议民主制度只是资本统治的政治表现,这种"看上去很美"的制度设计在实践中却不可避免地走向了自己初衷的反面,继而导致行政权出现超常发展的现象。尤其是行政权对立法权的支配,更加反映了国家对社会的控制。因为当资产阶级掌握行政权时,他们就会运用国家行政权等专制手段来控制社会大众,肢解社会力量。正如马克思在法国革命中所看到的,这个行政权力有庞大的官僚机构和军事机构,有复杂而巧妙的国家机器,有五十万人的官吏队伍和五十万人的军队——这个俨如密网一般缠住法国社会全身并阻塞其一切毛孔的可怕的寄生机体,是在君主专制时代,在封建制度崩溃时期产生的,同时这个寄生机体又加速了封建制度的崩溃。1789 年第一次法国革命所抱的目的是破坏一切地方的、区域的、城市的和各省的特殊权力以造成全国的公民的统一,它必须把专制君主制所已经开始的事情——中央集权加以发展,但是它同时也就扩大了政府权力的容量、属性和帮手的数目。拿破仑完成了这个国家机器。正统王朝和七月王朝并没有增添什么新的东西,不过是扩大了分工,这种分工随着资产阶级社会内部的分工愈益造成新的利益集团,即造成国家管理的新对象,而愈益扩大起来。每一种共同的利益,都立即脱离社会而作为一个最高的、普遍的利益来与社会相对立,都从社会成员自己行动的范围中划分出来而成为政府活动的对象——从某一村镇的桥梁、校舍和公共财产起,直到法国的铁路、国有财产和国立大学止。

最后,议会制共和国在它反对革命的斗争中,除采用高压手段以外,还不得不强化政府权力的工具并加强政府权力集中化。一切变革都是使这个机器更加完备,而不是把它毁坏。那些争夺统治权而相继更替的政党,都把这个庞大国家建筑物的夺得视为自己胜利的主要战利品。到了路易·波拿巴时期,这个机器便达到了那个时期所能达到的顶峰,致使像路易·波拿巴这样一个从外国来的、被喝醉了的兵痞拥为领袖的冒险家都可以利用它来操纵社会①,资产阶级国家机器仍然是靠社会供养而又阻碍社会自由发展的寄生赘瘤。正如马克思所说:"在法国这样的国家里,行政权支配着由50多万人组成的官吏大军,也就是经常和绝对控制着大量的利益和生存;在这里,国家管制、控制、指挥、监视和监护着市民社会——从其最广泛的生活表现到最微不足道的行动止,从其最一般的生存形式到个人的私生活;在这里,这个寄生机体由于极端的中央集权而无处不在、无所不知,并且极其敏捷、极其灵活,而现实的社会机体却极无独立性、极不固定……"②这表明,资产阶级无论采用哪种具体的国家形式,都不曾改变基于资本奴役劳动的专制统治本质,特别是行政权全面操纵着社会而社会无法控制国家权力。资产阶级国家的民主机制,让社会大众有机会选举国家机构,却没有机会让社会大众背弃国家机构作出的一系列安排。官僚机构的利益和社会的普遍利益只不过是一种"想象出来的同一性",国家实际上成为官僚集团的"私人财产"。

---

① 《马克思恩格斯选集》第1卷,人民出版社2012年版,第760-761页。
② 《马克思恩格斯选集》第1卷,人民出版社2012年版,第708页。

第三节 资本支配劳动:现代国家社会基础的经济本质

政治解放没有消灭宗教,而是在国家从宗教中解放出来后,让宗教从政治生活退回到人们的私人生活而归于市民社会,进而成为现代国家存在的前提。这反映了国家的一般本质所固有的缺陷,也映射出现代国家决定者——市民社会的缺陷所在。市民社会存在缺陷,现代国家才有存在的必要,现代国家所固有的缺陷正是市民社会缺陷的反映。正如马克思所说:"现代国家是以资产阶级社会的顺利发展、私人利益的自由运动等等为基础的。"[①]在他看来,现代国家的生成是以政治国家与市民社会在资产阶级时代的现实分离为前提的,而这二者分离与对立也就是普遍利益与特殊利益的分离与对立,其根源在于市民社会内部利己主义的私人所有者个体存在与人的普遍交往的社会属性之间的对立。也就是说,现实国家领域的诸多弊端都只是病征,其病根则在作为基础的市民社会之中。而要医治这样的疾病,就需要诊治存在于市民社会之中的病根。这就决定了马克思对国家问题的探讨,绝不局限于社会政治层面就国家论国家,而是从社会出发,把国家放到特定的社会环境下、深入社会经济关系之中加以研究。

其实,早年批判黑格尔理性国家观时,马克思便以私有财产为基础探寻从古代到中世纪和德国现存国家制度所"包藏的秘密",提出不是国家权力决定私有财产而是私有财产决定国家权力的思想。在《克罗茨纳赫笔记》第二和第四笔记本附加的"主题索引"中,马克思把所有制问题置于索引的中心地位。他关注并摘录了历史发展中大量的所有制问题,包括公社所有制向私有制的转变、封建占有的不同形式和封建所有制的结构、封建社会中的资本主义萌芽形

[①]《马克思恩格斯文集》第1卷,人民出版社2009年版,第325页。

式等,尤其研究了封建社会和资本主义社会所有制特点和它们之间的关系及其对国家问题的影响。在《黑格尔法哲学批判》中,马克思以长子继承权为切入点,进一步研究了私有财产同国家的关系。他认为:"在长子继承权中政治国家对私有财产行使什么权力呢?行使这样的权力:政治国家使私有财产脱离家庭和社会,使它变成某种抽象的独立物。那政治国家对私有财产的权力究竟是什么呢?是私有财产本身的权力,是私有财产的已经得到实现的本质。同这种本质相对照,政治国家还剩下什么呢?剩下一种幻想:政治国家是规定者,可它又是被规定者。"①马克思通过分析"无依赖性的私有财产"与长子继承权的关系,把私有财产视为国家的支柱和基础,揭示出地产这种"本来意义上的私有财产"是封建国家制度的最高秘密,进而也就暴露出了"国家在自己的顶峰就表现为私有财产"。②那么,作为现代国家的现实基础,现代市民社会包藏的秘密是一种什么样的私有财产呢?现代市民社会的私有财产不同于土地长子继承制的特点是否也是现代国家与古代国家差别的根源呢?这些疑问让马克思意识到,对于国家问题,"既不能从它们本身来理解,也不能从所谓人类精神的一般发展来理解,相反,它们根源于物质的生活关系,这种物质的生活关系的总和,黑格尔按照18世纪的英国人和法国人的先例,概括为'市民社会',而对市民社会的解剖应该到政治经济学中去寻求"③。马克思把"市民社会"和"所有权"置于一种与国家概念的革命关系之中。在他看来,市民社会与政治国家的对立,政治国家的自我异化,并非根本发生在国家和法律所代表的政治领域,而是市民社会所在的经济领域。

于是,马克思改变了"以黑格尔法哲学批判的形式对法和国家进行批判"的写作计划,而转向对国民经济学的批判。在《1844年经济学哲学手稿》中,他以私有财产和异化劳动的关系为基本研究

---

① 《马克思恩格斯全集》第 3 卷,人民出版社 2002 年版,第 124 页。
② 《马克思恩格斯全集》第 3 卷,人民出版社 2002 年版,第 138 页。
③ 《马克思恩格斯选集》第 2 卷,人民出版社 2012 年版,第 2 页。

线索，揭露资本主义的异化劳动，批判为资本主义私有制的永恒化作合理性辩护的国民经济学，初步论证了资本和劳动对立这一资产阶级社会异化的经济根源，即"人同人相异化"是"工人通过异化、外化的劳动"，生产出"同劳动疏远、站在劳动之外"的劳动主宰——私有财产占有者主宰劳动的私有制。①在《神圣家族》中，马克思通过分析批判埃德加·鲍威尔对蒲鲁东平等思想的思辨性歪曲，并在反思蒲鲁东的平等思想的过程中，自觉地区分了经济学和法学的研究视角，认识到了作为经济关系的私有制和法律承认的私有财产权之间的联系和差别，把私有财产看作作为生产关系的私有制在法律上的反映和表现。正如后来他在《论蒲鲁东》中所说，政治经济学"对财产关系的总和，不是从它们的法律表现上即作为意志关系来把握，而是从它们的现实形态即作为生产关系来把握"②。资产阶级社会的私有财产不是一般意义上的私有财产，而是生产资料的资本主义私人占有制，即资本在经济上的统治地位得到法律确认而成为私有财产纯粹性的完成形式。

现代国家"建立在现代资产阶级社会的基础上"③。而资产阶级社会是资本主义生产方式占统治地位的社会，资产阶级和无产阶级构成了社会的基本力量。前者拥有资本的所有权，占有生产资料，占支配地位；后者则是劳动力的所有者，不占有任何生产资料，只能通过被资本雇佣的方式与生产资料结合，处于从属地位。这种资本支配劳动的对抗性关系决定了现代国家与资本之间必然存在着内在的逻辑关联，即现代国家广泛依存于资本关系统治下的社会利益集团。正如马克思在《资本论》中所说："任何时候，我们总是要在生产条件的所有者同直接生产者的直接关系——这种关系的任何当时的形式必然总是同劳动方式和劳动社会生产力的一定的发展阶段相适应——当中，为整个社会结构，从而也为主权和依附关系的

---

① 《马克思恩格斯选集》第1卷，人民出版社2012年版，第60页。
② 《马克思恩格斯选集》第3卷，人民出版社2012年版，第14页。
③ 《马克思恩格斯选集》第3卷，人民出版社2012年版，第373页。

政治形式，总之，为任何当时的独特的国家形式，发现最隐蔽的秘密，发现隐蔽着的基础。"①在马克思看来，民主作为一种价值理念和政治形式，属于上层建筑，其存在的理由和方式是由经济条件与形式决定的。在一个劳动者在经济上没有任何权利的社会里，任何形式的政治民主都会失去这种民主的真正意义。资本是资产阶级社会支配一切的经济权力，而资本在经济领域对劳动的支配权必然导向在政治领域对劳动的统治权，进而达到对整个国家权力的掌控。在撰写《资本论》的过程中，马克思继续沿着政治经济学批判的路向，深入"市民社会"的核心——资本主义经济关系，以资本逻辑为基础，对资产阶级社会的内部结构及其本质则有了完整的认识和把握，揭示了现代社会同资本的内在同构关系以及现代国家制度与资本私有制度之间的内在关联，进而找到了现代国家资本逻辑的物质根源。

一、公民与市民的双重人格：人的政治解放的资本限度

从"人民的统治"这一基本含义来看，在人类社会历史发展过程中，民主在现实社会和政治生活中的实现程度取决于人类自身解放的程度。资产阶级革命完成了人的政治解放。"政治解放一方面把人归结为市民社会的成员，归结为利己的、独立的个体，另一方面把人归结为公民，归结为法人。"②这便把人分裂为双重人格。人作为社会关系的总和，这一类本质的公共性、社会性方面，以一种抽象的"虚幻存在物"的形式，仅仅存在于"国家制度"或"公民身份"的概念层面上；而在其真实的日常生活中，人们由于缺失相互联络的公共性，成为一个个孤立的、利己主义的个体，陷入一切人反对一切人的利益战争。在马克思看来，"在政治国家真正形成的地方，人不仅在思想中，在意识中，而且在现实中，在生活中，都过

---

① 《马克思恩格斯文集》第7卷，人民出版社2009年版，第894页。
② 《马克思恩格斯文集》第1卷，人民出版社2009年版，第46页。

着双重的生活——天国的生活和尘世的生活。前一种是政治共同体中的生活,在这个共同体中,人把自己看做社会存在物;后一种是市民社会中的生活,在这个社会中,人作为私人进行活动,把他人看做工具,把自己也降为工具,并成为异己力量的玩物"①。这意味着,"公民"是抽象的、虚幻的,被宣布为利己人的奴仆,"市民"是实在的、现实的,人的"市民"身份主导着人的"公民"身份,即"不是身为公民的人,而是身为市民社会成员的人,被视为本来意义上的人,真正的人"②。真正形成的政治国家只是对市民社会向私人的、利己的社会完成了的转化的投射。任何一项市民社会中的人的权利,都没有超过利己主义的人的范围,这些权利也没有使人成为类的存在物,人与人的关系就成为互为工具的相互利用关系。这是政治解放的最大限度,即作为私人利益存在者的个人与其作为社会存在者身份的矛盾。一方面,作为公民的人应当以参加社会的公共事务、实现社会的公共利益、解决社会的公共问题为政治参与的取向;另一方面,作为市民社会的成员,他们的政治参与活动通常并非真心为了公共利益,而是受到了私人利益的驱动。这就使得理论上对公民个体政治参与动机和目的的公共性期待注定在实践中行不通。

在《1857—1858年经济学手稿》中,马克思在批判古典经济学家的观点时,对这种由于人的"市民"与"公民"的双重人格造成的政治解放的历史限度作了经典的概括。他指出,古典经济学家们总认为"每个人追求自己的私人利益,而且仅仅是自己的私人利益。这样,也就不知不觉地为一切人的私人利益服务,为普遍利益服务。关键并不在于,当每个人追求自己私人利益的时候,也就达到私人利益的总体即普遍利益。从这种抽象的说法反而可以得出结论:每个人都互相妨碍别人利益的实现,这种一切人反对一切人的战争所

---

① 《马克思恩格斯文集》第1卷,人民出版社2009年版,第30页。
② 《马克思恩格斯文集》第1卷,人民出版社2009年版,第43页。

造成的结果,不是普遍的肯定,而是普遍的否定"①。其原因就在于,市民社会决定国家,使得人在国家领域所过的"公民的生活"要受人在市民社会中过的"尘世的生活"所支配,人与人之间便通过权利与利益来建立普遍的交往关系,但这种关系却不是合作关系,而是"一切人反对一切人的战争"式的竞争关系,从而使得追求普遍利益的公民原则被利己主义的市民原则所吞噬、所否定。这表明,如果一个社会的公共问题几乎没有社会成员的真实参与,没有忠实于公共利益的社会个体的普遍参与,那么,人的公民身份就显得苍白无力。

政治解放让人们在政治领域获得了平等的政治权利,成为国家公民,但由于公民的这种平等权利仅限于政治领域,而没有延伸到经济领域,没有在社会领域实现。就像马克思在批判黑格尔法哲学时所说:"正如基督教徒在天国是平等的,而在尘世则不平等一样,人民的单个成员在他们的政治世界的天国是平等的,而在社会的尘世存在中却不平等。"②在他看来,黑格尔用政治国家说明市民社会,就掩盖了现代市民社会的等级差别造成的人们事实上的不平等。这也暴露了黑格尔理性国家观的神秘主义。这种神秘主义,便"构成了现代国家制度(主要是等级制度)的一个谜"③。这个"谜"便是国家保障人人平等不过是表面形式而已,"现实的人就是现代国家制度的私人"④,即摆脱了政治国家但仍具有非政治性私人等级差别(用金钱来衡量)的个人。在《论犹太人问题》中,马克思进一步揭开了这个谜的谜底。在他看来,正如基督教是人们对天国幸福的寄托,政治国家不过是人们试图摆脱市民社会的利益冲突,对尘世自由生活理想的寄托,是以世俗的形式存在的彼岸理想世界和宗教精神。然而,在现实世界,"当国家宣布出身、等级、文化程度、职业

---

① 《马克思恩格斯文集》第 8 卷,人民出版社 2009 年版,第 50 页。
② 《马克思恩格斯全集》第 3 卷,人民出版社 2002 年版,第 100 页。
③ 《马克思恩格斯全集》第 3 卷,人民出版社 2002 年版,第 104 页。
④ 《马克思恩格斯全集》第 3 卷,人民出版社 2002 年版,第 102 页。

为非政治的差别,当它不考虑这些差别而宣告人民的每一成员都是人民主权的平等享有者,当它从国家的观点来观察人民现实生活的一切要素的时候,国家是以自己的方式废除了出身、等级、文化程度、职业的差别。尽管如此,国家还是让私有财产、文化程度、职业以它们固有的方式,即作为私有财产、作为文化程度、作为职业来发挥作用并表现出它们的特殊本质"①。这时,人能够在政治上平等地享有政治权利,但他们在社会上的不平等依然存在。政治解放以法律的形式在国家层面消除了出身、等级、文化程度、职业的差别,但这只是把这些差异归入私人生活,将它们分解为非政治的要素,而未触动这些要素,未对它们进行改造,实际上私有财产、文化程度、职业等仍以其固有的方式发挥作用。这便使不同的个人在行使他们平等的公民权利时,通过一套合法规则和程序产生行使效率上的不平等。现代国家在根本上依然要靠将人们实际区分开的私有财产、文化程度、职业分工、宗教信仰等诸多因素来实现自己的普遍性,且将这些因素在作为私人事务转移至市民社会之后,反而更加凸显了不同的血统、文化、职业、意识形态的分歧与冲突。现代国家正是以这些差别的存在作为自己存在的前提。

紧接着,马克思还分析了《人权和公民权宣言》中的"平等、自由、安全、财产"的含义。他指出,"任何一种所谓人权都没有超出利己的人"②,"[公民]被宣布为利己的[人]的奴仆;人作为社会存在物所处的领域被降到人作为单个存在物所处的领域之下"③。这里所说的人权,是作为孤立的、封闭在自身的单子里的那种人权。比如"自由"这一人权,它"不是建立在人与人相结合的基础上,而是相反,建立在人与人相分割的基础上。这一权利就是这种分割的权利,是狭隘的、局限于自身的个人的权利","自由权的实际应用就是私有财产这一人权",平等的自由权无非是说"每个人都同样被

---

① 《马克思恩格斯文集》第1卷,人民出版社2009年版,第29—30页。
② 《马克思恩格斯文集》第1卷,人民出版社2009年版,第42页。
③ 《马克思恩格斯文集》第1卷,人民出版社2009年版,第43页。

看成那种独立自在的单子",而"安全是它的利己主义的保障"。①这种自由使每个人不是把他人看作自己自由的实现,而是看作自己自由的限制。人虽然取得了信仰宗教的自由、占有财产的自由、经营的自由,但并没有摆脱宗教、财产和经营的利己主义。由此,看似拥有平等"公民权"的个体在实现权利的条件上却存在着天壤之别。在资产阶级国家宪法范畴内,人权作为平等、自由、安全、财产等权利的法律规定,实际上是以财产权为基础的,是从"私人财产神圣不可侵犯"的规定中引申出来的。市民社会对人权的保护,实际上就是对利己的个人及其需要和利益的保护。总之,在市民社会中,人是异化了的人,市民社会对人来说则成为异化了的社会。市民社会不是人类生活的场所,反而是私利冲突的战场,它把人的世界变成互相隔绝、互相敌对的个人的世界。因为它消灭了政治特权,却使市民社会中的现实差别更加迅速地发展和扩大起来。这样,政治国家所创造的平等和自由,就成为一种脱离现实个人生活内容的虚幻的东西。和宗教一样,政治领域中的完美和人性化,不过是对现实生活中的苦难和非人化的精神慰藉;等级制并没有真正被消灭,不同的只是以社会等级(阶级)代替了原来的政治等级。这表明,通过资产阶级革命,政治解放所获得的人权,只不过是利己的人的权利、同其他人并同共同体分离开来的人的权利。这种以确立所谓人权为标志的政治解放,并没有把自由和平等洒向人间,为全体人民所占有。这种政治解放,是市民社会中的一部分人即原来处于被压迫地位的资产阶级获得了解放,成为社会新的统治者。对于大多数无产者来说,市民社会实现的普遍人权只是形式上的,无产阶级在现实中极端不自由和不平等。他们既是戴上"彻底的锁链"而完全失去自由的群体,又是一个遭受"普遍的不公正"而没有任何地位的群体。那么,在这种状态下的"公民"不过是"想象中的主权的虚拟的分子"。当然,与古代国家不同,这并非政治国家层面明确

---

① 《马克思恩格斯文集》第 1 卷,人民出版社 2009 年版,第 41—42 页。

的强制剥夺,而是在市民社会层面早已进行的隐形剥夺的必然结果。

政治解放虽然消灭了以出生、血统、政治身份为主要标准的封建等级差别,但却形成了以金钱和教养为主要标准的市民社会阶级差别。正如马克思所说:"自由这一人权不是建立在人与人结合起来的基础上,而是相反,建立在人与人相分离的基础上"。由这一人权的实际应用就是私有财产这一人权。"私有财产这一人权是任意地、同他人无关地、不受社会影响地享用和处理自己的财产的权利,这一权利是自私自利的权利。这种个人自由和对这种自由的应用构成了市民社会的基础。这种自由使每个人不是把别人看做自己自由的实现,而是看做自己自由的限制"。[1]但这种自由首先就宣布了"任意使用和处理自己的财产、自己的收入即自己的劳动和经营的果实"的人权。于是,"人权"成为对资产阶级占有财产权利和无产阶级出卖劳动力权利的抽象。正如马克思所说:"金钱是一切事物的普遍的、独立自在的价值。因此它剥夺了整个世界——人的世界和自然界——固有的价值。金钱是人的劳动和人的存在的同人相异化的本质:这种异化的本质统治了人,而人则向它顶礼膜拜。"[2]这样,金钱作为商品交换的一般等价物,就成了衡量世界万物和人自身价值的尺度,进而成为统治人、奴役人的力量。这是一种"离间"市民社会成员之间相互关系的力量,是把每一个人都化为孤立的、原子式的个体的力量。它使得人们把政治国家当作联结人与人的中介,幻想为人的类本质的体现,从而形成对政治国家的崇拜。于是,市民社会的金钱崇拜便成为政治国家崇拜形成的基础。不仅生活在市民社会中的人是唯利是图的人,而且这种唯利是图本性的真正始作俑者,就是私有财产制度。现代国家不仅不会废除私有财产,反而把私有财产作为自己存在的根本前提。投身于这种私有财产制度中的人,不仅参与了自己和他人的非人化,而且沉湎于金钱的诱惑中,

---

[1]《马克思恩格斯文集》第 1 卷,人民出版社 2009 年版,第 41 页。
[2]《马克思恩格斯文集》第 1 卷,人民出版社 2009 年版,第 52 页。

成为"异己力量的玩物"。这里隐含着一层含义便是,市民社会的人是利己主义的人,而这种利己主义的人主要指有钱的市民,即有产者阶级,而广大的无产阶级,虽然生活在市民社会之中,但却是被这个市民社会所抛弃的群体。

由此看来,无论是自由权、平等权还是人的其他权利,也无论是在哪个社会中,都不可能是绝对的,人权的内容、范围及其实现程度,都要受经济基础制约和限制。资产阶级所宣扬的人权,既不是天赋的,也不是人与生俱来的。一方面,它是针对封建专制统治、等级特权、压制自由、不平等而提出的;另一方面,更为根本的,它是资本主义商品生产和交换日趋发达的产物。资产阶级标榜人权的超阶级性,但他们所宣扬、维护的却是实实在在的资产阶级人权即资产阶级一个阶级的特权,是资产阶级借以反对无产阶级和劳动人民的人权。在资本主义社会,生产资料、行使人权的物质手段、舆论工具、执行法律的权力等,统统掌握在资产阶级手里,对无产阶级和劳动人民来说,人权是虚伪的、形式的、是毫无保障的。即便如此,当自由、平等这些权利威胁到资产阶级的统治利益,他们也不惜撕下"人权"的面具,将这些权利统统取消。比如,资产阶级在反对封建专制的斗争中提出了"言论自由""新闻自由"等口号,探索出了一条社会监督和制约国家权力的有效途径。然而,不是所有的人都能形成对于国家事务或公共事务见解的"言论"能力和实现条件,由此形成的公共舆论意见难免只是部分人甚至是少数人的偏见。这等于是对他人意见表达权利的一种隐形剥夺。况且,自由舆论不是一种有组织的精神形态,它既可以作为一种监督和制约国家权力的社会力量,但同时也有可能受控于国家权力。[①] 1793年法国宪法以"无限制的出版自由"保证人权和个人自由,但出版自由却往往以"危及公共自由"为名而被取缔;通信自由被宣布为人权,但侵犯通信秘密已公然成为风气。马克思通过考察法国法兰西第二

---

① 陈力丹:《马克思主义新闻学词典》,中国广播电视出版社2002年版,第7页。

共和国制定的新闻法规,看到资产阶级并没有忠实自己的"新闻自由"理念,而是对社会舆论设置了种种限制。六月起义被镇压后,立宪共和国颁布了新的新闻出版法、结社法和戒严法;巴黎各监狱关满囚犯,政治流亡者被驱逐出境,一切超出《国民报》限度的报纸都被查封;里昂及其邻近五个省被迫服从军人的粗暴专横的统治;检察机关无处不在;已经受过多次清洗的大批公职人员再次受到清洗。马克思认为:"这都是获得胜利的反动派必不可少和经常重复的惯用手法,其所以在六月大屠杀和六月放逐后还值得一提,只是因为这次它们不单是用来对付巴黎,而且也用来对付外省,不单是用来对付无产阶级,而且首先是用来对付中等阶级。"①这表明,资产阶级社会的自由,是资本的独立性和个性的自由,而活着的个人却没有独立性和个性。自由这一人权一旦同资本主义实际政治生活发生冲突,就必定被抛弃。只有消灭资本主义私有制,克服物化的社会关系,建立自由人联合体,才能实现人的真正自由。

二、资本支配劳动:自由平等的商品经济准则异化实质

如果说,在《论犹太人问题》中,马克思强调的是金钱对人与人关系的"离间",强调"自由这一人权的实际应用就是私有财产这一人权",那么,在《1844年经济学哲学手稿》中,他便认识到,金钱不仅是把人们分离开来的力量,还是把人联结起来的纽带和中介,只不过它也是以颠倒的方式把人们联结起来的,使其成为衡量人的社会权力的尺度,"因为媒介是支配它借以把我间接表现出来的那个东西的真正的权力"②。而这种颠倒的联结造成了人与人之间关系的物化,特别是私有财产关系背后的资本家与工人之间的异化关系。正如马克思批判国民经济学家时所说:"国民经济学从私有财产的事实出发。它没有给我们说明这个事实……国民经济学没有向我们说

---

① 《马克思恩格斯选集》第1卷,人民出版社2012年版,第510页。
② 《马克思恩格斯全集》第42卷,人民出版社1979年版,第19页。

明劳动和资本分离以及资本和土地分离的原因。"①这就是说,资产阶级社会无法保证实行真正的、普遍的平等,现实的"平等"是被财产私有者拥有的财产所决定的,私有财产的关系在本质上是劳动与资本的关系,私有财产的运动是一个包含着劳动和资本以及资本和土地分离这一深刻矛盾关系的运动。这一深刻矛盾关系是隐蔽于"自由""平等"中的剥削与冲突,在《关于自由贸易问题的演说》中,马克思一针见血地指出:"先生们,不要一听到自由这个抽象字眼就深受感动!这是谁的自由呢?这不是一个人在另一个人面前享有的自由。这是资本所享有的压榨工人的自由。"②在《资本论》及其手稿中,马克思深入政治经济学领域,对自由、平等在资产阶级社会的异化进行了科学的论证。他揭示出:"在自由竞争中自由的并不是个人,而是资本。只要以资本为基础的生产还是发展社会生产力所必需的、因而是最适当的形式,个人在资本的纯粹条件范围内的运动,就表现为个人的自由,然而,人们又通过不断回顾被自由竞争所摧毁的那些限制来把这种自由教条地宣扬为自由。自由竞争是资本的现实发展。"③资产阶级社会中基于自由竞争的利己主义冲突归根结底是由资本所造成的,而由资本所造成的自由竞争又总是以个体自由这个具有欺骗性的形式表现出来,资产阶级社会的自由、平等等价值实际上都与资本这个隐蔽的权力存在固有的而非偶然的本质性关联。

在马克思看来,商品是资产阶级社会经济机体的细胞,资本主义生产占统治地位的社会财富表现为一个"庞大的商品堆积",商品关系已经渗透到社会生活的各个领域,人与人之间的关系也都直接或间接地表现为建立在私有制和广泛的社会分工基础之上的商品关系,即"作为交换主体的个人的经济关系"。在商品经济条件下,社会奉行平等和自由原则,而平等和自由反映到国家之中就是民主。

---

① 《马克思恩格斯选集》第1卷,人民出版社2012年版,第49-50页。
② 《马克思恩格斯选集》第1卷,人民出版社2012年版,第373页。
③ 《马克思恩格斯文集》第8卷,人民出版社2009年版,第179页。

这就是现代资产阶级民主政体取代中世纪君主专制政体的经济基础。然而，马克思看到，资产阶级社会平等自由形式下掩盖的却是资本支配劳动的不自由、不平等的现实。他认为："交换、交换价值等等最初（在时间上）或者按其概念（在其最适当的形式上）是普遍自由和平等的制度，但是被货币、资本等等歪曲了。"①这种歪曲便是，"商品表现为价格以及商品的流通等等，只是表面的过程，而在这一过程的背后，在深处，进行的完全是不同的另一些过程，在这些过程中个人之间这种表面上的平等和自由就消失了"②。价值规律作为商品经济的基本规律包括两方面内容——商品的价值量由社会必要劳动时间决定和实行等价交换——在资本主义条件下发生了矛盾：资本家按照等价交换原则用 c+v 的货币量购买的生产资料和劳动力，在出售时同样按照等价交换原则却换取了 c+v+m 的货币量。也就是说，在社会必要劳动时间不变和流通领域实行等价交换的情况下出现了不等价现象。在《1857—1858 年经济学手稿》中，马克思专门论证了资本主义商品经济表面的平等交换之下所掩盖的实质上的不平等。概括起来，主要有以下三点。第一，因为同活的劳动能力相交换的那一部分资本"本身是没有支付等价物而被占有的他人的劳动"，"它必须由劳动能力附加一个剩余额来偿还，也就是说，这一部分资本实际上并没有交出去，而只是从一种形式变为另一种形式"。第二，"所有权最初表现为以自己的劳动为基础。现在所有权表现为占有他人劳动的权利，表现为劳动不能占有它自己的产品"。第三，"生产过程和价值增殖过程的结果，首先表现为资本和劳动的关系本身的，资本家和工人的关系本身的再生产和新生产，这种社会关系、生产关系，实际上是这个过程的比其物质结果更为重要的结果"。③这表明，资本主义商品经济表面平等之下掩盖的不平等，实质上就是资本与劳动之间的不平等，即被资本家无偿

---

① 《马克思恩格斯全集》第 30 卷，人民出版社 1995 年版，第 203 页。
② 《马克思恩格斯全集》第 30 卷，人民出版社 1995 年版，第 202 页。
③ 《马克思恩格斯文集》第 8 卷，人民出版社 2009 年版，第 107 页。

占有的工人的剩余劳动创造了一个超出等价交换的余额，而这个余额便是资本没有付出任何等价物就得到的价值——剩余价值。在《资本论》中，马克思经过研究进一步分析了资本和劳动之间的不自由、不平等。

首先，在流通领域，劳动者是摆脱了封建人身依附关系的束缚、可以自由出卖劳动力的劳动力所有者，在法律上具有与资本所有者平等的公民权。正如马克思所说："这个领域确实是天赋人权的真正伊甸园。那里占统治地位的只是自由、平等、所有权和边沁。自由！因为商品例如劳动力的买者和卖者，只取决于自己的自由意志。他们是作为自由的，在法律上平等的人缔结契约的。契约是他们的意志借以得到共同的法律表现的最后结果。平等！因为他们彼此只是作为商品占有者发生关系，用等价物交换等价物。所有权！因为每一个人都只支配自己的东西。边沁！因为双方都只顾自己。"①然而，劳动者的这一自由是以失去生产资料的"一无所有"为代价的，既"没有别的商品可以出卖"，也"没有任何实现自己的劳动力所必需的东西"，②但劳动力不卖出去，对劳动者就毫无用处。而且，劳动者还会感到一种残酷的自然必然性：他的劳动力的生产需要一定量的生存资料，而它的再生产又不断地需要一定量的生存资料。这样，摆在劳动力所有者面前的便是这样一个残酷的现实：为了生存不得不出卖劳动力，让资本去雇佣，因为如果劳动力不卖出去，劳动力所有者就换不回一定量的生活资料的供给，就要影响他们的生存和发展。一语蔽之，工人实际上只有选择出卖给哪个资本家的自由，而没有出卖和不出卖劳动力的自由。从这个意义上可以说，正是因为工人在法律上成为对自己劳动力拥有所有权的自由人，才会发生其与资本家之间以剩余价值的生产为实质的雇佣劳动关系。况且，在劳动力的买卖过程中，尽管他们与资本的所有者是作为平等权利

---

① 《马克思恩格斯文集》第5卷，人民出版社2009年版，第204页。
② 《马克思恩格斯文集》第5卷，人民出版社2009年版，第197页。

的商品生产者发生关系的,但是由于资源的稀缺和资方对生产资料的垄断,而劳动力的供给又相对较大,劳动力买卖的竞争异常激烈,且资方和劳方之间又存在信息不对称,从而使得劳方在劳动力买卖过程中处于不利地位。可以说,工人有参与劳动契约的法律自由,但他们无权拒绝由资本家阶级提供的雇佣劳动关系。正如马克思所说:"工人在把自己出卖给资本家以前就已经属于资本了。工人在经济上的隶属地位,是通过他的卖身行为的周期更新、雇主的更换和劳动的市场价格的变动来实现的,同时又被这些事实所掩盖"。①即便如此,由于劳动力的让渡和劳动力的实际使用即劳动存在一定的时间差,这就造成劳动力在购买契约发生作用即投入使用以后才能获得自己的价值补偿,从而使劳动力的支付方式也成了迫使工人给资本家的信贷。

  社会经济运行是生产、分配、交换、消费四个环节循环往复的过程。其中,生产是具有决定意义的环节。这就使得相对于流通领域,生产领域更具有根本性。当资本所有者与劳动力所有者完成交易,离开流通领域这个天赋人权的真正乐园,进入生产领域,自由、平等和劳动力的所有权就化为泡影。这时,资本的所有者变成了资本家,劳动力所有者变成了雇佣工人,"一个笑容满面,雄心勃勃;一个战战兢兢,畏缩不前,像在市场上出卖了自己的皮一样,只有一个前途——让人家来鞣"②。工人"在成交以后却发现:他不是'自由的当事人',他自由出卖自己劳动力的时间,是他被迫出卖劳动力的时间;实际上,他'只要还有一块肉、一根筋、一滴血可供榨取',吸血鬼就决不罢休"③。资本家把工人的劳动力当作一张皮从市场上买来,到隐蔽的、静悄悄的生产场所,工人可就身不由己地被人家当作一张皮来任意地踩了,从这里资本家要刮出他所要的一切。在生产场所里,自由、平等、所有权和利益均等统统不见了。所能看

---

① 《马克思恩格斯文集》第 5 卷,人民出版社 2009 年版,第 666 页。
② 《马克思恩格斯文集》第 5 卷,人民出版社 2009 年版,第 205 页。
③ 《马克思恩格斯文集》第 5 卷,人民出版社 2009 年版,第 349 页。

到的是，雇佣劳动者在资本家面前，不是自由和平等，而是在雇佣期间所有权的丧失，任人宰割，任人驱使，为资本家赚钱而辛苦地劳动着。资本家消费他所购买的劳动力，工人的劳动属于资本家。工人在资本家的监督下劳动，只能获得补偿自己必要劳动的工资，而他们的劳动产品则全部属于资本家。资本家通过支配雇佣工人劳动力的使用权，"用他总是不付等价物而占有的他人的已经对象化了的劳动的一部分，来不断再换取更大量的他人的活劳动"①，从而使资本依靠对劳动的"指挥权"获得无偿占有工人剩余劳动的"合法权"和"强制权"。这样便使资本主义生产过程中，再生产出劳动力和劳动条件的分离，也就是再生产出剥削工人的条件，并使之永久化，即不断迫使工人为了生活而出卖自己的劳动力，同时不断使资本家能够为了发财致富而购买劳动力，而这种过程本身必定还会把工人不断地当作自己劳动力的卖者投回商品市场，并把他们自己的产品不断地转化为资本家的购买手段。②而且，随着技术进步所带来的资本有机构成的提高，资本对劳动力需求的不断减少，不仅"越来越减少地吸引工人"，而且还"会越来越多地排斥它以前所雇佣的工人"，③形成一支绝对服从资本、可供资本支配的"产业后备军"，最终把工人牢牢地钉在资本上。

这样，资本所有者即资本家便取得了对劳动力所有者即工人的支配权。这种极度的不平等使同时作为公民的个人处于相互争斗的胁迫之中，进而不断破坏着国家宪法和法律在形式上的平等。在资本的支配下，工人每日为生计疲于奔命而没有更多的闲暇关心政治，也没有更多的精力去研究竞选等政治游戏规则。相反，资本家由于从繁重的劳动中解脱出来，而且凭借其财产优势获取更多的政治信息和资源，掌控更多的社会舆论。即使他自己忙于经营脱不开身，也有能力组织自己的"智库"或竞选班子为其出谋划策。这就使得

---

① 《马克思恩格斯文集》第 5 卷，人民出版社 2009 年版，第 673 页。
② 《马克思恩格斯文集》第 5 卷，人民出版社 2009 年版，第 665—666 页。
③ 《马克思恩格斯文集》第 5 卷，人民出版社 2009 年版，第 724 页。

资本家在政治生活中比工人拥有更多的话语权和参与权。况且，资本主义政治本身就作出了有利于资方的制度安排，如财产资格的限制、竞选费用的要求等。更为关键的是，资本家将无偿占有剩余劳动而形成的高额利润的一部分通过纳税的方式交给国家，而这一部分税收又恰恰是政府财政收入的主要来源。于是，资本便可以通过控制国家的财政命脉实现对国家权力的支配。因此，资本支配劳动的社会秩序便是资产阶级垄断国家政权的社会根源，而资产阶级提出的"自由""平等"，在实际国家生活中只是一种形式，本质上都是为维护资本统治劳动的社会秩序服务的。正如马克思在《关于自由贸易的演说》中所言，"这是谁的自由呢？这不是一个人在另一个人面前享有的自由，这是资本所享有的压榨工人的自由"①。而资产阶级社会里的"平等"，本质上是而且仅仅是自由贸易均等机会的反映和一切商品等价交换的反映，从来不是人与人之间平等关系的真实反映。

三、资本主义所有权规律：资本支配劳动的经济根源

在商品经济条件下，"一切经济关系都不过是简单交换即商品交换以及与之相适应的所有权、自由和平等这些规定的始终不变的关系的各种不同名称而已"②。而且，这种"所有权、自由、平等"的三位一体在资产阶级社会得以真正实现。资本家和工人作为资本所有者和劳动力所有者，他们之间的交换关系是按照平等和自由的商品经济规则进行的。那为什么他们之间存在着事实上的不平等呢？资本家付给工人 v 的货币量，为什么能够获得 v+m 的收益呢？问题根源就在"所有权"上。因为在资本主义社会中，所有权是与资本制度关联在一起的。它看似意味着自由与平等，但背后掩藏着十分隐蔽的剥削关系。

---

① 《马克思恩格斯选集》第 1 卷，人民出版社 2012 年版，第 373 页。
② 《马克思恩格斯全集》第 31 卷，人民出版社 2009 年版，第 363 页。

资产阶级社会把"私有财产神圣不可侵犯"作为不证自明的前提条件,而这个前提条件又依赖于私有财产来源的正当性。当私有财产与劳动力商品化相结合时便具备了资本的性质,因而资本的正当性源于私有财产来源的正当性。马克思在《资本论》第一卷中以"所谓的原始积累"为标题。通过解释血腥的资本原始积累所造成的不平等批判了私有财产正当性这个资本正当性存在的前提性条件,分析了资本所有权和劳动力所有权的生成过程。他认为这一过程是创造资本关系的过程,也就是劳动者和他的劳动条件的所有权分离的过程。它一方面使社会的生活资料和生产资料转化为资本,另一方面使直接生产者转化为雇佣工人。①而且,这一过程充满了资本所有者对劳动者的征服、奴役、掠夺、杀戮等暴力行径。应该说,"所有权"的确立打破了财产对共同体和劳动者对土地的依附关系,既是对财产所有者的尊重,也是对劳动力所有者的尊重。但此时,新被解放的劳动者已经成了被剥夺了一切生产资料和旧封建制度给予他们的一切生活保障之后的雇佣工人,他们只能自由地出卖自己的劳动力给资本家,否则将无法生活。而且,新兴的资本所有者还动用国家机器通过血腥立法惩罚被剥夺者,以此方式迫使工人"自愿"地出卖自己的劳动力。这样,作为劳动力所有者的雇佣工人从诞生之日起就从属于拥有资本所有权的资产阶级了。也就是说,他们在把自己的劳动力出卖给资本家以前就从属于资本了。而且,劳动力这种商品的使用价值具有其他一般商品所没有的特殊性。它使得雇佣工人在生产过程中不仅再生产出自身劳动力的价值,而且再生产出超过自身劳动力价值以上的剩余价值,从而使得资本家投入的货币发生了价值增殖。资本家购买劳动力也正是看到了它的这个可增殖的特殊性。在生产过程中,他们通过绝对或相对地延长工人剩余劳动时间,提高劳动强度,改进生产技术等方法,最大限度地获取由雇佣劳动者创造的剩余价值。

---

① 《马克思恩格斯文集》第 5 卷,人民出版社 2009 年版,第 822 页。

通过分析资本主义简单再生产，马克思发现，资本家用来支付工资的可变资本，不是资本家自己预付的，而是工人阶级在前一生产周期中创造的，是"资本家把工人自己的对象化劳动预付给工人"①；资本家的全部资本，不管最初的来源如何，经过若干再生产循环之后，也都会变为逐年无偿占有的剩余价值，而"即使资本在进入生产过程的时候是资本使用者本人挣得的财产，它迟早也要成为不付等价物而被占有的价值，成为无酬的他人劳动在货币形式或其他形式上的化身"②。如果简单再生产还可以说资本家的初始投资属于他自有的话，那么，马克思在分析了扩大再生产后进一步发现，构成资本积累的剩余价值，或扩大再生产的追加资本，是资本家无偿占有的。也就是说，它一开始就没有一个价值原子不是由无酬的别人劳动产生的，工人本年度创造的剩余价值被当作下一年的资本使用，而资本家对过去无酬劳动的所有权，成为现今已日益扩大的规模占有活的无酬劳动的唯一条件，进而使资本家积累得越多，其就越能更多地积累。③这样，"以商品生产和商品流通为基础的占有规律或私有权规律，通过它本身的、内在的、不可避免的辩证法转变为自己的直接对立物"④，即资本所有者和劳动力所有者之间的等价交换关系，仅仅是流通过程的一种表面现象，或是一种与内容本身无关的并且只是使它神秘化的形式；而其内容则是，资本家总是用其不等价物去占有别人已经物化的劳动的一部分，来不断换取更大量的别人的活劳动。

如果说，在简单商品生产条件下，生产者对自己的劳动产品拥有所有权，那么，在资本主义商品生产条件下，工人作为法律上的自由人，虽然始终拥有自己劳动力的所有权，但由于劳动与资本彼此分离，所以除了自己劳动力的所有权，工人并不可能真正拥有因

---

① 《马克思恩格斯文集》第 5 卷，人民出版社 2009 年版，第 655 页。
② 《马克思恩格斯文集》第 5 卷，人民出版社 2009 年版，第 658 页。
③ 《马克思恩格斯文集》第 5 卷，人民出版社 2009 年版，第 672-673 页。
④ 《马克思恩格斯文集》第 5 卷，人民出版社 2009 年版，第 673 页。

自己的劳动而带来的所有权。而且，就单个工人和单个资本家在流通领域所发生的劳动力买卖行为，虽然符合不同所有权之间的等价交换原则，但从连续的资本主义生产环节来看，整个资产阶级却因为对剩余价值的无偿占有而占有了工人阶级的所有权，即"工人丧失所有权，而对象化劳动拥有对活劳动的所有权，或者说资本占有他人劳动——两者只是在对立的两极上表现了同一关系——这是资产阶级生产方式的基本条件，而决不是同这种生产方式毫不相干的偶然现象"[1]。这样，商品生产的所有权规律也就转变成了资本主义的占有规律。这种转变的实质在于，"表现为最初活动的等价交换，已经变得仅仅在表面上是交换"[2]，资本家与工人之间貌似平等的交换关系只是一种表面现象。隐蔽于这一表面现象背后的本质是，"所有权对于资本家来说，表现为占有他人无酬劳动或它的产品的权利，而对于工人来说，则表现为不能占有自己产品。所有权和劳动的分离，成了似乎是一个以它们的同一性为出发点的规律的必然结果。"[3]在这一规律支配下的资本主义的生产和再生产过程，一方面使生产出来的物质财富被资本家无偿占有，另一方面又生产出除劳动力之外一无所有的无产者。于是，"劳动力必须不断地作为价值增殖的手段并入资本"[4]，从属于资本而不能脱离资本，从而使资本支配劳动的社会秩序常态化和永久化。在这里，"所有权"所揭示的不是平等的自然人之间的一种财产归属关系，而是整个资本主义生产过程中的占有和剥削关系，即劳动与私有权的分离以及由此造成的资本家对工人剩余劳动的无偿占有。

商品生产的所有权规律转变成了资本主义的占有规律，也就意味着资本家和工人的所有权关系演变为资本同雇佣劳动的关系，其实质便是，资本无偿占有工人的剩余劳动，并通过这种占有取得对

---

[1]《马克思恩格斯文集》第8卷，人民出版社2009年版，第208页。
[2]《马克思恩格斯文集》第5卷，人民出版社2009年版，第673页。
[3]《马克思恩格斯文集》第5卷，人民出版社2009年版，第674页。
[4]《马克思恩格斯文集》第5卷，人民出版社2009年版，第708-709页。

工人劳动产品的所有权,同时也就意味着工人失去对自己劳动产品的所有权。正如马克思在《1857—1858年经济学手稿》中所讲:"为了把资本同雇佣劳动的关系表述为所有权的关系或规律,我们只需要把双方在价值增殖过程中的行为表述为占有过程。例如,剩余劳动变为资本的剩余价值,这一点意味着:工人并不占有他自己劳动的产品,这个产品对他来说表现为他人的财产,反过来说,他人的劳动表现为资本的财产。"①工人得到补偿自己必要劳动的工资仅仅能够供个人的生活消费。而且,由于工人每次所得的工资只能维持暂时的生活,所以当工人进行个人消费之后,仍然是一无所有者,不得不以雇佣劳动者的身份再次出卖劳动力,遭受资本家剥削。这就使得工人的个人消费是为资本家再生产劳动力的必要条件。正如马克思所说:"个人消费一方面保证他们维持自己和再生产自己,另一方面通过生活资料的消费来保证他们不断地出现在劳动市场上"②。在《资本论》第三卷中,马克思通过对资本主义生产总过程的考察,分析了剩余价值转化为利润和平均利润的过程,揭示了剩余价值以利润和地租的形式在产业资本、商业资本、银行资本和土地所有者之间的分配,认为其实质反映的就是"等量资本换取等量利润"这一资本分配规则掩盖下的整个资本家和土地所有者阶级凭借资本和土地所有权共同瓜分工人阶级剩余劳动创造的剩余价值的关系,而工人取得的"工资,总是先以资本形式同工人相对立,然后才取得收入的形式,即工人的收入的形式"③。尽管工人阶级为提高工资不断斗争并取得了一定的成果,自己的待遇也有所提高、生活有所改善,甚至持有的财产也多了些,但这不会消除雇用工人对资本的从属关系,因为"资本主义积累的本性,决不允许劳动剥削程度的任何降低或劳动价格的任何提高有可能严重地危及资本关系的不断再

---

① 《马克思恩格斯文集》第8卷,人民出版社2009年版,第120页。
② 《马克思恩格斯文集》第5卷,人民出版社2009年版,第662页。
③ 《马克思恩格斯文集》第7卷,人民出版社2009年版,第994—995页。

生产和它的规模不断扩大的再生产。"①

在资本主义占有规律的作用下,劳动者的劳动条件转化为资本,生产劳动不断地走向社会化,土地和其他生产资料也进一步转化为社会使用的即公共的生产资料。但此时,生产资料的所有权是在私人资本家手中的,而且在激烈的市场竞争中,少数资本家不断打败多数资本家,使得资本不断向少数人集中,这又进一步扩大了劳动协作的规模。这样,生产的社会化与资本主义私人占有制之间的矛盾便成了资产阶级社会不可自愈的顽症②。一方面,社会化的大生产要求社会共同占有生产资料,但另一方面,资本所有者为谋取私人利益最大化不但不愿意放弃生产资料的所有权,反而还要提高私人资本集中的程度以获取更大的剩余价值。因而,生产的社会化与生产资料资本主义私人占有制之间的矛盾便构成了资产阶级社会普遍利益与特殊利益对立的经济根源。尽管资产阶级国家试图通过经济干预等措施缓解这一矛盾,但它终究是被私人资本控制的"总资本家",不可能从根本上侵害私人资本的特殊利益,因而也不可能找到治愈这一顽症的灵丹妙药。这样,马克思就通过政治经济学的批判,从资产阶级社会内部找到了现代国家异化的根源。

在资本主义所有权规律的作用下,工人生存依赖于资本家所占有的生产资料,他们害怕资本无视劳动的存在而导致失去劳动的机会,因而必须全身心地投入劳动来获取资本的垂青,而对生产什么、怎样生产和为谁生产等问题均没有发言权。这就使社会生产领域成为无产阶级对生产资料、劳动力和其他生产要素分配无权要求民主的领域,进而从根本上阻碍了人民对国家的真正统治,使人民主权对无产阶级来说仅仅是局限于理念层面的幻想。相反,依靠生产资料所有权取得经济上统治地位的资产阶级,便可以借助国家而在政治上也成为占统治地位的阶级。与此相适应,以资产阶级社会为基

---

① 《马克思恩格斯文集》第 5 卷,人民出版社 2009 年版,第 716 页。
② 《马克思恩格斯文集》第 5 卷,人民出版社 2009 年版,第 873-874 页。

础的资产阶级国家，冲破了社会与国家二元分离的格局，犹如一条巨大的蟒蛇缠绕着市民社会，成为使其窒息的统治力量。因而，马克思把这种建立在资本统治劳动基础上的国家制度称为"帝国制度"，指出："帝国制度是国家政权的最低贱的形式，同时也是最后的形式。它是新兴资产阶级社会当做自己争取摆脱封建制度的解放手段而开始缔造的，而成熟了的资产阶级社会最后却把它变成了资本奴役劳动的工具。"①

---

① 《马克思恩格斯选集》第 3 卷，人民出版社 2012 年版，第 98 页。

第三章 社会共和国：现代国家超越的理想性维度

正如马克思所说，"辩证法在对现存事物的肯定的理解中同时包含对现存事物的否定的理解，即对现存事物的必然灭亡的理解"①。与资产阶级学者热衷于论证现代国家的永恒性不同，马克思从一开始就是从它的暂时性方面去理解，即看到了它必然灭亡的历史趋势。比如，有国外学者就把《关于现代国家的著作的计划草稿》的总标题概括为"走向国家与市民社会的扬弃"②。而马克思这一写作计划的落脚点便是"为消灭国家和市民社会而斗争"③。在他看来："现代国家要消灭自己的行政管理机构的无能，必须消灭现在的私人生活。而要消灭私人生活，国家必须消灭自身，因为国家只是与私人生活相对立而存在。"④为消灭国家和市民社会而斗争，就是为消灭作为虚幻共同体的国家以及这种共同体所依赖的整个社会经济体系而斗争。法国大革命造就了现代国家，但是由于现代国家是通过"民主的"公民们在现实国家的异化中产生的一种幻想，因此政治革命必须让位于一场"现实的"社会革命。这场革命的结果不是国家的另一次简单转型，而是通过将国家纳入社会之中而达到国家的消亡。因而，在《〈黑格尔法哲学批判〉导言》中，马克思提出，对于尚未达到法国大革命高度的德国来说，不仅要超越自身基督教国家的落

---

① 《马克思恩格斯选集》第2卷，人民出版社2012年版，第94页。
② [法]弗朗索瓦·傅勒：《马克思与法国大革命》，朱学平译，华东师范大学出版社2016年版，第29页、。
③ 《马克思恩格斯全集》第42卷，人民出版社1979年版，第238页。
④ 《马克思恩格斯全集》第3卷，人民出版社2002年版，第386-387页。

后状况，还要超越法国政治国家的现代性道路。换句话说，对于已经基本完成宗教解放和尚未完成政治解放的德国来说，其前途应该是人类解放。在马克思看来，德国人民"不仅批判这种现存制度，而且同时还要批判这种制度的抽象继续。他们的未来既不能局限于对他们现实的国家和法的制度的直接否定，也不能局限于他们观念上的国家和法的制度的直接实现，因为他们观念上的制度就具有对他们现实的制度的直接否定，而他们观念上的制度的直接实现，他们在观察邻近各国的生活的时候几乎已经经历过了"①。这种超越性的彻底解放意味着德国必须"实现有原则高度的实践，即实现一个不但能把德国提高到现代各国的正式水准，而且提高到这些国家最近的将来要达到的人的高度的革命"②。这种"达到的人的高度的革命"就是实现人的彻底解放的社会革命。

简而言之，马克思认为德国社会的出路在于变革市民社会，并把领导这场社会革命的力量寄托给了无产阶级，提出："德国人的解放就是人的解放，这个解放的头脑是哲学，它的心脏是无产阶级。"③其中的"哲学"，不是立足于"市民社会"的旧哲学，而是立足于"人类社会或社会的人类"的新哲学。也就是说，这种新哲学跳出了"一切人反对一切人的战场"的市民社会的理论视野和分析框架，不再以私有财产基础上利己主义个人之间的"相互需要"为基础，而是进入了"每个人的自由发展是一切人的自由发展的条件"的人类社会的思想界面，进而实质性地探索出在解决特殊的私人利益与普遍的公共利益之间矛盾的基础上实现人的真正解放的方案。于是，"哲学把无产阶级当做自己的物质武器，同样，无产阶级也把哲学当做自己的精神武器"④。这种作为"头脑"的哲学与作为"心脏"的无产阶级结合，正好能够控制市民社会的利己主义人性的欲

---

① 《马克思恩格斯选集》第 1 卷，人民出版社 2012 年版，第 8 页。
② 《马克思恩格斯选集》第 1 卷，人民出版社 2012 年版，第 9 页。
③ 《马克思恩格斯选集》第 1 卷，人民出版社 2012 年版，第 16 页。
④ 《马克思恩格斯选集》第 1 卷，人民出版社 2012 年版，第 16 页。

望,从而通过无产阶级解放实现人的普遍解放,即"对私有财产即人的自我异化的积极的扬弃"和"对人的本质的真正占有",以便在以往发展起来的全部财富范围内自觉达到"人向自身、也就是向社会的即合乎人性的人的复归"①。这种"人的复归"意味着"市民"与"公民"分离的结束,同时也就意味着市民社会与政治国家分离的结束。而结束这种分离的途径,不是国家对社会的吞噬,而是社会对国家的吸纳,即把人自身"固有的力量"这种社会力量"组织起来因而不再把社会力量以政治力量的形式同自身分离"②。在《1844年经济学哲学手稿》中,马克思从异化劳动和私有财产的关系中进一步得出这样的结论:"社会从私有财产等等解放出来、从奴役制解放出来,是通过工人解放这种政治形式来表现的。"③

市民社会与政治国家在资产阶级时代实现现实的分离,已经表明社会把经济领域收回到自己的手中。从发展的趋势来看,未来社会与国家之间应该呈现出一种国家重新统一于社会的关系。然而,马克思在资产阶级国家与社会的互动中把握住了现代国家资本逻辑的历史限度,认为:"现代工业的进步促使资本和劳动之间的对立更为发展、扩大和深化。与此同步,国家政权在性质上也越来越变成了资本借以压迫劳动的全国政权,变成了为进行社会奴役而组织起来的社会力量,变成了阶级专制的机器。"④在他看来,现代国家原本是市民社会当作自己争取摆脱封建制度的解放手段而开始缔造的,而成熟了的市民社会(资产阶级社会)却把它变成了资本奴役劳动的工具,使表面上凌驾于社会之上的国家政权,实际上成为这个社会最丑恶的东西,成为这个社会一切腐败事物的温床。也就是说,资产阶级的现代国家无法完成自己为自己设定的历史任务。于是,马克思提出要在理想性维度上实现对现代国家的超越。巴黎公

---

① 《马克思恩格斯文集》第1卷,人民出版社2009年版,第185页。
② 《马克思恩格斯文集》第1卷,人民出版社2009年版,第46页。
③ 《马克思恩格斯选集》第1卷,人民出版社2012年版,第61页。
④ 《马克思恩格斯选集》第3卷,人民出版社2012年版,第96页。

社是无产阶级推翻资产阶级统治、建立无产阶级专政第一次伟大尝试,也是马克思所见证的唯一一次无产阶级国家政权建设实践。因而,他是以巴黎公社革命实践为蓝本论证现代国家超越问题的。马克思在《法兰西内战》中提出,要消灭国家政权这个社会机体上的"寄生赘瘤",让"社会把国家政权重新收回,把它从统治社会、压制社会的力量变成社会本身的充满生气的力量"①。

第一节 社会共和国:从现代国家到自由人联合体的过渡形态

马克思基于对现代国家的历史限度的理性审视和对人的解放命运的终极关怀,提出并论证了一个扬弃虚幻共同体、超越政治解放和克服市民社会的"自由人联合体"的社会理想,号召人们"为消灭国家和市民社会而斗争"。在他看来,国家消亡将是人类社会未来发展的"历史图景"。"社会把国家重新收回"的思想与马克思一贯主张的国家消亡的结论是一脉相承的。然而,国家消亡不是一蹴而就的,需要经历一个极其艰难而漫长的自然的历史过程,需要经过一定的过渡时期,而社会共和国正是国家走向消亡的过渡形态。

一、自由人联合体:现代国家发展的必然趋势

市民社会从国家分离出来,仅仅是实现了人的政治解放和政治自由,而社会领域仍然充满了人的异化和物化的关系。人类的最终解放和人的自由的充分实现便成了马克思终生的理想追求。1835年,马克思在他的中学毕业作文《青年在职业选择时的考虑》中便表达了"为人类幸福而工作"的人生志向。后来,在其博士论文《德谟克利特的自然哲学和伊壁鸠鲁的自然哲学的差别》中,马克思又充分肯定了伊壁鸠鲁关于原子偏离直线的观点所体现的人的自由的

---

① 《马克思恩格斯选集》第3卷,人民出版社2012年版,第140页。

可贵精神,并批判了其中避世的消极自由观。在他看来,个人总是生活在一定的共同体之中的,个人不是通过回避政治生活而自由,而是要成为共同体中的主体,获得自身自由的政治保证。于是,他提出究竟什么样的共同体能够保障每个人的自由发展,应该成为哲学研究的主题。受黑格尔理性国家观的影响,早年的马克思还是将这一愿景寄托在了国家身上。1842年6月,在为《莱茵报》写的政论性文章中,他提出应当"把国家看做是相互教育的自由人的联合体"[1]。后来,通过对黑格尔法哲学的批判,马克思把被黑格尔头足倒置的社会与国家的关系颠倒了过来,努力从社会领域寻求克服社会与国家矛盾的钥匙。他在批判鲍威尔对政治解放和人的解放的混淆时,指出国家是将人们联结起来的中介物,人们通过这一"异己的他者"间接地发生联系,政治国家作为人的解放历程中的"必要的中介",取代基督教国家具有重要的历史进步意义,但它还不是人的类本质的实现,只有通过历史的发展最终扬弃国家的中介,形成人与人直接联系的共同体,个人才能得到自由解放。这样,马克思对"自由人的联合体"的探究就从国家领域转向社会领域。

1845年,马克思在同恩格斯合著的《德意志意识形态》中,明确区分了"虚假的共同体"与"真正的共同体",指出:"在过去的种种冒充的共同体中,如在国家等等中,个人自由只是对那些在统治阶级范围内发展的个人来说是存在的,他们之所以有个人自由,只是因为他们是这一阶级的个人。从前各个人联合而成的虚假的共同体,总是相对于各个人而独立的;由于这种共同体是一个阶级反对另一个阶级的联合,因此对于被统治的阶级来说,它不仅是完全虚幻的共同体,而且是新的桎梏",而在"在真正的共同体的条件下,各个人在自己的联合中并通过这种联合获得自己的自由"。[2]这既是对黑格尔理性国家观的彻底清算,更是指明了现代国家发展的方

---

[1]《马克思恩格斯全集》第1卷,人民出版社1995年版,第217页
[2]《马克思恩格斯选集》第1卷,人民出版社2012年版,第199页。

向——个人的自由联合。在国家等虚假的共同体中,只有统治阶级群体中的人实现了自由,而对占社会成员多数的被统治阶级则根本没有自由可言,而真正的共同体所追寻的就是在无差别联合的基础上实现每个人自由而全面的发展。在《哲学的贫困》中,马克思又将这种"共同体"发展为"联合体",认为:"劳动阶级在发展进程中将创造一个消除阶级和阶级对立的联合体来代替旧的市民社会;从此再不会有原来意义的政权了。因为政权正是市民社会内部阶级对抗的正式表现。"①"联合体"取代"共同体"表明马克思从概念上将其同作为"虚幻共同体"的国家划清了界限。因为"共同体"只是社会的原初形式,它相对于个体的人来说是独立的,而"联合体"则意味着人们在消除了根本的利益冲突的基础上,通过自己的联合真正把社会组织了起来。在《共产党宣言》中,他又明确提出:"代替那存在着阶级和阶级对立的资产阶级旧社会的,将是这样一个联合体,在那里,每个人的自由发展是一切人的自由发展的条件。"②这便是社会意义上的"自由人的联合体"的最初表述。在《资本论》中,马克思深入"市民社会"内部从政治经济学的角度进一步揭示了资产阶级社会与国家发展的资本逻辑,即资本对劳动的统治这一现代国家历史限度的社会根源。在此基础上,他设想以"自由人联合体"实现对资产阶级社会资本逻辑的彻底颠覆。因此,他后来在《哥达纲领批判》中指出,现代国家都是建立在现代资产阶级社会基础上的,"自由就在于把国家由一个高踞社会之上的机关变成完全服从这个社会的机关"③,因而自由正是在于国家的消亡。

马克思在《资本论》第一卷中揭示了商品经济社会的拜物教秘密后,便预设以"自由人联合体"取而代之,提出:"让我们换一个方面,设想有一个自由人联合体,他们用公共的生产资料进行劳动,并且自觉地把他们许多个人劳动力当做一个社会劳动力来使用……

---

① 《马克思恩格斯选集》第 1 卷,人民出版社 2012 年版,第 275 页。
② 《马克思恩格斯选集》第 1 卷,人民出版社 2012 年版,第 422 页。
③ 《马克思恩格斯选集》第 3 卷,人民出版社 2012 年版,第 372 页。

这个联合体的总产品是一个社会产品。这个产品的一部分重新用做生产资料。这一部分依旧是社会的。而另一部分则作为生活资料由联合体成员消费。因此,这一部分要在他们之间进行分配……仅仅为了同商品生产进行对比,我们假定,每个生产者在生活资料中得到的份额是由他的劳动时间决定的。"①在他看来,自由人联合体是以联合劳动和社会所有制为基础,实现了劳动的社会化和生产资料的社会化。在自由人联合体中,人们联合的纽带就是"劳动",因为人们只有在劳动的过程中才有可能认识和利用客观规律去改造既定的环境和条件、达到自己的目的、实现真正的自由,即被看作自我实现的实在的自由"见之于活动恰恰就是劳动"②。而人们能够自由联合的基础则在于自由人联合体所实现的所有制形式上的根本性的变革,即"在资本主义时代的成就的基础上,也就是说,在协作和对土地及靠劳动本身生产的生产资料的共同占有的基础上,重新建立个人所有制"③。因为"资本家对这种劳动的异己的所有制,只有通过他的所有制改造为非孤立的单个人的所有制,也就是改造为联合起来的、社会的个人所有制,才可能被消灭"④。换句话说,马克思设想要重建的个人所有制,并非孤立的单个人的所有制,而是实现了对生产资料公共占有的"社会所有制",社会的劳动剩余分配给个人的也仅是生活资料而非生产资料,其分配的尺度也是"劳动面前人人平等"。这既实现了劳动者与生产资料的直接结合,又克服了私人劳动与社会劳动的矛盾,还避免了依靠生产资料的所有权奴役他人劳动的现象。这就从根本上颠覆了由生产资料与劳动者分离所导致的资本支配劳动的逻辑,确立了劳动本位的社会交往准则,实现了个人对"现有生产力总和"的占有,使抽象的、偶然的、局限的个人变为自主的、有个性的、完整的个人。不过这种个人所有制

---

① 《马克思恩格斯文集》第5卷,人民出版社2009年版,第96页。
② 《马克思恩格斯文集》第8卷,人民出版社2009年版,第174页。
③ 《马克思恩格斯文集》第5卷,人民出版社2009年版,第874页。
④ 《马克思恩格斯文集》第8卷,人民出版社2009年版,第386页。

所体现的个人对现有生产力总和的占有,"只有通过过联合劳动才能实现"。这就决定了个人所有制背后实际上是联合起来的个人所组成的社会所有制。因此,社会所有制的建立和联合劳动的实现,使社会组建成一个自觉的和有计划的联合体,将会从根本上消除私有资本制度对社会化大生产的瓶颈制约,因而也就消除了现代社会的特殊利益(私人资本收益最大化)与普遍利益(生产的社会化要求)对立的经济根源。正如马克思所讲,"只有当社会生活过程即物质生产过程的形态,作为自由联合的人的产物,处于人的有意识有计划的控制之下的时候,它才会把自己的神秘的纱幕揭掉"①。

如果说社会所有制和联合劳动主要是在经济领域奠定"自由人联合体"的基础的话,那么,实现人的自由发展则是其终极的价值追求。这也就最终实现了人的解放。马克思认为:"尽管在资本主义生产的基础上,对于直接生产者大众来说,他们的生产的社会性质是以实行严格管理的权威的形式,并且是以劳动过程的完全按等级组织的社会机制的形式出现的——这种权威的承担者,只是作为同劳动相对立的劳动条件的人格化,而不是像在以前的各种生产形式中那样,是作为政治的统治者或神权政体的统治者得到这种权威的,——但是,在这种权威的承担者中间,在只是作为商品占有者互相对立的资本家本身中间,占统治地位的却是极端无政府状态,在这种状态中,生产的社会联系只是表现为对于个人随意性起压倒作用的自然规律。"②因而,在资本统治和商品堆积的社会中,尽管摆脱了政治权威或神权统治的控制,但人们还生活在"必然王国"之中,还要受"不顾个人自由意志而压倒一切的自然规律"的支配。商品经济的自由法则实现的也只是生产的"极端无政府状态"。而在自由人的联合体中,社会所有制和联合劳动以社会化的生产形式解决了资本主义社会生产方式的内在矛盾,使人与社会之间、社会与

---

① 《马克思恩格斯文集》第 5 卷,人民出版社 2009 年版,第 97 页。
② 《马克思恩格斯文集》第 7 卷,人民出版社 2009 年版,第 997—998 页。

自然之间、人与自然之间的矛盾关系得到真正的解决,个人将不再是商品、货币、资本的代表,而是一个从异化和物象化的关系中解放出来的自由的人格,使人真正地成为人。到那时,现实的个人把抽象的公民复归于自身,并且作为个人,在自己的经验生活、自己的个体劳动、自己的个体关系中间,成为人自身的真正存在物;同时,人也认识到自身"固有的力量"是社会力量,并把这种力量组织起来,因而也不再把社会力量以政治力量的形式同自身分离,人的解放也就真正完成。因为"社会化的人,联合起来的生产者,将合理地调节他们和自然之间的物质变换,把它置于他们的共同控制之下,而不让它作为一种盲目的力量来统治自己;靠消耗最小的力量,在最无愧于和最适合于他们的人类本性的条件下来进行这种物质变换"①,到那时,"财富的尺度决不再是劳动时间,而是可以自由支配的时间"②。因此,只有在自由人联合体中,才能彻底地颠覆现代社会与国家的资本逻辑,实现从政治解放到社会自身彻底解放的飞跃。到那时,以生产者自由平等的联合体为基础的,按新方式来组织生产的社会,将把全部国家机器放到它应该去的地方,即放到古物陈列馆去,同纺车和青铜斧陈列在一起。

当然,马克思也清醒地认识到,实现自由劳动条件只能随时间的推进逐步完成。正如他在《法兰西内战》中所说:"工人阶级知道,他们必须经历阶级斗争的几个不同阶段。他们知道,以自由的联合的劳动条件去代替劳动受奴役的经济条件,只能随时间的推移而逐步完成(这是经济改造);他们不仅需要改变分配,而且需要一种新的生产组织,或者毋宁说是使目前(现代工业所造成的)有组织的劳动中存在着的各种生产社会形式摆脱掉(解除掉)奴役的锁链和它们的目前的阶级性质,还需要在全国范围内和国际范围内进行协调的合作。他们知道,这一革新的事业将不断地受到各种既得利益

---

① 《马克思恩格斯文集》第 7 卷,人民出版社 2009 年版,第 928-929 页。
② 《马克思恩格斯文集》第 8 卷,人民出版社 2009 年版,第 200 页。

和阶级自私心理的抗拒,因而被延续、被阻挠。他们知道,目前'资本和土地所有权的自然规律的自发作用'只有经过新条件的漫长发展过程才能被'自由的联合的劳动的社会经济规律的自发作用'所代替,正如过去'奴隶制经济规律的自发作用'和'农奴制经济规律的自发作用'之被代替一样。但是,工人阶级同时也知道,通过公社的政治组织形式,可以立即向前大步迈进,他们知道,为了他们自己和为了人类开始这一运动的时刻已经到来了。"①这表明,在无产阶级革命刚刚胜利、社会分工和阶级差别依旧存在的前提下,无产阶级首先要利用自己的政治统治,改变有组织的劳动和集中的生产资料所具有的资本主义性质,将从资产阶级手里夺取的全部土地、资本和一切生产工具收归无产阶级国家所有;尔后,通过合作制经济实现劳动者个人之间的局部联合,并逐步过渡到劳动在整个社会的自由联合。

二、无产阶级专政:实现自由人联合体的政治过渡

在现代国家发展的历史趋势问题上,19世纪70年代以后,各种机会主义思潮充斥于国际工人运动之中,尤其以巴枯宁为代表的无政府主义和以拉萨尔为代表的"自由国家"学说最为典型。巴枯宁认为如果无产阶级成了统治阶级就意味着,将来还有另一个无产阶级要从属于这个新统治的国家,于是他便鼓吹立即取消国家和一切政治权威以及工人阶级放弃政治斗争的理论。对此,马克思反驳道:在无产阶级取得政权后,"只要其他阶级特别是资本家阶级还存在,只要无产阶级还在同它们进行斗争(因为在无产阶级掌握政权后无产阶级的敌人和旧的社会组织还没有消失),无产阶级就必须采用暴力措施,也就是政府的措施;如果无产阶级本身还是一个阶级,如果作为阶级斗争和阶级存在的基础的经济条件还没有消失,那么就必须用暴力来消灭或改造这种经济条件,并且必须用暴力来加速

---

① 《马克思恩格斯选集》第3卷,人民出版社2012年版,第143-144页。

这一改造的过程"①。拉萨尔主义幻想用一切合法手段去争取建立"自由国家"来消除一切社会的和政治的不平等。马克思批判他更是颠倒了社会与国家的关系,认为:"它不把现存社会(对任何未来社会也是一样)当做现存国家的(对未来社会来说是未来国家的)基础,反而把国家当做一种具有自己的'精神的、道德的、自由的基础'的独立存在物。"②在马克思看来,拉萨尔主义者将"自由"与"国家"这对相互矛盾的概念纠合在一起来表达对"现代国家"未来发展趋势的设想,"只要不是靠幻想夸大了的,都已经实现了"③。说它"已经实现了",是指奉行自由主义的资产阶级共和国。说它"是靠幻想夸大了的",是在于以统治阶级为主导的国家本身就无所谓真正的自由,资产阶级共和国所实现的也只是资本支配劳动的自由,而无产阶级只能"自由"地选择被哪个资本支配;而当人类进入自由王国之时,国家也就"自行消亡"了,因为"自由就在于把国家由一个高踞社会之上的机关变成完全服从这个社会的机关"④。针对无政府主义和"自由国家"学说的谬论,马克思从"目前'资本和地产的自然规律的自发作用'只有经过新条件的漫长发展过程才能被'自由的联合的劳动的社会经济规律的自发作用'所代替"⑤的现实出发,明确提出:"在资本主义社会和共产主义社会之间,有一个从前者变为后者的革命转变时期。同这个时期相适应的也有一个政治上的过渡时期,这个时期的国家只能是无产阶级的革命专政。"⑥因为在马克思看来,"只要把一切劳动资料转交给从事生产的劳动者,从而消灭现存的压迫条件,并由此促使每一个身体健康的人为生存而工作,这样,阶级统治和阶级压迫的唯一的基础就会消除。

---

① 《马克思恩格斯选集》第3卷,人民出版社2012年版,第337页。
② 《马克思恩格斯选集》第3卷,人民出版社2012年版,第373页。
③ 《马克思恩格斯选集》第3卷,人民出版社2012年版,第374页。
④ 《马克思恩格斯选集》第3卷,人民出版社2012年版,第372页。
⑤ 《马克思恩格斯选集》第3卷,人民出版社2012年版,第144页。
⑥ 《马克思恩格斯选集》第3卷,人民出版社2012年版,第373页。

但是，在实行这种改变以前，必须先建立无产阶级专政"。①

无产阶级专政这一政治过渡形式存在的社会基础在于资本主义社会和共产主义社会之间的"革命转换时期"以及"共产主义社会第一阶段"的存在。在马克思看来，在"革命转换时期"，无产阶级掌握有组织的国家政权并依靠这一政权镇压资产阶级的反抗和按新的生产方式组织社会，而到了"共产主义社会第一阶段"，在经济、道德和精神等各个方面都还带着它刚刚脱胎出来的那个旧社会的痕迹。如它的分配原则——按劳分配虽然消除了依靠对资本的占有去剥削他人的可能性，但这个平等权利总还是被限制在一个资产阶级的框框内：生产者的权利是同他们提供的劳动成比例的；平等就在于以劳动这个同一的尺度来计量。②也就是说，"它仍然将劳动作为一种交换价值，只不过不再局限于一个阶级团体（无产阶级）而已，而是成了普遍化的现象"③。可以说，按劳分配作为一种不承认阶级差别的平等权利，但它默认劳动者不同等的个人天赋和工作能力等天然特权。所以就其内容来讲，它像一切权利一样也是一种不平等的权利。这就需要一部分人服从另一部分人，需要迫使人们服从的强制机关。马克思认为："这些弊病，在经过长久阵痛刚刚从资本主义社会产生出来的共产主义社会第一阶段，是不可避免的。"④然而，尽管存在这些"弊病"，共产主义社会第一阶段却实现了社会关系从"资本本位"向"劳动本位"转变的伟大变革。它将以资本和地产的形式掌握在非劳动者手中的物质生产条件转变为劳动者自己的集体财产，从而使它通行的调节商品交换同一原则——等价交换的内容和形式都改变了，在那里，谁都不能提供除自己劳动之外的其他任何东西，同时，除了个人的消费资料，没有任何东西可以转为个人

---

① 《马克思恩格斯选集》第3卷，人民出版社2012年版，第1006页。
② 《马克思恩格斯选集》第3卷，人民出版社2012年版，第363-364页。
③ [英]吉登斯：《资本主义与现代社会理论》，郭忠华、潘华凌译，译文出版社2007年版，第70页。
④ 《马克思恩格斯选集》第3卷，人民出版社2012年版，第364页。

的财产。这就从根本上剥夺了少数人利用自己占有的生产资料去奴役他人劳动的权力，从而形成以劳动者为主体，以等量劳动换取等量报酬为原则的社会交往格局，并在全社会树立"自食其力""劳动光荣"和"尊重劳动""尊重创造"的良好氛围，逐步使劳动不仅仅是谋生的手段，而且本身成为生活的第一需要，①最终实现向"各尽所能，按需分配"的共产主义社会高级阶段的过渡，到那时，"财富的尺度决不再是劳动时间，而是可以自由支配的时间"②。

马克思对"共产主义社会第一阶段"和"共产主义高级阶段"的区分是对他"自由人联合体"思想的细化，即从"按劳动时间分配消费资料"到"以自由支配的时间作为财富的尺度"的过渡。在马克思看来，无产阶级专政是实现这种过渡的国家形态。1852年，马克思在给魏德迈的信中就指出无产阶级专政"不过是达到消灭一切阶级和进入无阶级社会的过渡"③。晚年马克思在总结巴黎公社的经验和批判机会主义的斗争中又深化了对这一思想的认识，认为："由于无产阶级在为摧毁旧社会而斗争的时期还是在旧社会的基础上进行活动，因此自己的运动还采取多少同旧社会相适应的政治形式；所以，在这一斗争时期，无产阶级还没有建立起自己的最终的组织，为了解放自己，它还要使用一些在它获得解放以后将会放弃的手段。"④在他看来，无产阶级取得政权后，如果作为无产阶级敌人的资本家阶级及其旧的社会组织没有最终被消灭，如果无产阶级本身还是一个阶级，如果阶级斗争和阶级存在的基础的经济条件还没有消失，那无产阶级政权仍然需要保留必要的专政职能以及附属的物质力量——军队、警察、监狱等镇压工具，仍然需要为改造社会而保留公共权力的强制力。而且，当无产阶级上升为统治阶级后，不能马上实现生产资料的社会所有，而需要把一切生产工具集中到

---

① 《马克思恩格斯选集》第3卷，人民出版社2012年版，第364-365页。
② 《马克思恩格斯文集》第8卷，人民出版社2009年版，第200页。
③ 《马克思恩格斯选集》第4卷，人民出版社2012年版，第426页。
④ 《马克思恩格斯选集》第3卷，人民出版社2012年版，第342页。

无产阶级国家手里,并尽可能地增加生产力的总量,为人类进入自由人联合体打下坚实的物质基础。也就是说,与共产主义第一阶段"在经济、道德和精神方面都还带着它脱胎出来的那个旧社会的痕迹"相适应,无产阶级政权"还采取多少同旧社会相适应的政治形式",用以保卫生产资料公有制,保卫"各尽所能、按劳分配"的原则和制度,保卫"劳动至上"的社会价值和秩序。但是,无产阶级专政绝不是资产阶级国家的翻版。在《法兰西内战》中,马克思特别强调:"工人阶级不能简单地掌握现成的国家机器,并运用它来达到自己的目的。"①因此,无产阶级专政也就意味着资产阶级国家机器的打碎和新型国家的诞生。它的历史任务就是,逐渐消灭阶级差别和一切由这些差别产生的社会的和政治的不平等,最终使国家回到社会的怀抱,让公共权力失去政治性质,使整个社会同传统的所有制关系和传统的观念实行最彻底的决裂,使每一个成员在不危及这个社会的基本条件下都能完全自由地发展和发挥它的全部才能和力量,最终实现人的彻底解放。

三、社会共和国:无产阶级专政的实现形态

无产阶级专政是国家和阶级走向消亡,实现自由人联合体的过渡形式。那么,这一革命专政又以什么样的形态存在呢?1894年,恩格斯在致拉法格的信中进一步指出:"对无产阶级来说,共和国和君主国不同的地方仅仅在于,共和国是无产阶级将来进行统治的现成的政治形式。"②在他看来,"民主共和国甚至是无产阶级专政的特殊形式"③。这表明,无产阶级在君主制与共和制之间只能选择共和制。从历史发展的长河来看,现代国家采用共和制能更好地表达统治阶级的意志,所以共和制往往为革命的进步阶级所采用。不过,当时世界上也只有法国和美国这两个大国的资产阶级采用共和国作

---

① 《马克思恩格斯选集》第 3 卷,人民出版社 2012 年版,第 95 页。
② 《马克思恩格斯选集》第 4 卷,人民出版社 2012 年版,第 652 页。
③ 《马克思恩格斯选集》第 4 卷,人民出版社 2012 年版,第 294 页。

为自己的阶级统治形式,而这种共和国"在性质上也越来越变成了资本借以压迫劳动的全国政权,变成了为进行社会奴役而组织起来的社会力量"①。它也没有改变国家成为脱离并日益凌驾于社会之上的异己力量的本质属性,使无产阶级想要在它的范围内稍微改善一下自己的处境也只能是一种空想。于是,他们要提出的革命战斗口号就是"推翻资产阶级!工人阶级专政!"但同时马克思也不否定无产阶级争取民主共和国的意义,认为无产阶级必须"把民主共和机构保存起来"作为无产阶级"改造社会"的工具,建立"社会共和国"。这表达出了一个不但取代阶级统治的君主制形式,而且取代阶级统治本身的共和国的模糊意向,以期实现对资产阶级共和国的超越。这表明,社会共和国就是无产阶级专政的实现形态。晚年马克思又从巴黎公社的实践中看到了社会共和国的雏形,认为这就是1848年革命以来工人阶级长期憧憬但只有模糊意向的"社会共和国"的"毫不含糊的形式"。正如他在撰写《法兰西内战》时谈道:"公社——这是社会把国家政权重新收回,把它从统治社会、压制社会的力量变成社会本身的充满生气的力量;这是人民群众把国家政权重新收回,他们组成自己的力量去代替压迫他们的有组织的力量;这是人民群众获得社会解放的政治形式,这种政治形式代替了被人民群众的敌人用来压迫他们的假托的社会力量(即被人民群众的压迫者所篡夺的力量)(原为人民群众自己的力量,但被组织起来反对和打击他们)。"②马克思对巴黎公社组织的这一描述彰显了他所设想的无产阶级专政的主要特点,即"达到消灭一切阶级和进入无阶级社会的过渡"。巴黎公社依然代表的是一种公共权力,它并没有取消阶级斗争,而是让无产阶级充分运用这种公共权力,通过阶级斗争致力于消灭一切阶级进而消灭一切阶级统治。正如恩格斯在1891年版的《法兰西内战》所作的序中讲:"你们想知道无产阶级专政是

---

① 《马克思恩格斯选集》第3卷,人民出版社2012年版,第96页。
② 《马克思恩格斯选集》第3卷,人民出版社2012年版,第140页。

什么样子吗？请看看巴黎公社。这就是无产阶级专政。"①

在马克思看来，资产阶级建立的共和制度消灭了等级、特权和专制权力，实现了社会的政治解放。但这只是使社会中的资产阶级群体解放了自己。因此，马克思提出要在政治解放的基础上实现社会解放的命题。他看到巴黎公社便是从政治解放上升到社会解放的组织形式，认为："在法国和在欧洲，共和国只有作为'社会共和国'才有可能存在；这种共和国应该剥夺资本家和地主阶级手中的国家机器，而代之以公社；公社公开宣布'社会解放'是共和国的伟大目标，从而以公社的组织来保证这种社会改造。"②也就是说，巴黎公社使无产阶级在1848年革命时期所呼喊的"社会共和国"的口号变成了现实。马克思之所以认为共和国只有作为"社会共和国"才有可能存在，是因为较之资产阶级共和国，社会共和国在体现共和制的基本特征方面更为彻底、更为真实、更为深刻。马克思从巴黎公社体制中看到了这种"彻底""真实""深刻"，即把国家这个靠社会供养而又阻碍社会自由发展的寄生赘瘤迄今所夺去的一切力量，归还给了社会机体，真正体现了共和国的社会性质。而这种共和国的社会性在于："公社是由巴黎各区通过普选选出的市政委员组成的。这些委员对选民负责，随时可以罢免。其中大多数自然都是工人或公认的工人阶级代表。公社是一个实干的而不是议会式的机构，它既是行政机关，同时也是立法机关。警察不再是中央政府的工具，他们立刻被免除了政治职能，而变为公社的承担责任的、随时可以罢免的工作人员。其他各行政部门的官员也是一样。从公社委员起，自上至下一切公职人员，都只能领取相当于工人工资的报酬。从前国家的高官显宦所享有的一切特权以及公务津贴，都随着这些人物本身的消失而消失了。社会公职已不再是中央政府走卒们的私有物。不仅城市的管理，而且连先前由国家行使的全部创议权也都转归公

---

① 《马克思恩格斯选集》第3卷，人民出版社2012年版，第56页。
② 《马克思恩格斯选集》第3卷，人民出版社2012年版，第150页。

社。"①而且，它将分布城乡的自治社区组织成为全国性的"自由平等的生产者的联合体"，用以取代凌驾于社会之上、与社会相对立的国家政权，使消灭了政治性质的社会公共权力重新与社会融为一体。

社会共和国的社会性表明，"无产阶级专政"绝不是某些人所谓的"专制主义"甚至"极权主义"，恰恰相反，它只是为了"达到消灭一切阶级和进入无阶级社会的过渡"，即"不是原来意义上的国家了"。不是原来意义上的国家，表明无产阶级专政是"去官僚化"的国家。因为国家的官僚化是国家成为社会赘瘤的"元凶"，由此衍生的官僚集团出于自身特殊利益的考量，强烈排斥社会和经济领域中自发形成的公共领域和自治行为，也必将抵制社会收回国家权力，进而造成国家与社会分离的永久存在。这与人不再把社会力量以政治力量的形式同自身分离的社会解放的目标也是背道而驰的。只有通过拒斥官僚式的国家，它才能作为工人阶级成为统治阶级的政治组织。无阶级社会也就意味着国家机器和政治统治走向消亡。正如马克思在《共产党宣言》中所讲："如果说无产阶级在反对资产阶级的斗争中一定要联合为阶级，通过革命使自己成为统治阶级，并以统治阶级的资格用暴力消灭旧的生产关系，那么它在消灭这种生产关系的同时，也就消灭了阶级对立的存在条件，消灭阶级本身的存在条件，从而消灭了它自己这个阶级的统治。"②后来，他在《国际工人协会的共同章程和组织条例》指出，工人阶级取得政权有别于以往的朝代更替，他们并不是要取得阶级特权和垄断权，而是为了争取平等的权利，并消灭阶级统治。

马克思之所以只对无产阶级专政作原则性预测而没有进行详细的系统设计，无产阶级专政学说之所以被认为"还不足以构成一种积极的国家理论"③，除了他有生之年只看到巴黎公社这一次无产阶

---

① 《马克思恩格斯选集》第 3 卷，人民出版社 2012 年版，第 98-99 页。
② 《马克思恩格斯选集》第 1 卷，人民出版社 2012 年版，第 422 页。
③ [法]列斐伏尔：《论国家——从黑格尔到斯大林和毛泽东》，重庆出版社，1993 年版第 125 页。

级专政的实践之外,还在于他出于在国家问题上的一贯消极立场而对无产阶级专政赋予的过渡性、暂时性的特点。在他看来,以往的一切变革都是使国家机器更加完备,无产阶级革命则是尽自己一切破坏力量摧毁旧的国家机器。恩格斯在1891年给倍倍尔的信中写道:"巴黎公社已经不是原来意义上的国家了。"这种不完全意义上的国家指明了无产阶级专政性质的社会共和国,是从国家向非国家的过渡形态。一方面,它还属于国家,依然是在现代国家要素基础上的组织,其组织形式和相关原则依然离不开现代国家的规定性。但另一方面,它这个国家已经失去了"原来意义",其出发点及所决定的国家性质与资产阶级的现代国家完全不同,即它已不再是一个阶级压迫另一个阶级的有组织的暴力,不再是少数剥削者镇压多数劳动者的暴力机关,旧的国家机器已被打碎,常备军、警察、官僚、僧侣和法官等国家寄生虫被彻底清除。那时,公共权力失去政治性质,并逐渐从少数社会成员手中转移到大多数乃至全部社会成员手中并为其自觉地运用,国家政权对社会关系的干预也将先后在各个领域中成为多余的事情而自行停止下来,国家的政治职能仅限于无产阶级掌握政权后抵制资产阶级或其他剥削阶级的反抗以及外敌的入侵,且逐渐缩小其作用范围,而社会管理职能日益扩展、深化,上升为主要职能,即对人的统治将由对物的管理和对生产过程的领导所代替。社会共和国这个"不完全意义上的国家",仅仅作为一个社会管理机关服从于社会并服务于社会,仅仅作为社会为达到自身目标和利益而必要的社会组织。用马克思的话所讲,就是"旧政权的纯属压迫性质的机关予以铲除,而旧政权的合理职能则从僭越和凌驾于社会之上的当局那里夺取过来,归还给社会的承担责任的勤务员"①。

---

① 《马克思恩格斯选集》第3卷,人民出版社2012年版,第100页。

第二节 真正的民主：社会共和国的本真属性

社会解放实际进行到何种程度，公民参与国家重大政治生活的程度就达到何种水平，民主化的水平也就发展到何种高度。正如卢森堡所说："无产阶级的历史任务在于，当它走向政权时，在资产阶级民主的位置上，创造出社会主义民主以代替之而不是取消一切民主……社会主义民主开始于社会主义政党夺取政权的时刻。社会主义民主不是别的，它就是无产阶级专政。"①这表明，无产阶级专政并不意味着就是取消民主，而是意味着最广泛地应用民主，即民主基础上的无产阶级统治。在马克思的论述中，民主无疑是最富有激情的一个高频词汇。早年马克思批判黑格尔的理性国家观的时候，就认识到"民主制"是克服社会与国家对立的途径。他认为："其他一切国家构成都是某种确定的、特定的、特殊的国家形式，而在民主制中，形式的原则同时也是物质的原则。因此，只有民主制才是普遍和特殊的真正统一。"②"普遍和特殊的真正统一"也就是国家与社会的真正统一。因为在民主制中，单个人的社会存在就是实际参与国家，而不只是参与立法，政治生活失去了自己的神秘性和彼岸性，重新成为人民生活的一部分，从而找到国家制度向现实的人回归的途径，实现政治生活和社会生活的统一。这也表明，这种统一不是回到古代国家与社会的高度同一状态，而是意味着社会对国家的完全掌控，国家也不再成为统治社会的异化力量，即"在真正的民主制中政治国家就消失了"③。1848年，马克思和恩格斯在《共产党宣言》中指出："工人革命的第一步就是使无产阶级上升为统治

---

① 《国际共运史研究资料》第4期，人民出版社1982年版，第45页。
② 《马克思恩格斯全集》第3卷，人民出版社2002年版，第40页。
③ 《马克思恩格斯全集》第3卷，人民出版社2002年版，第41页。

阶级，争得民主。"①这也与马克思早期将民主制看作克服社会与国家对立途径的思想一脉相承。在《法兰西内战》中，马克思把巴黎公社看作"新的真正民主的国家政权"，认为"公社给共和国奠定了真正民主制度的基础"②。在他看来，实现了"真正的民主"的巴黎公社，集中体现了无产阶级和广大劳动人民的利益和要求，消除了现代资产阶级国家既有制度中一切与人民主权原则相抵触的因素，保证国家制度的实际体现者始终是人民，以保护人民主权不受任何侵犯。

一、多数人的统治：真正民主的主体特质

人民指的是对社会发展起推动作用的大多数人，而民主的本意是"多数人的决定"。然而，自国家产生以来，作为国家制度的民主都是与建立在私有制基础上的少数人统治多数人的阶级统治相适应的。所有站在居于统治地位的剥削阶级立场上的思想家提出的民主思想，也从未超出过为少数剥削阶级争得权利、争得民主的范围。比如，在古希腊直接民主制条件下，占社会成员绝大多数的广大奴隶是不享有民主权利的，当时的大思想家亚里士多德也没有把广大奴隶划入公民的范围。即使到了现代资本主义时代，形式上实现了多数人的民主，但这种多数人的民主也只是形式上的，只不过是少数统治者即资产阶级自己的民主。而无产阶级所追求的民主，尽管与阶级社会各种类型的民主在形式的发展上有一定的承继关系，但与它们存在着本质上的不同。正如《共产党宣言》中所讲："过去的一切运动都是少数人的，或者为少数人谋利益的运动。无产阶级的运动是绝大多数人的，为绝大多数人谋利益的独立的运动。"③马克思在历史上第一次站在大多数社会成员的立场上，科学地论证了无产阶级专政下的民主是人类历史上新的更高类型的民主。无产阶级

---

① 《马克思恩格斯选集》第 1 卷，人民出版社 2012 年版，第 421 页。
② 《马克思恩格斯选集》第 3 卷，人民出版社 2012 年版，第 101-102 页。
③ 《马克思恩格斯选集》第 1 卷，人民出版社 2012 年版，第 411 页。

专政作为新型的政权就"新"在作为最大多数人的无产阶级的"阶级专政"蕴含着最彻底的民主,即"组织成为统治阶级的无产阶级"。它不是个人或某个集团的统治,而仅仅是和资产阶级相对应的无产阶级的统治,它与消灭剥削阶级、实现绝大多数人的政治统治相适应,历史上第一次使原本是被统治者的占社会绝大多数的劳动者真正掌握国家权力、成为国家的主人。正是在这个意义上,具有无产阶级专政性质的社会共和国实行的民主,是与资产阶级民主制决裂的、具有世界历史意义的新型的真正的民主,是人类民主发展的新形态。正如马克思对巴黎公社的评价:"公社是由巴黎各区通过普选选出的市政委员组成的。这些委员对选民负责,随时可以罢免。其中大多数自然都是工人或公认的工人阶级代表。"①

人民群众成为无产阶级政权建设的主要力量,通过人民管理的制度维护自身的根本利益,是无产阶级政权阶级立场的充分体现。社会共和国的本质应该是人民当家作主,真正实现了民主形式与内容的统一。马克思在考察巴黎公社的性质时说:"人们对公社有多种多样的解释,多种多样的人把公社看成自己利益的代表者。这证明公社完全是一个具有广泛代表性的政治形式。"②在他看来,公社政权绝不仅仅是一次政权的更迭,它所采取的措施与公社政权一起体现了人民在社会中的主人地位。正如马克思所讲:"公社的伟大社会举措就是它本身的存在和工作。它所采取的各项具体措施,只能显示出走向属于人民、由人民掌权的政府的趋势。"③具体说来,巴黎公社颁布法令,没收逃亡企业业主的工厂交给工人生产协作社管理,在经济上改变了生产者被奴役的地位;规定禁止面包工人做夜工,并用违者严惩的手段禁止利用各种借口克扣工人工资;解决了一向是中等阶级内部纷争起因的债权和债务问题,拯救了这个阶级;保护了农民的利益;实行一切学校向人民开放和免费教育,完全改变

---

① 《马克思恩格斯选集》第 3 卷,人民出版社 2012 年版,第 98 页。
② 《马克思恩格斯选集》第 3 卷,人民出版社 2012 年版,第 102 页。
③ 《马克思恩格斯选集》第 3 卷,人民出版社 2012 年版,第 107 页。

了培养资产阶级贵族的教育体系。所有这些措施都迫使原来那些统治阶级服从无产阶级的意志,把那些曾经用作奴役和剥削工具的生产资料和资本变成自由集体劳动的工具,体现了巴黎公社政权的民主性和人民性,彰显了社会共和国真正民主的本质。

社会共和国是无产阶级专政的实现形态。然而,1871年的欧洲大陆上任何一个国家的无产阶级都没有占人民的多数。当时只有把无产阶级和农民都包括进来的革命,才能成为把真正的多数吸引到运动中来的"人民"的革命。马克思从巴黎公社失败的教训中看到,未来的社会共和国要真正实现多数人的统治,处于领导地位的工人阶级必须建立牢固的工农联盟和广泛的统一战线。其中,工农联盟至关紧要。如果没有这个联盟,民主就不稳固,社会解放就没有可能。尤其是在农民占多数人口的国度中,无产阶级如果不与农民结成联盟,得不到农民的拥护和支持,力量将会非常薄弱。其实,在《1848年至1850年法兰西阶级斗争》一文中,马克思就论述了关于建立无产阶级与农民的同盟的"红色共和国"的思想,提出只有资本的瓦解,才能使农民地位提高,只有反对资产阶级的无产阶级的政府,才能结束他们经济上的贫困和社会地位低下的局面。他认为:"立宪共和国是农民的剥削者联合实行的专政;社会民主主义的红色共和国是农民的同盟者的专政。"①因为工业无产阶级和农民之间虽然在劳动组织方式以及由劳动组织方式决定的上层建筑等方面存在着深刻的矛盾,但是随着资本主义和新的农艺学的发展,他们在根本利益上已逐渐趋向一致。对于农民来说,他们同样受到资本的奴役,他们的利益同资产阶级的利益是相对立的,只有工人阶级才是他们利益的天然代表者。在《巴枯宁〈国家制度和无政府状态〉一书摘要》中,马克思再次强调无产阶级国家应该采取措施来直接改善农民状况,从而将其吸收到革命中来。比如,推动土地私有制向集体制的过渡,无产阶级不能依靠国家强制性或暴力直接采用"宣

---

① 《马克思恩格斯选集》第1卷,人民出版社2012年版,第526页。

布废除继承权或废除农民所有权"这样"得罪农民"的措施来剥夺农民的土地,而要运用经济手段实现这种过渡。①无产阶级必须充分尊重农民的意愿,通过积极引导的方法,给农民以切实的利益。对于无产阶级来说,工人阶级与非无产阶级群众首先是农民的联盟,是无产阶级取得胜利和建设新社会的重要条件。而且,处于中间阶层的中等资产阶级和小资产阶级或者跟着统治阶级走,或者做工人阶级的追随者,因而除了需要联合农民阶级以外,工人阶级应该尽量联合一切可以联合的力量。在马克思看来:"公社不仅代表着工人阶级和小资产阶级的利益,实际上也代表着除了资产阶级(富有的资本家)(富有的地主,以及他们的国家寄生虫)以外的全体中等资产阶级的利益。"②

巴黎公社是多数人的统治,还体现在它维护人民的整体——民族的统一。其实,马克思在《共产党宣言》中就已经阐述了无产阶级革命与民族解放的问题。在他看来,"工人没有祖国",生活在资产阶级国家区域内的工人不掌握国家权力,不是国家的主人,资产阶级国家也不是工人自己的国家。这就使得本身应该属于民族的无产阶级"首先必须取得政治统治,上升为民族的阶级,把自身组织成为民族"。而无产阶级的统治将使各国人民之间的民族分隔和对立更快地消失,当"人对人的剥削一消灭,民族对民族的剥削就会随之消灭。民族内部的阶级对立一消失,民族之间的敌对关系就会随之消失"。③这表明,无产阶级上升为民族的阶级,把自身组织成为民族,只是革命的第一步,其终极目标是要谋求超越民族的全人类的解放。正如马克思所说:"联合的行动,至少是各文明国家的联合的行动,是无产阶级获得解放的首要条件之一。"④工人没有祖国,所以应该超越传统国家观念和民族观念,实现全世界无产者的联合,

---

① 《马克思恩格斯选集》第3卷,人民出版社2012年版,第338页。
② 《马克思恩格斯选集》第3卷,人民出版社2012年版,第144-145页。
③ 《马克思恩格斯选集》第1卷,人民出版社2012年版,第419页。
④ 《马克思恩格斯选集》第1卷,人民出版社2012年版,第419页。

共同争取无产阶级的解放。然而,当时(1848年)的欧洲大陆,除法国外,所有国家的革命都包含谋求民族统一、民族独立或民族解放的使命。而到了巴黎公社时期,法国也面临着抵御普鲁士入侵的任务。巴黎公社革命发生的背景,就是巴黎人民不满法国当时所谓的"国防政府"谋求与新宣告成立的德意志帝国签订具有投降性质的停火协定,公社的前身则是领导人民共同保卫巴黎,击败德国人进攻的法国国民自卫军"中央委员会"。这时的巴黎公社政权首先要走出革命的第一步,即把无产阶级自身组织成为民族。正如马克思所说:"民族的统一不是要加以破坏,相反,要由公社在体制上、组织上加以保证,要通过这样的办法加以实现,即消灭以民族统一的体现者自居同时却脱离民族、凌驾于民族之上的国家政权,这个国家政权只不过是民族躯体上的寄生赘瘤。"①在他看来,为了坚持民族上的统一性,需要公社在体制上和组织上加以保证。这种组织上和体制上的保证就是需要一个保留一些重要职能的中央政府作为统领和组织。只不过这个中央政府已经不是原来意义上那种蚕食人民权利、凌驾于民族利益之上的国家政权了,而是一个职能合理、没有压迫性质、受人民权力制约的中央权力机构。更难能可贵的是,马克思能够深入所有制关系来论证无产阶级革命与民族解放的关系。正如他在《关于波兰问题的演说》中所讲:"因为现存的所有制关系是一些国家剥削另一些国家的条件;消灭现存的所有制关系只符合工人阶级的利益。也只有工人阶级有办法做到这一点。无产阶级对资产阶级的胜利也就是对民族冲突和工业冲突的胜利,这些冲突在目前使各国互相敌视。因此,无产阶级对资产阶级的胜利同时就是一切被压迫民族获得解放的信号。"②这便揭示出世界无产阶级革命事业和被压迫民族解放斗争之间的不可分离的联系,即推翻压迫民族的奴役和统治,以争得民族的独立和自主,推翻剥削者的压

---

① 《马克思恩格斯选集》第3卷,人民出版社2012年版,第100页。
② 《马克思恩格斯选集》第1卷,人民出版社2012年版,第313-314页。

迫和剥削,以争得工人阶级和其他劳动人民的自由和解放。

二、人民群众把国家政权重新收回:真正民主的核心要义

马克思一直强调的旧制度不是指一些简单的国家机器外壳,而是指压制人性自由的社会怪胎——国家。国家与社会的分离孕育了以人民主权为核心的现代民主,而这种民主走向彻底,就必须以消除这种分离为前提。社会共和国的"社会"本性在于"社会把国家政权重新收回,把它从统治社会、压制社会的力量变成社会本身的充满生气的力量"①。人民群众是社会的真正主体。因而社会把国家政权重新收回的主体意义,也意味着人民群众把国家政权逐步收回,最终使这个"在争取阶级统治的斗争中获胜的无产阶级所继承下来的一个祸害",将被"在新的自由的社会条件下成长起来的一代"全部抛掉。②这与马克思在《路易·波拿巴的雾月十八日》中提出的"打碎旧的国家机器"的思想是一脉相承的。正如马克思在1871年4月12日给库格曼的信中所讲:"如果你查阅一下我的《雾月十八日》的最后一章,你就会看到,我认为法国革命的下一次尝试不应该再像以前那样把官僚军事机器从一些人的手里转移到另一些人的手里,而应该把它打碎,这正是大陆上任何一次真正的人民革命的先决条件。"③这表明,国家权力集中于官僚机构和军事机构是法国资产阶级国家机器的重要特征,"打碎国家机器"主要是从打碎官僚军事机器意义上讲的。在《法兰西内战》中,马克思对此进行了进一步的阐发,具体来说,就是废除国家机器中的军事、警察、官僚、宗教和司法机构等压迫力量。

军队是国家机器的主要组成部分,是维护统治阶级有力的暴力工具。为此,马克思认为首先要消灭常备军等压迫人民的暴力机器,

---

① 《马克思恩格斯选集》第3卷,人民出版社2012年版,第140页。
② 《马克思恩格斯选集》第3卷,人民出版社2012年版,第55页。
③ 《马克思恩格斯选集》第4卷,人民出版社2012年版,第493页。

指出:"公社的第一个法令就是废除常备军而代之以武装的人民。"①在他看来,由于无产阶级专政是广大劳动人民对少数剥削阶级的专政,因而建立人民的武装就足以应对剥削阶级的反抗,并不需要维持常备军。取消常备军,既一下子消除了捐税与国债之源,又消除了反动阶级梦想僭取政府权力的危险。当然,取消常备军这个国家的爪牙,并不是要工人阶级放弃暴力、放弃武装,而是用武装的人民来代替它。因为只有人民手里掌握武装力量,在战场上取得自身解放的权利,才能保证国家权力掌握在人民的手中。巴黎公社革命新的特点就在于,人民首次起义胜利后没有解除自己的武装,而是确定以工人为主体的国民自卫军为唯一的武装力量。除了常备军外,警察作为压迫人民的另一种暴力工具也要一并消灭。正如马克思所说,在巴黎公社,"警察不再是中央政府的工具,他们立刻被免除了政治职能,而变为公社的承担责任的、随时可以罢免的工作人员"②。常备军被废除而代之以武装的人民,警察也被立刻罢免了政治职能而不再是中央政府的工具,这两支旧政府手中的物质力量被铲除后,公社也就清除了共和国身上阶级统治的政治色彩,成为可以使劳动在经济上获得解放的政治形式。而且,国家等级制被彻底清除,官僚队伍这一国家寄生虫大军一并被消除掉,法官的虚假独立性被取消,社会公职人员成为经普选产生的、随时可以撤换的勤务员。通过这些举措,巴黎公社打碎了旧制度最明显的外壳——国家机构。此外,由于只有同时废除反动阶级的物质权力和精神压迫的双重工具,才能为实现人民的民主和权益提供有效保障。所以,公社在废除了常备军和警察这两种旧政府物质权力的工具(镇压性国家机器)以外,立刻宣布教会与国家分离,并剥夺一切教会所占有的财产,摧毁精神压迫的工具——"僧侣势力"(意识形态国家机器)。③这样,

---

① 《马克思恩格斯选集》第 3 卷,人民出版社 2012 年版,第 98 页。
② 《马克思恩格斯选集》第 3 卷,人民出版社 2012 年版,第 98 页。
③ 关于"镇压性国家机器"与"意识形态国家机器"的论述,参见:[法]阿尔都塞:《意识形态和意识形态国家机器》,载《马列主义研究资料》1988 年第 4 辑。

国家政权的性质就发生了根本的变革,即巴黎公社第一次把国家从统治社会、压制社会的力量变成社会本身的生命力,使其不再是一个凌驾于社会之上的阶级统治工具,而成为一个纯粹的社会内部的管理和服务机构。

马克思之所以认为巴黎公社给共和国奠定了真正民主制度的基础,就在于"公社实现了所有资产阶级革命都提出的廉价政府这一口号,因为它取消了两个最大的开支项目,即常备军和国家官吏",这就使"公社存在的本身就意味着那至少在欧洲是阶级统治的真正赘瘤和不可或缺的外衣的君主制已不复存在"。①他把"廉价政府"看作无产阶级政权与之前的剥削阶级政权的一个重要区别,认为:"劳动解放——公社的伟大目标——是这样开始实施的:一方面取缔国家寄生虫的非生产性活动和胡作非为,从根源上杜绝把巨量国民产品浪费于供养国家这个魔怪,另一方面,公社的工作人员执行实际的行政管理职务,不论是地方的还是全国的,只领取工人的工资。"②巴黎公社一开始就不仅进行政治改造,还厉行节约,实行经济改革。从公社委员起,自上至下一切公职人员,都只能领取相当于工人工资的报酬。从前国家的高官显宦所享有的一切特权以及公务津贴,都随着这些人物本身的消失而消失了。而之前所述的常备军和官吏特权的取消,也就意味着国家两项最大开支的取消,从而一下子消除了捐税与国债之源,进而实现了所有资产阶级革命提出的但做不到的"廉价政府"口号。在这里,马克思特别强调了政府运行成本和人民税赋负担的最小化,纳税人能以较少的税负得到政府的服务。在他看来,"公社能使农民免除血税,能给他们一个廉价政府,能把现今吸吮着他们鲜血的公证人、律师、法警和其他法庭吸血鬼,换成由他们自己选出并对他们负责的领工资的公社勤务员。公社能使他们免除乡警、宪兵和省长的残暴压迫,能用启发他们智

---

① 《马克思恩格斯选集》第 3 卷,人民出版社 2012 年版,第 101 页。
② 《马克思恩格斯选集》第 3 卷,人民出版社 2012 年版,第 143 页。

慧的学校教师去代替麻痹他们头脑的教士",它让善于算账的法国农民发现,"教士的薪酬不由税吏们强制征收,而只由各教区的居民依其宗教情感自愿捐赠,那是极为合理的"。①总之,这些措施可以大规模地节省社会开支,削减国家机关的费用,减少浪费现象,以尽可能少的成本为人民提供服务。

马克思看到巴黎公社在铲除了国家的压迫性质之后,旧政权的合理职能便从僭越和凌驾于社会之上的当局那里夺取过来,归还给社会的负责任的勤务员。这种归还意味着人民群众组成自己的力量去代替被国家吞噬、压迫他们的有组织的力量。构成巴黎公社力量的是它自己的力量,包括国民自卫军、公社勤务员、公社机构等。国民自卫军代替常备军,公社勤务员代替国家官吏,教师代替各级僧侣,国家法官换成公社的机构,国民代表的选举成为组织起来的各公社意志的自觉表现。所有的社会公职——军事、行政、政治的职务已不再是中央政府走卒这一受过训练的特殊阶层的私有物,而是变成真正的工人的职务。不仅对城市的管理权,而且连先前由国家行使的全部创议权也都转归公社,国家的职能只限于几项符合普遍性、全国性目的的职能,而这些为数不多的重要职能,也不是由凌驾于社会之上的机构,而是由社会本身的承担责任的勤务员来执行。人民群众组成自己的力量去代替压迫他们的有组织的力量,也就是通过人民自己实现人民管理,即人民通过自己或自己的组织广泛参与社会公共事务和自身事务的管理,使公共权力逐渐失去其政治性质。概括地说,就是人民通过自治来参与国家治理,真正实现人民主权。在马克思看来,全法国都将组织起独立工作的、自治的公社。

作为自己处理自己事务的自治与来自社会又高于社会的国家管理是不同的运行逻辑。自治是社会参与和制约国家的一种形式。在资产阶级国家,自治与国家是相对抗的,而在社会共和国,自治已

---

① 《马克思恩格斯选集》第 3 卷,人民出版社 2012 年版,第 105 页。

不再是与国家政权相对抗的东西。正如马克思所说:"公社的存在本身自然而然会带来地方自治,但这种地方自治已经不是用来牵制现在已被取代的国家政权的东西了。"①那时,阶级对立已经消除,劳动原则超越资本原则,社会已不是被不同资本集团所分割和绑架的"市民社会",而是逐步走向自由人联合体的人民当家作主的社会。这样,社会自治的实现,以对国家权力的收复以及对资本奴役的摆脱为条件,让劳动者获得解放,实现真正意义上的人民主权。因而,马克思说:"公社不是我们通常理解的自治政府的那类东西。它不是饱食终日的市议员们、假公济私的教区委员们和穷凶极恶的习艺所监工们操纵的那种城市自治。它不是大块土地拥有者、满袋金银、头脑空空的蠢材们操纵的那种郡的自治。它不是'无俸法官'的司法丑物。它不是借助于寡头俱乐部和阅读'泰晤士报'来管理国家的那种政治自治。它是由人民自己当自己的家。"②马克思提出让基层公社拥有实际的管理权,实际上就是要使国家还权于社会,使人民真正当家作主。在他看来,地方自治就是人民自我管理的实现形式。这种因公社的存在而自然带来的地方自治已经不是用来牵制现在已被取代国家政权的东西了,而是无产阶级夺取政权后,通过让人民自己管理自己来防止一部分人由社会公仆蜕变为特权阶层的治理机制,也就是说,公社"恪守纯粹防御的立场,满足于巴黎实际上的自治"③。这是马克思从权力的纵向关系上对"人民把国家政权重新收回"的表达。

正如马克思所说:"公社的伟大社会措施就是它本身的存在和工作。它所采取的各项措施,只能显示出走向属于人民、由人民掌权的政府的趋势。"④ 人民把国家政权重新收回,通过人民自己实现人民的管理,意味着人民真正有权决定国家的一切事务,有权参与制

---

① 《马克思恩格斯选集》第 3 卷,人民出版社 2012 年版,第 101 页。
② 《马克思恩格斯全集》第 17 卷,人民出版社 1963 年版,第 565 页。
③ 《马克思恩格斯选集》第 3 卷,人民出版社 2012 年版,第 135 页。
④ 《马克思恩格斯选集》第 3 卷,人民出版社 2012 年版,第 107 页。

约国家的一切活动,有权选举、监督和罢免国家官员。这也是人民主权的实质所在。马克思通过考察巴黎公社看到,公社是由巴黎各区通过普选选出的、对选民负责的、随时可以罢免的市政委员组成的,从而奠定了真正民主制度的基础,即实行了真正的人民民主制和人民监督制。其中,人民民主制是通过普选制来实现的,公社的普选权已经"不是为了每三年或六年决定一次由统治阶级中什么人在议会里当人民的假代表,而是为了服务于组织在公社里的人民,正如个人选择权服务于任何一个为自己企业招雇工人和管理人员的雇主一样"①。而且,"警察不再是中央政府的工具,而应成为公社的勤务员,……法官也应该由选举产生,可以罢免,并且对选民负责"②;而人民监督制则是通过责任制和罢免制来实现的,即公社"以真正的责任制来代替虚伪的责任制,因为这些勤务员总是在公众监督之下进行工作的"③。公社委员、警察、所有其他各行政部门的官员、法官和审判官,都已经由旧政权权力所有者的官吏变为公社负责任的、随时可以罢免的工作人员。正如马克思所说:"普选权在此以前一直被滥用,……而现在……这些勤务员总是在公众监督之下进行工作的。……借口国家机密和国家权利玩弄的一整套骗局被公社一扫而尽。"④对于公职人员来说,没有什么比直接由人民选举产生、接受人民监督并随时可以撤换更具威慑力了。同时,公社的一切公职人员,都只能领取相当于工人工资的报酬。公职人员由选举产生、随时可以撤换,意味着政治特权的取消;公职人员薪金不得超过熟练工人,意味着物质特权的取消。这两者共同发力,就使得公社即使没有另外给代表机构的代表签发限权委托书,也能可靠地防止公职人员梦想着通过升官来发财。这样,公社便通过实行民主选举与群众监督相结合的民主制度,保证其忠实地代表、维护

---

① 《马克思恩格斯选集》第3卷,人民出版社2012年版,第100页。
② 《马克思恩格斯选集》第3卷,人民出版社2012年版,第167页。
③ 《马克思恩格斯选集》第3卷,人民出版社2012年版,第141页。
④ 《马克思恩格斯选集》第3卷,人民出版社2012年版,第141-142页。

人民的利益，并从制度上防止了公职人员由社会的公仆蜕变成为领取高薪、享有各种特权、高踞于人民之上的社会主人。于是，马克思指出："公社存在本身就意味着那至少在欧洲是阶级统治的真正累赘和不可或缺的外衣的君主制已不复存在。公社给共和国奠定了真正民主制度的基础。"①

三、人的解放彻底实现：真正民主的终极价值

在人类历史上，资产阶级革命所实现的政治解放，虽说在形式上标榜确立了公民的自由平等的社会成员身份，但其实质却远非如此。由于资本逻辑的存在，资产阶级所建立起来的民主政治并没有从根本上解决人的发展和人的解放的问题，即个人虽然摆脱了对人的依附，但是没有摆脱对物的依赖，作为劳动者的工人虽然实现了政治上的民主，但是在经济上仍然没有改变被奴役的地位，而这种受奴役的经济地位又不可能让他们真正享有政治上的民主。造成这种人的解放不充分的根本原因则在于资本主义的生产资料私人所有制导致的生产资料与劳动者的分离。一方面，劳动者不拥有生产资料所有权，其个人便丧失了一切生活内容而成为"抽象的个人"，于是他们的自由和平等，也只能是抽象的自由和平等。但另一方面，劳动者只有与生产资料结合才能生存，因而他们又不得不屈从于分工和自己所使用的生产工具，从而使生产劳动中的许多个人的社会存在是受局限的有限存在，其社会交往是受束缚的有限交往，进而使自主存在和自由选择变得徒有虚名。在马克思看来，正是社会而不是国家构成了人类政治实践的本体。因此，没有社会关系的根本变革，政治关系的根本变革是不可能的。要完成这样的变革，从根本上解决资本主义条件下仍未能解决的人的解放问题，就必须通过"社会共和国"的政治形式实现从"政治解放"走向"社会解放"。马克思把巴黎公社看作"人民群众获得社会解放的政治形式"，认为：

---

① 《马克思恩格斯选集》第 3 卷，人民出版社 2012 年版，第 101-102 页。

"这种政治形式代替了被人民群众的敌人用来压迫他们的假托的社会力量（即被人民群众的压迫者所篡夺的力量）（原为人民群众自己的力量，但被组织起来反对和打击他们）。"①也就是说，从巴黎公社的经验看，社会共和国通过限制"国家自由"，不断把国家"迄今所夺去的一切力量，归还给社会机体"，使公共权力的基础不断扩大，直至公共权力不再作为一种强制性的力量凌驾于社会之上而是与社会本身融为一体。这样，社会就在真正意义上成为决定国家的力量，并进而由此实现彻底的"社会解放"。这种彻底的"社会解放"，也就是马克思和恩格斯在《共产党宣言》中所强调的"代替那存在着阶级和阶级对立的资产阶级旧社会的，将是这样一个联合体，在那里，每个人的自由发展是一切人的自由发展的条件"②。到那时，人的解放才真正实现。这种"解放"的意义就在于结束人作为"市民"与作为"公民"的分离与对立，把抽象的公民复归于人自身，使"抽象的""偶然的""局限的"个人，变为"自主的""有个性的""完整的"个人，使人认识到自身"固有的力量"是社会力量，并把这种力量组织起来而不再把社会力量以政治力量的形式同自身分离，从而达到人的解放真正完成。

劳动是个人生活和社会生活基本的、自然的条件。现代资产阶级国家劳动者的政治地位是其在经济上受到资产者的支配所造成的。因而，马克思在起草《国际工人协会共同章程》时说："工人阶级的经济解放是伟大的目标，一切政治运动都应该作为手段服从于这一目标。"③这表明，作为无产阶级专政实践形态的社会共和国，其存在的价值在于，根据生产力的发展状况变革生产关系，进一步解放和发展生产力。正如马克思在《共产党宣言》中所讲："无产阶级将利用自己的政治统治，一步一步地夺取资产阶级的全部资本，把一切生产工具集中在国家即组织成为统治阶级的无产阶级手中，

---

① 《马克思恩格斯选集》第3卷，人民出版社2012年版，第140页。
② 《马克思恩格斯选集》第1卷，人民出版社2012年版，第422页。
③ 《马克思恩格斯选集》第3卷，人民出版社2012年版，第171页。

并且尽可能快地增加生产力的总量",而"要做到这一点,当然首先要对所有权和资产阶级生产关系实行强制性的干预"。①人是生产力中的决定性因素,变革生产关系、解放和发展生产力的目的,就是让劳动者从异化、物化的劳动关系中彻底解放出来。因此,《共产党宣言》明确提出:"共产党人可以把自己的理论概括为一句话:消灭私有制。"②无产阶级取得政权后,首先必须对所有权和资产阶级生产关系实行强制性的干涉。为此,他们列举了十项措施:"1. 剥夺地产,把地租用于国家支出。2. 征收高额累进税。3. 废除继承权。4. 没收一切流亡分子和叛乱分子的财产。5. 通过拥有国家资本和独享垄断权的国家银行,把信贷集中在国家手里。6. 把全部运输业集中在国家手里。7. 按照共同的计划增加国营工厂和生产工具,开垦荒地和改良土壤。8. 实行普遍劳动义务制,成立产业军,特别是在农业方面。9. 把农业和工业结合起来,促使城乡对立逐步消灭。10. 对所有儿童实行公共的和免费的教育。取消现在这种形式的儿童的工厂劳动。把教育同物质生产结合起来,等等。"③其中的核心思想是,把生产资料变为国家财产,以从根本上消除少数人依靠生产资料的所有权奴役广大劳动者。因为生产资料的所有制决定经济基础的性质,只有在根本改变经济基础性质之后,无产阶级才能够实现真正的民主,也才能够实现"劳动解放"。所以,在马克思看来:"这些措施在经济上似乎是不够充分的和无法持续的,但是在运动进程中它们会越出本身,而且作为变革全部生产方式的手段是必不可少的。"④当这些任务完成以后,公共权力将失去政治性质,原来意义上的政治权力,即一个阶级用以压迫另一个阶级的有组织的暴力也就消亡了。

巴黎公社的实践验证了《共产党宣言》的预想。马克思明确把

---

① 《马克思恩格斯选集》第 1 卷,人民出版社 2012 年版,第 421 页。
② 《马克思恩格斯选集》第 1 卷,人民出版社 2012 年版,第 414 页。
③ 《马克思恩格斯选集》第 1 卷,人民出版社 2012 年版,第 421-422 页。
④ 《马克思恩格斯选集》第 1 卷,人民出版社 2012 年版,第 421 页。

巴黎公社看作社会解放的政治形式，认为："在法国和欧洲，共和国只有作为'社会共和国'才有可能存在；这种共和国应该剥夺资本家和地主阶级手中的国家机器，而代之以公社；公社公开宣布'社会解放'是共和国的伟大目标，从而以公社的组织来保证这种社会改造。"①而这种社会改造所要实现的"社会解放"是基于"劳动在经济上获得解放"。在马克思看来，公社代表着"劳动"的解放，即"把劳动从垄断着劳动者自己所创造的或是自然所赐予的劳动资料的那批人僭取的权力（奴役）下解放出来的政治形式"②。在马克思看来，如果没有劳动在经济上获得解放这个条件，公社体制就没有存在的可能，就是"欺人之谈"。因为"生产者的政治统治不能与他们永久不变的社会奴隶地位并存。所以，公社要成为铲除阶级赖以存在、因而也是阶级统治赖以存在的经济基础的杠杆。劳动一解放，每个人都变成工人，于是生产劳动就不再是一种阶级属性了"③。巴黎公社真正的民主制的实行，前提就是劳动者在经济上获得解放。劳动解放意味着劳动成为人的第一需要，而不再是人谋生的手段，即劳动将不再是被迫的强制性劳动，不再是外在于劳动者并控制劳动者的异化劳动，而是一种能自由发挥劳动者潜能并被劳动者真正驾驭的、非异己且非对立的自由劳动。这从巴黎公社采取的各项具体措施便可看出："不让面包行业的工人做夜工；用严惩的办法禁止雇主们以各种借口对工人罚款以减低工资——雇主们在这样做的时候集立法者、审判官和法警于一身，而且以罚款饱私囊。另一个此类的措施是把一切已关闭的作坊或工厂——不论是资本家逃跑了还是自动停了工——都交给工人协作社，同时给企业主保留获得补偿的权利。"④这表明，只有制定保护劳动者利益的措施才能保证劳动不被资本所奴役。在马克思看来，巴黎公社所采取的这些社会措施

---

① 《马克思恩格斯选集》第 3 卷，人民出版社 2012 年版，第 150 页。
② 《马克思恩格斯选集》第 3 卷，人民出版社 2012 年版，第 143 页。
③ 《马克思恩格斯选集》第 3 卷，人民出版社 2012 年版，第 102 页。
④ 《马克思恩格斯选集》第 3 卷，人民出版社 2012 年版，第 107 页。

也"已经清楚地、有意识地宣告他们的目的是解放劳动和改造社会"①。

其中,生产资料的所有制变革更具根本性意义。因为劳动在经济上获得解放首要的内容就是实现经济平等和社会平等,而劳动要实现经济平等和社会平等就必须剥夺资本对劳动的经济统治地位,让生产资料由在资产阶级手里作为资产阶级统治和剥削手段,变为自由的联合劳动的形式和社会的生产资料。因此,公社"大规模的有组织的劳动,生产资料的集中,这是无产阶级追求的希望,也是无产阶级运动的物质基础,尽管目前劳动的组织是专制式的,生产资料不仅作为生产手段,而且作为剥削和奴役生产者的手段集中在垄断者的手中。无产阶级要做的事就是改变这种有组织的劳动和这些集中的劳动资料目前所具有的资本主义性质,把它们从阶级统治和阶级剥削的手段改变为自由的联合的劳动形式和社会的生产资料"②。其目的就是"想要消灭那种将多数人的劳动变为少数人的财富的阶级所有制","想要把现在主要用做奴役和剥削劳动的手段的生产资料,即土地和资本完全变成自由的和联合的劳动的工具,从而使个人所有制成为现实"。③这种"个人所有制"所体现的"现有生产力总和的占有","只有通过联合劳动才能实现"。这就决定了"重建"的"个人所有制",并非孤立的单个人的所有制,而是联合起来的个人实现了对生产资料公共占有的"社会所有制"。 在马克思看来,它不是要实现什么理想,而只是要解放那些由旧的正在崩溃的资产阶级社会本身孕育着的新社会因素。它既实现了劳动者与生产资料的直接结合,又克服了私人劳动与社会劳动的矛盾。这样便铲除了少数人依靠生产资料的所有权奴役他人劳动的根源,使劳动者成为生产资料和自己命运的主人,从而在社会经济生活的管理中处于主体地位,为其成为社会和国家的主人进而实现人的彻底解放奠

---

① 《马克思恩格斯选集》第 3 卷,人民出版社 2012 年版,第 152-153 页。
② 《马克思恩格斯选集》第 3 卷,人民出版社 2012 年版,第 146-147 页。
③ 《马克思恩格斯选集》第 3 卷,人民出版社 2012 年版,第 102-103 页。

定了根本基础。这就从根本上颠覆了资本支配劳动的逻辑,社会的交往规则以劳动本位取代了资本本位,最大限度地降低人对物的依赖程度,真正让自由、平等的现代社会价值落地生根。

第三节 代表制民主:社会共和国真正民主的实现机制

代议民主是现代国家实现人民主权原则普遍采用的制度安排。但资产阶级国家的代议民主是为资产阶级共同利益服务的,仅仅只是一个制度的形式。无产阶级革命不是要废除以普选权为基础的代议民主本身,而是要扬弃其资产阶级的虚伪内容,并赋予其合理内核以真正的无产阶级代表民主。马克思从巴黎公社的实践中看到,在中央层面,"公社是由巴黎各区通过普选选出的市政委员组成的。这些委员对选民负责,随时可以罢免。其中大多数自然都是工人或公认的工人阶级代表。公社是一个实干的而不是议会式的机构,它既是行政机关,同时也是立法机关"[1];在地方层面,"每一个地区的农村公社,通过设在中心城镇的代表会议来处理他们的共同事务;这些地区的各个代表会议又向设在巴黎的国民代表会议派出代表,每一个代表都可以随时罢免,并受到选民给予他的限权委托书(正式指令)的约束"[2]。由此我们可以看出巴黎公社的权力运行机制是:公社由各区选民投票选出的城市代表组成;代表会议具有主管一切公共事务的职权;代表会议代表必须严格遵守选民的确切训令,并且选民可以随时撤换代表;专区的代表会议派代表参加巴黎的全国代表会议。它实行了完全意义上的普选制、任期制、限任制、责任制和可撤换制,开创了民选机关支配行政机关的权力配置原则。巴黎公社这种代表制民主与资产阶级国家代议民主制的区别在于,它

---

[1] 《马克思恩格斯选集》第 3 卷,人民出版社 2012 年版,第 98 页。
[2] 《马克思恩格斯选集》第 3 卷,人民出版社 2012 年版,第 99 页。

不是基于委托代理原则，将权力委托给职业的政治代理人并让他们来管理国家，从而不可避免地形成一部分官僚掌握国家权力的统治格局；而是基于"通过人民自己实现的人民管理"原则，即构成人民的每个群体都通过自己对应的代表来掌握和行使国家权力，让国家权力依然被社会各方面力量共同掌握，从而在人民代表制下，实现全体人民共同掌握并整体运行国家权力。其实，早在《莱茵报》时期，马克思在批判普鲁士等级代表制时，就提出了建立真正代表人民利益的人民代表制的主张，认为："不应当把代表权理解为某种并非人民本身的事物的代表权，而应当理解为人民自身的代表权，理解为一种国务活动。这种国务活动不是人民唯一的独特的国务活动，它跟人民的国家生活的其他表现不同的只是它的内容的普遍性。"①这种"内容的普遍性"表明，人民代表机构，不应代表等级的特殊利益，而应代表人民的普遍利益，而人民的国务活动是全面的，不仅限于立法活动，还包括对国家进行的行政管理活动。马克思把人民代表制看作人民精神力量的体现，在他看来，只有这种人民代表制才能代表人民的普遍利益，体现人民的共同意志。

一、真正的普选：社会共和国的制度基础

现代国家的人民主权原则是通过普选权的确立加以实现的。然而，在资本统治劳动的逻辑下，资本成为滋养选举制度的天然养分，渗透进了选举制度的每个细胞，扭曲着普选权所追求的民主精神，资本的所有者甚至可以出于维护统治的需要废除普选权。比如，法国大革命虽然确立了自由、平等和博爱的基本原则，但是，在包括选举权在内的公民政治权利的配置上，实行的却是政治权利与财产权利挂钩的做法。巴黎公社成立以后，废除了资本所有者的特权，实行普遍的选举制度，赋予公社内所有成员以平等的选举权和被选举权，并为他们在权利的行使上创造方便条件。马克思高度肯定了

---

① 《马克思恩格斯全集》第 1 卷，人民出版社 1995 年版，第 344 页。

巴黎公社这一举措，认为："普选权在此以前一直被滥用，或者被当做议会批准神圣国家政权的工具，或者被当做统治阶级手中的玩物，只是让人民每隔几年行使一次，来选举议会制下的阶级统治的工具；而现在，普选权已被应用于它的真正目的：由各公社选举它们的行政的和创制法律的公职人员。"①在马克思看来，如果政治权利不能充分实现，公民的经济权利就得不到普遍和平等的保障。因此，必须超越当时存在的对选举权进行限制的做法，将选举权普遍和平等地普及每一个公民并从中产生一个代表机构，且这个代表机构能够证明自己抱有实现真正民主的社会制度的意愿。而在当时，普及这种选举的直接的对象就是处于社会最底层的工人和妇女。换句话说，只要彻底实现了这种选举权的普及，工人也就能够通过自己的选举来表达和实现自己的意志，从而也就废除了由原来的中央集权的国家机器对工人的奴役。巴黎公社的普选制之所以受到马克思的高度肯定，就在于它直面当时工人阶级并不享有选举权的现实问题。正如他所讲，被选出的公社委员会成员，"其中大多数自然都是工人或公认的工人阶级代表"②。这不但消除了君主制，同时也消除了政治上的少数人统治，从而真正确立起共和国的真正民主原则。马克思总结巴黎公社失败教训，认为"为了避免篡夺政权的嫌疑，它们进行公社的选举，而组织公社的选举等等又花费了许多时间，因而它们失去了宝贵的时机"③。从另一角度看，普选权在巴黎公社领导人心中的位置要高于军事上的胜利，公社成立后的第一件事就是举行有普遍选举权的公民投票。这也反映出普选制在巴黎公社制度体系中至关重要的地位。其实，在《关于现代国家的著作的计划草稿》中，马克思便把"选举权"与"消灭国家和市民社会"相联系，作为提纲的落脚部分。在他看来，"选举改革就是在抽象的政治国家的

---

① 《马克思恩格斯选集》第 3 卷，人民出版社 2012 年版，第 141 页。
② 《马克思恩格斯选集》第 3 卷，人民出版社 2012 年版，第 98 页。
③ 《马克思恩格斯文集》第 10 卷，人民出版社 2009 年版，第 351 页。

范围内要求这个国家解体,但同时也要求市民社会解体"①。他认为:"实行普选权的必然结果就是工人阶级的政治统治。"②因为在真正的民主制中,国家和市民社会将走向消亡,而消亡的基础在于阶级差别的消除。由于阶级是以私有财产为基础的,而私有财产在本性上是有差别的,所以阶级差别的消除依赖于财产私有制的消除。普遍的选举,只有它适用于全体而不是一个特殊阶级时才具有真正的意义。真正的普选制,将把公共权力从它对财产和市民社会的依赖中解放出来,让阶级差别赖以生存的条件——私有财产不再存在,在重建人民政治生活与社会生活统一中实现社会和人的普遍化,使人民直接参与国家事务成为可能,使国家本身成为多余,为国家和市民社会走向消亡创造条件。马克思对巴黎公社普选制的高度肯定和积极评价,与先前的思想也是一脉相承的。巴黎公社实践也表明,无产阶级专政不是取消民主,而是以普选制为基础最广泛地应用民主,即公社权力服从普选制。

巴黎公社普选权的落实是通过以下机制实现的:从公社委员起,自上而下的所有公职人员均经选举产生,并随时可以撤换。也就是说,公社把立法、行政、司法、警察和国民教育方面的一切职位交给由普选选出的人担任,而且规定选举者可以随时撤换被选举者。正如马克思所说:"普选权已经被应用于它的真实目的:由各公社选举它们的行政的和创制法律的公务员。"作为兼有行政和立法的中央权力机构,"公社是由巴黎各区通过普选选出的市政委员组成的,这些委员对选民负责,随时可以罢免"③。马克思在论述公社和中央委员会产生时感慨道:"从来还没有过进行得这样认真仔细的选举,也从来没有过这样充分地代表着选举他们的群众的代表。"④这两个"从来没有过",揭示了普选权在巴黎公社真正实现的划时代意义,

---

① 《马克思恩格斯全集》第3卷,人民出版社2002年版,第150页。
② 《马克思恩格斯全集》第11卷,人民出版社1995年版,第411页。
③ 《马克思恩格斯选集》第3卷,人民出版社2012年版,第98页。
④ 《马克思恩格斯选集》第3卷,人民出版社2012年版,第135页。

即"普选权不是为了每三年或六年决定一次由统治阶级中什么人在议会里当人民的假代表,而是为了服务于组织在公社里的人民"①。此外,在司法机构方面,"法官和审判官,也如其他一切公务人员一样,今后均由选举产生,对选民负责,并且可以罢免"②。巴黎公社将普选制与可撤换制、责任制结合在一起,实现了人民的民主选举与民主管理、民主监督的统一,以避免出现人民只有在投票时被唤醒、投票后就进入休眠期的单一且短暂的形式主义政治参与行为。这样,普选权在巴黎公社的真正落实,让所谓国家事务的神秘性和特殊性这一套骗局被一扫而尽,让官僚特权彻底取消,以防止国家和国家机关由社会公仆变为社会主人。正如马克思所说:"从前有一种错觉,以为行政和政治管理是神秘的事情,是高不可攀的职务,只能委托给一个受过训练的特殊阶层,即国家寄生虫、俸高禄厚的势利小人和领干薪的人,这些人身居高位,收罗人民群众中的知识分子,把他们放到等级制国家的低级位置上去反对人民群众自己。现在错觉已经消除。彻底清除了国家等级制,以随时可以罢免的勤务员来代替骑在人民头上作威作福的老爷们,以真正的责任制来代替虚伪的责任制,因为这些勤务员总是在公众监督之下进行工作的。"③同样,法官通过选举产生并可以随时罢免,也撕碎了虚假的独立性这一法官用来掩盖自己向行政官僚奴颜谄媚的假面具,从而能够有效维护社会公正。

马克思把人民选择公职人员比喻为雇主为自己的企业选择工人,认为:"正如个人选择权服务于任何一个为自己企业招雇工人和管理人员的雇主一样。……企业也像个人一样,在实际业务活动中一般都懂得在适当的位置上使用适当的人,万一有错立即纠正。"④在他看来,公社通过普遍选举,可以挑选出为人民服务的真正的社

---

① 《马克思恩格斯选集》第3卷,人民出版社2012年版,第100页。
② 《马克思恩格斯选集》第3卷,人民出版社2012年版,第99页。
③ 《马克思恩格斯选集》第3卷,人民出版社2012年版,第141页。
④ 《马克思恩格斯选集》第3卷,人民出版社2012年版,第100页。

会公仆,而不是找到凌驾于人民之上的官僚政客。恩格斯在为《法兰西内战》1891年版撰写的导言中这样描述巴黎公社为了防止国家和国家机关由社会公仆变为社会主人而采取的两个可靠的办法:"第一,它把行政、司法和国民教育方面的一切职位交给由普选选出的人担任,而且规定选举者可以随时撤换被选举者。第二,它对所有公职人员,不论职位高低,都只付给跟其他工人同样的工资。"①概括起来,就是公职人员的普选制和限薪制。这里,恩格斯把普选制放在"两个可靠办法"的第一位,说明其更具有根本性和决定意义。因为工人阶级政权的国家,是人类历史上第一种"穷人"掌权来统治"富人"的国家类型,而国家权力本身又具有垄断性、扩张性、诱惑性和腐蚀性。在这种情形下,限薪制的实行更容易使公职人员被利益集团所"围猎"和"俘虏",更容易使他们依靠公共权力侵犯人民权益。所以,只有行政、司法和国民教育等方面的一切公职人员由普选产生并且可以随时撤换,才可以有效地防止公职人员去追求升官发财,才能有效防止国家和国家机关由社会公仆变为社会主人。

"社会将国家政权重新收回"这一社会共和国的特质明示出国家权力的未来历史趋势,同时也意味着人民自我管理即社会自治的实现。普选权的真正实施,也是从制度上保证巴黎公社地方自治的有效实施,即取消由国家任命的一切地方的和省的政权机关,省、县和市镇通过依据普选制选出的官员实行完全的自治。在马克思看来,"如果用等级授职制去代替普选制,那是最违背公社精神不过的"②,"公社将成为甚至最小村落的政治形式,常备军在农村地区也将由服役期限极短的国民军来代替。每一个地区的农村公社,通过设在中心城镇的代表会议来处理他们的共同事务;这些地区的各个代表会议又向设在巴黎的国民代表会议派出代表,每一个代表都可以随时

---

① 《马克思恩格斯选集》第3卷,人民出版社2012年版,第55页。
② 《马克思恩格斯选集》第3卷,人民出版社2012年版,第100页。

罢免,并受到选民给予他的限权委托书(正式指令)的约束。仍须留待中央政府履行的为数不多但很重要的职能,则不会像有人故意胡说的那样加以废除,而是由公社的因而是严格承担责任的勤务员来行使"①。在马克思看来,社会共和国应由三个层级来组成。这三个层级中,基层公社是由人民直接选举产生的,负责本公社的一切事务;而专区代表会议是负责本区的公共事务;全国代表会议则是一种民族团结的象征和管理一小部分全局层面的重要事务。由此可以看出,专区和全国层次上的代表会议虽然建立在基层公社基础之上,但它们的组织原则已经完全不同于以前的国家机构组织原则。基层公社是直接选举产生的,而专区和全国代表会议是间接选举产生的。全国和专区两级代表会议的每一个代表都要受限权委托书的约束,严格遵守选民的正式指令。这也说明,限权委托书不是由下一级代表会议,而是由选民直接签发的,选民有权随时罢免每一名代表。这就保证了间接选举下权力来源于真实民意。马克思通过考察巴黎公社的民主制度,认为"如果所有大城市都按照巴黎的榜样组成公社",那么,"全法国都将组织起独立工作的、自治的公社",②因为"只要公社制度在巴黎以及次一级的各中心城市确立起来,那么,在外省,旧的集权政府就也得让位给生产者的自治政府"③。那时,"国民代表的选举将不再是总揽一切大权的政府玩弄手腕的事情,而是组织起来的各公社的意志的自觉表现"④。这种"各公社的意志的自觉表现"就是人民普遍的、真实的意思表达,而"普遍"和"真实"的实现,又源于选举离开了权力的玩弄。

二、民选机关支配行政机关:社会共和国的权力运行机制

马克思从法兰西第二共和国向第二帝国演变的实际政治运作看

---

① 《马克思恩格斯选集》第 3 卷,人民出版社 2012 年版,第 99-100 页。
② 《马克思恩格斯选集》第 3 卷,人民出版社 2012 年版,第 142 页。
③ 《马克思恩格斯选集》第 3 卷,人民出版社 2012 年版,第 99 页。
④ 《马克思恩格斯选集》第 3 卷,人民出版社 2012 年版,第 142 页。

到，资产阶级反对君主专制时缔造的资产阶级的代议制民主和三权鼎立的权力制衡制度没有解决反而扩大了国家与社会相异化的矛盾。因为资产阶级为了巩固资本对劳动的统治权，"必须赋予行政机关以越来越大的镇压之权，同时还必须把它自己的议会制堡垒——国民议会——本身在行政机关面前的一切防御手段一个一个地加以剥夺"①。这种行政权力超常发展的趋势使资产阶级议会从代表民意的立法机构逐步蜕化到了"清谈馆"的地步。这表明，在实行三权鼎立的条件下，由于民选的议会在国家机关体系中还要受其他国家机关的牵制，因而它不可能树立自己的最高权威，也不可能把国家权力集中起来由自己行使，使得行政权力极易越界并使议会的权力被悬空虚置，从而形成行政权力对社会的实际控制。其实，1848年革命时期，马克思便萌发了关于立法权和行政权相统一的设想。他和恩格斯在亲身参加1848年德国革命的过程中，曾为揭露资产阶级自由派的幻想进行了不懈的斗争。他们主张法兰克福国民议会作为人民主权的体现者应当亲自执掌行政权，把全国的一切国家权力统一于自身。他们认为，在革命期间，根本不能指望依靠孟德斯鸠、德洛姆的分权学说来解决议会同国王之间的矛盾和冲突；相反，正是战时临时机构里的这种分权局面，必然要导致冲突。因此，马克思说："在革命之后，任何临时性的政局下都需要专政，并且需要强有力的专政。"②而恩格斯认为，这种专政的实现，又暂时需要借助于"立法机构对行政机构职能的干预"。"暂时的革命秩序正是在于，分权暂时被废除了，立法机关暂时攫取了行政权或者行政机关攫取了立法权。"③这是马克思和恩格斯基于1848年德国资产阶级革命形势所作的分析。无产阶级取得政权，在尚未组织就绪的局面下，更需要把国家一切权力统一于自身，即不仅要掌握立法机关，而且要掌握行政机关，要把军队置于自己的指挥之下，要不折不扣地掌

---

① 《马克思恩格斯选集》第3卷，人民出版社2012年版，第97页。
② 《马克思恩格斯选集》第1卷，人民出版社2012年版，第437页。
③ 《马克思恩格斯全集》第5卷，人民出版社1958年版，第226页。

握并巩固全部国家权力。如果在这种历史背景下采取分权的策略，将有可能导致国家政治生活在很大程度上退回到旧有的政治秩序当中，成为无产阶级与资产阶级相互妥协、分享国家权力而导致无产阶级国家政权体系形同虚设的错误根源，也使资产阶级在新的权力体系中获得喘息的机会，不断积聚力量，逐步攫取一个一个的国家权力，进而走向资产阶级统治的全面复辟。

马克思总结巴黎公社革命实践时，认为："公社是一个实干的而不是议会式的机构，它既是行政机关，同时也是立法机关。"①这就是被后来的马克思主义者概括为"议行合一"模式的经典表述。在巴黎公社，最高权力机关是普选产生的公社委员会，政府机构是公社委员会领导下的，对公社委员会负责的执行、司法、军事、公安、财政、粮食、外交、劳动和贸易、教育、社会福利十个委员会。前者是"议"，后者是"行"，它们是合一的，是一个由选民选举产生、协同工作的统一整体。②其中，组成最高权力机构公社委员会的市政委员是巴黎各区通过普选选出的，而各个政府机构的执行权又由经公社选举并对公社负责的勤务员掌握。这种制度有如下特点。一是政权机关合一，即公社机关在设置上没有明确地分开，最高权力机关是巴黎公社委员会，该委员会负责制定法律，并有执行、司法、军事、公安、财政、粮食、外交、劳动和贸易、教育、社会福利十个委员会行使执行权。二是人员合一，即巴黎公社委员会的委员和各部门委员会的委员一身二任，每一个部门委员会委员同时也是公社委员会委员，是人民代表，同时又是公职人员，组织执行公社制定的各项法令、决议，直接领导该区的政府工作。三是职权合一，即公社委员会集立法权与执行权于一身。公社委员会有权通过一切法令，并决定一切重大问题，同时直接指挥执行，行使行政权和司法权。当然，这种议行合一实行的基本前提就是实现了"普遍的直

---

① 《马克思恩格斯选集》第3卷，人民出版社2012年版，第98页。
② 朱光磊：《政治学概要》，天津人民出版社2001年版，第232页。

接民主",即普选权的真正实现。也就是说,只有使人民群众对于自己的代表能够进行直接的选举、监督和罢免的情况下,这种议行合一的政权组织形式才能成为真正民主的政权。否则,如果人民群众不能对自己的代表的立法和执法活动进行有效的监督,议行合一就很容易使权力不受限制地高度集中于某一部门或某一个人,从而导致专制主义的复活。

  巴黎公社的组织形式从整体上看是立法权和执行权合二为一的,但它的革命意义不在于形式,而在于其创设了民选机关支配行政机关的权力配置原则。也就是说,议行合一思想的基本精神并不在于政权组织、人员及职权是否合一,也并不是反对国家机构间职能的分工(其实,公社委员会与政府部门之间也有必要的分工),它强调:人民对于国家事务拥有最高权力,人民通过自己的代表实施这种权力,人民对于各种国家职能机构具有统辖权,人民可以委托各种机构和官员履行政治职能,并对这些机构和官员有监督权和撤换权;国家的一切权力集中于民选机关,由人民选出的、有一定任期的民选机关在国家机构中的至上地位和管理国家事务的全权性;行政机关与民选机关不是并列关系,而是决策与执行、监督与被监督的关系,行政机关则处于从属地位,要受制于民选机关,只能执行民选机关的决议而不能凌驾于其之上;民选机关有权任命或撤换行政机关的官员,而行政机关却只有向民选机关负责和报告工作的义务,没有否决民选机关议案的权力,更没有解散民选机关的权力。用恩格斯的说法,就是"把一切政治权力集中于人民代议机关之手"①。这就从权力的运行机制上有效控制并防止行政权力超常发展导致的国家凌驾于社会之上,保证了社会将国家权力重新收回,使之成为"社会本身的生命力"。这样,社会共和国与议行合一在逻辑上具有内在一致性。其实,马克思在谈到巴黎公社时不仅没有把议行合一定为公社的原则,而且对巴黎公社本身也认为只是无产阶级

---

① 《马克思恩格斯选集》第 4 卷,人民出版社 2012 年版,第 294 页。

社会共和国的"一定的形式",适合于"一定的时期和一定的范围"。因而,在具体的运作方式上,后来无产阶级革命者不必拘泥于巴黎公社时的"三合一"的具体做法,而且还可以逐渐借鉴现代国家分权制衡原则的合理内核,以及其他一切先进的政治文明成果,使议行合一的基本精神在社会主义国家政权建设实践中得到丰富和发展。

三、共产党领导：社会共和国的权威保障

现代的代议民主制国家普遍采用政党政治的运作方式。从政党产生的社会历史条件来看,政党是阶级斗争发展到一定历史阶段的产物。这个历史阶段就是资产阶级在现代的代议制国家中取得政权,而现代议会制度和选举制度改革又催生了现代政党。彼时,无产阶级非常年轻,力量还非常弱小,需要与其他阶级结成联盟,甚至成为其他阶级的附庸力量或"尾巴",也没有意识到组织政党的重要性。随着革命进程的发展,无产阶级逐渐认识到,自己的利益同资产阶级的利益是完全对立的,而且依靠分散的、自发的力量也不可能完成自己的历史使命。比如,1848年法国二月革命,无产阶级没有自己的独立政党而只能在小资产阶级领导下进行革命,致使革命后他们在争取劳动权而要求成立劳动部的时候却放弃了掌握自己命运的政府权力,最后被小资产阶级民主派抛弃、被资产阶级残酷镇压而早早地退出了。于是,无产阶级便开展了对资产阶级的有组织的斗争,无产阶级政党应运而生。这表明,只有建立自己独立的政党,无产阶级才能使自己的政治力量不断团结壮大,才能使工人阶级由自在阶级变为自为阶级,由分散的力量变成统一的力量,才能把工人阶级在经济斗争中的联合转化为推翻资产阶级政权斗争中的共同行动,进而完成夺取政权这一无产阶级的伟大使命。正如马克思所说:"无产阶级在反对有产阶级联合力量的斗争中,只有把自身组织成为与有产阶级建立的一切旧政党不同的、相对立的政党,才能作为一个阶级来行动。为了保证社会革命获得胜利和实现革命的最高目

标——消灭阶级,无产阶级这样组织成为政党是必要的。"①

尽管在实践中,无产阶级组织成为政党这件事,不断由于工人的自相竞争而受到破坏。但马克思坚信"这种组织总是重新产生,并且一次比一次更强大、更坚固、更有力"。工人的自相竞争,将产生各式各样的工人阶级政党,而其中"更强大、更坚固、更有力"的政党便是共产党。马克思同恩格斯在《共产党宣言》中精辟阐明了共产党与其他无产阶级政党的区别,指出:"共产党人同其他无产阶级政党不同的地方只是:一方面,在无产者不同的民族的斗争中,共产党人强调和坚持整个无产阶级共同的不分民族的利益;另一方面,在无产阶级和资产阶级的斗争所经历的各个发展阶段上,共产党人始终代表整个运动的利益"。于是,"在实践方面,共产党人是各国工人政党中最坚决的、始终起推动作用的部分;在理论方面,他们胜过其余无产阶级群众的地方在于他们了解无产阶级运动的条件、进程和一般结果"。②因而,共产党始终坚持无产阶级的国际主义,始终代表整个无产阶级运动的利益,成为比其他工人政党更先进的无产阶级先锋队组织,从而能够将为工人阶级最近的目的和利益的斗争同实现无产阶级解放斗争的最终目标结合起来,能够把原则的坚定性与策略的灵活性结合起来,制定正确的革命路线、方针和政策,不断引导革命走向胜利。无产阶级先锋队性质决定了共产党将走在工人阶级的前列,坚持对革命运动的领导权。而共产党对革命的领导主要体现在:将广大的工人群众和其他劳动者组织起来,用先进的理论武装群众,做好革命的准备工作;当革命形势走向高潮时,制定周密的斗争计划和行动方案,适时发出革命的指令,有力地推进革命;当决战的时刻到来时,果敢地领导武装起义,占领桥梁、车站和城市的制高点,并且集中力量向资产阶级政府的巢穴发动总攻,推翻旧政权,建立无产阶级的新政权,尔后,领导人民

---

① 《马克思恩格斯选集》第 3 卷,人民出版社 2012 年版,第 173 页。
② 《马克思恩格斯选集》第 1 卷,人民出版社 2012 年版,第 413 页。

战胜被推翻阶级的反抗，巩固人民当家作主的新政权。同样，无产阶级政党只有确立和加强自己对工人阶级的领导，使自己的每一个组织成为工人运动的中心和核心，关于无产阶级的立场和利益问题才能够进行独立讨论而不受资产阶级影响，从而避免工人阶级政党成为资产阶级利用和支配的工具。

巴黎公社的伟大功绩，在于摧毁了官僚集权的国家机器，造就了社会共和国的公社体制。然而，伴随着官僚化国家机器的摧毁，国家强制力也随之日趋羸弱。这也就为巴黎公社的失败埋下了一大隐患。巴黎公社失败的原因，归根到底是缺乏一个以马克思主义为理论指导的无产阶级政党的领导，以填补国家官僚机构退出之后的权威真空。彼时，法国和大多数国家一样尚未组建起有口号、有纲领、有行动路线和有战斗力的无产阶级政党。马克思、恩格斯帮助建立的世界上第一个国际无产阶级的政党——共产主义者同盟，已于1852年迫于国际政治局势宣布解散了。当时的国际工人协会即第一国际，还不是无产阶级革命政党，而只是一个国际性的工人群众组织。1869年建立的德国社会民主工党仍处于幼年时期，在德国国内革命斗争中尚且缺乏战斗力和影响力，更别说对国际无产阶级革命运动造成影响和提供有力的支持。而且，巴黎公社著名领导人瓦尔兰、弗兰克尔、杜瓦尔等都不是马克思主义者，他们过多追求的是在公社之中实现真正的工人自治，还没有意识到要建立一个无产阶级政党。在这种背景下，经过选举产生的86名巴黎公社委员中，主要分为布朗基派即多数派和蒲鲁东派即少数派。这两派都是小资产阶级社会主义者，都没有接受马克思主义理论的指导，因而就不能正确分析革命形势，进而也提不出正确的革命路线；在革命的关键时刻领导不力、犹豫不决；在战略、策略、革命措施、内部团结等一系列重大原则问题上犯了严重错误，致使巴黎公社只坚持了72天便告失败。可以说，巴黎公社失败的根本原因在于没有一个领导核心。如果有一个坚强、富于自我牺牲精神的、有觉悟的核心，本来是能够避免失败的。正如曾经是普鲁东派的公社委员沙·龙格也通过自己的亲身感受说道:"当时如果有一个组织,公社在击退入侵之敌之后,就能在巴黎并且在柏林得到稳固。公社之所以失败,就是因为缺少一个我所讲的那样的组织。"①这个核心、这个组织就是由工人阶级中最先进、最积极、最有觉悟的一部分组成的共产党。对此,第一国际伦敦大会、海牙大会在总结巴黎公社教训时,重申了马克思起草的《国际工人协会共同章程》中关于建立独立的无产阶级政党必要性的条款,即"无产阶级在反对有产阶级联合力量的斗争中,只有把自身组织为与有产阶级建立的一切旧政党不同的、相对独立的政党,才能作为一个阶级来行动"②。而国际共产主义运动的实践表明,只有共产党才是无产阶级把自身组织为与有产阶级建立的一切旧政党不同的、相对独立的政党。

共产党之所以能够正确地领导无产阶级和人民群众的革命运动,在于其无产阶级先锋队的权威力量。当它领导无产阶级和人民群众夺取政权后,要继续保持和巩固对人民群众的领导权,就必须不断保持这种权威力量。这种权威力量实际是一种思想上、政治上和组织上高度统一的力量,而这种高度统一又来源于崇高而明确的革命纲领和民主集中制的组织原则。马克思认为,一个政党制定了明确的革命纲领,"这就是在全世界面前树立起一些可供人们用以判定党的运动水平的界碑"。共产党的革命纲领可以概括为党的最近任务和最终奋斗目标,共产党的最近任务就是"使无产阶级成为阶级,推翻资产阶级的统治,由无产阶级夺取政权",最终目标是"消灭私有制",建立物质财富极大丰富、人的精神境界极大提高、每个人实现了自由而全面发展的共产主义社会。它体现党的性质,决定党的发展方向,是凝聚全党、动员群众的一面旗帜。这一崇高而明确的纲领,就为共产党赋予了使命型政党的基本特质,即其在自身发展中需要不断明确自身的历史使命,积极主动地去把握和承担自身的

---

① 《第一国际和巴黎公社文件资料》上册,三联出版社1978年版,第233页。
② 《马克思恩格斯选集》第3卷,人民出版社2012年版,第173页。

历史责任，而非以扩大选民支持而赢得公职选举为主要目标。这种使命型政党的特质也使共产党"不是同其他工人政党相对立的特殊政党"，也使"他们没有任何同整个无产阶级的利益不同的利益"。①这样，共产党就不会被利益集团所绑架，不会为了赢得选举而分化选民队伍，也不会在上台后做出为了谋求连任而过度迎合选民的短期行为，其政治活动将着眼于人民群众的根本利益和长远利益，也将凝聚广大无产阶级和人民群众的力量。共产党明确了自己的革命纲领之后，就需要党员为完成自己的纲领而团结奋斗，这就需要有效的组织原则加以引导和规范。马克思与恩格斯在改组共产主义者同盟的过程中，便创立了共产党的组织原则——民主制，认为党"组织本身是完全民主的，它的各委员会由选举产生并随时可以罢免，仅这一点就已堵塞了任何要求独裁的密谋狂的道路"②。因为共产党要领导无产阶级进行革命斗争，不能只靠少数人，不能搞个人独裁，而要依靠集体的智慧。后来，马克思又在领导第一国际的实践中强调了无产阶级政党（这时共产主义者同盟已经解散）的民主制与严格的组织纪律性相统一，指出"必须绝对保持党的纪律，否则将一事无成"。因为如果没有党的集中统一和纪律约束，就会出现极端自由化，也就不可能有真正的民主。

---

① 《马克思恩格斯选集》第1卷，人民出版社2012年版，第413页。
② 《马克思恩格斯选集》第4卷，人民出版社2012年版，第207页。

第四章　社会主义法治国家：马克思现代国家思想在中国的发展和实践

特利尔、波恩、柏林、巴黎、布鲁塞尔、伦敦，马克思一生的生活足迹都遍布于西欧世界。这也使他的现代国家思想，主要是以西欧文明发展的历史逻辑为背景的。马克思通过考察19世纪中后期英、法、德等国的生产方式、阶级关系、经济形态、国家制度的变革来探讨现代国家问题。当时，这些国家业已完成了工业革命，确立了"自由竞争以及与自由竞争相适应的社会制度和政治制度"①，即资本主义的市场经济制度和民主政治制度。按照他的预想，当无产阶级革命摧毁资本统治的社会、建立"真正的民主"制度之后，无产阶级专政的国家只不过是通往"国家已经消亡"的共产主义社会的短暂的过渡形式。尤其像中国这样具有五千年农耕文明史的东方大国，不是工业化和商品经济的发展促进现代国家的生成，而是需要依靠社会主义国家政权的力量完成工业化和改造社会经济结构的历史任务，从而使国家政权走向消亡的历史远没有马克思设想的那样短暂。所以，中国社会主义国家政权建设的目标定位，不在打碎国家机器，而在健全现代国家制度。当然，中国选择通过社会主义道路完成现代国家转型，就是要"缩短和减轻"资产阶级现代国家的弊端和苦痛。这也是中国现代国家建设必须遵循的根本的价值诉求和基本规定。

---

① 《马克思恩格斯选集》第1卷，人民出版社2012年版，第405页。

第一节 中华帝国的现代转型：马克思的观点

中国一直是马克思跟踪研究的国家。这种跟踪研究是他的整个革命活动的重要一环。19 世纪 40 年代，马克思主义在欧洲诞生，与此同时，中国发生了鸦片战争，这个东方古国从此进入了近代社会，即由封建社会逐步转变为半殖民地半封建社会。这种转变也迫使中国从古代国家向现代国家开始转型。马克思在创立自己的理论时，已经关注到中国发生的事情及其对世界的影响。从 1853 年 5 月至 1862 年 7 月，他连续撰写了一系列有关中国的专题文章，围绕鸦片贸易和鸦片战争及其对中国和世界的影响而展开论述，高度肯定中华文明对人类文明进步的贡献，系统分析了中国的历史、19 世纪国情、社会性质、民族特征以及社会变革的时代条件、国际环境和发展前途等，科学预见了"中国社会主义"的出现，甚至为他心中的新中国取了靓丽的名字——"中华共和国"。

一、中华帝国：古代国家的中国标识

马克思在其著述中，经常沿用西方人的惯例，以"中华帝国"来指称当时的中国。这个指称体现了他对古代中国的准确定位。"中华"标识了国家的民族属性。总览欧洲古代历史，能与"中华帝国"媲美的当属"罗马帝国"了。古代中国能被西方人以"中华"标识，表明这个东方帝国不是罗马帝国那样的宗教国家，而是已经具有了民族国家的特征。而且，这个民族国家突破了"一族一国"论的既有认识，是一个统一的多民族国家，不同的民族统一在"中华民族"的旗帜之下。尤其是当时统治中国的是清政府，但马克思仍称当时的中国为"中华帝国"，表明他没有把满族看成"蛮夷""异族"，而是将其视为中华民族的组成部分。"帝国"则表明古代中国的君主专制性质，即以皇权为中心的政治结构，皇帝以武力为先导、以暴力

为后盾总揽天下大权，集立法、行政、司法等国家权力于一身。尽管中国古代有悠久的民本传统，但从主权归属关系上看，它奉行的是君主主权而不是人民主权。国家一切权力的权威源泉，来源于绝对的君主权力，国家最高权力的传承是基于血缘关系的世袭承续，皇权至高无上、不可分割、不可转让。与其他亚洲专制国家一样，整个国家都是君主一己之任意的"奴隶"。①然而，面对如此庞大的帝国，皇帝不可能以一己之力驾驭它，而要通过庞大的官僚机构来实现对全国的统治，各级官僚系统贯彻和执行皇帝的意志，协助皇帝管理社会公共事业。这样便在全国形成了一套以皇帝为塔尖、以等级官僚为支撑的"金字塔"式的国家权力结构。在某种程度上说，古代的中国具备了现代国家的某些因素，如追求民族统一、实行政教分离、通过考试选官、依靠官僚治国等，但它本质上仍属于"家天下"的王朝国家范畴。正如马克思所说："正如皇帝通常被尊为全中国的君父一样，皇帝的官吏也都被认为对他们各自的管区维持着这种父权关系。"②这种父权关系决定了各级官吏只对皇权和上级长官负责，而不必对自己管辖区的人民负责。同时，"父权关系"这种具有血缘关系特点的称谓也表明，中国早期国家形成之后，政权和财富便通过血缘家族联系了起来。在国家和家庭这两极之间缺乏必要的社会组织因素，君主通过基于人身依附关系的等级制度，利用官僚机构、乡绅和宗族势力，将国家的统治力量延伸到了社会的每一个角落。可见，古代的中国，国家权力的权威结构是家国同构的，国家权威来源于血缘宗法关系；在意识形态上尤为强调祖先崇拜和传统礼制，将"三纲五常""君君、臣臣、父父、子子"等富有人身依附和等级色彩的伦理道德深深地渗透至整个社会的"神经末梢"。马克思把家长制权威看作"这个庞大的国家机器各个部分间的唯一的精神联系"③，认为中国正是由"这个家长制的权力"统治着"这

---

① 《马克思恩格斯全集》第 3 卷，人民出版社 2002 年版，第 43 页。
② 《马克思恩格斯选集》第 1 卷，人民出版社 2012 年版，第 779 页。
③ 《马克思恩格斯选集》第 1 卷，人民出版社 2012 年版，第 843 页。

个世界上最古老国家的腐朽的半文明制度"。

经济基础决定上层建筑。马克思指出,"依靠小农业与家庭工业相结合而存在的中国社会经济结构"①,奠定了古代中国生产方式的基础,也构成了其专制君主制度的牢固基础。在他看来,在古代中国,家庭小生产是基本的生产形式,由于农业和手工业的家庭结合以及固定的分工而构成了闭关自守、自给自足的生产整体,排除了商品生产或使商品生产处于从属的地位,生产力很低,社会停滞落后,这种长久稳固不变的村社就成了专制制度赖以存在的牢固基础。而"这些田园风味的农村公社不管看起来怎样祥和无害,却始终是东方专制制度的牢固基础,它们使人的头脑局限在极小的范围内,成为迷信的驯服工具,成为传统规则的奴隶,表现不出任何伟大的作为和历史首创精神"。②在小农业与家庭工业相结合的经济结构下,小农人数众多,他们的生活条件相同,但是彼此间并没有产生多样化的联系;他们的生产方式并未使他们互相交往,而是使他们互相隔离。这种隔离状态由于古时交通不便和农民的贫困而更为加剧;每一个农户差不多都是自给自足的,都是直接生产自己的大部分消费品,因而他们取得生活资料多半是靠与自然交换,而不是靠与社会交往。于是,一小块土地、一个农民和一个家庭的旁边是另一小块土地、另一个农民和另一个家庭。一批这样的单位就形成一个村子;一批这样的村子就形成一个省。这样,中国古代的广大劳动群众,便是由一些同名数相加形成的,仿佛"互不联系的原子"。由于各个小农彼此间只存在地域的联系,由于他们利益的同一性并不使他们彼此间形成任何的共同关系,他们彼此之间也缺乏相互联系的需求和组织机制,所以他们就没有形成自己共同的阶级意识,也不能以自己的名义来保护自己的阶级利益。也就是说,他们不能代表自己,一定要别人来代表他们,而他们的代表一定要同时是他

---

① 《马克思恩格斯选集》第1卷,人民出版社2012年版,第843页。
② 《马克思恩格斯选集》第1卷,人民出版社2012年版,第853-854页。

们的主宰，是高高在上的权威，是包括皇权和官权在内的不受限制的各种政治权力。这些权力保护他们田园风味的生活，并自上而下赐给他们阳光和雨露，让他们陷于封闭、昧于时势、安于现状、惯于因循、耽于幻想甚至甘于自欺的精神状态，同时防止出现由于小生产的自给自足性造成整个社会的一盘散沙的局面。因而，小农业与家庭工业相结合便成了专制制度赖以存在的牢固基础。

这样，在国家成为专制的国家，而社会又处于分散、封闭的情况下，古代中国的广大民众在改朝换代频繁的时代下，不被这个朝廷控制，就被那个朝廷占有，始终无法摆脱被国家垄断的境遇。于是，古代的中国便形成了官本位的社会秩序，即在各种类型的社会权力中，政治权力处于支配地位，成为衡量人的社会价值的基本标准，也是影响人的社会地位和社会属性的决定性因素。与建立在土地占有基础上的西欧封建领主社会不同，它是以权力占有为基础的。就社会整体而言，统治者不是因为占有土地才享有社会的统治地位，而是由于占有政治权力才占有土地并进而享有社会的统治地位的。与西欧古代社会强调等级一样，古代的中国也是等级森严的，不同的只是划分等级的标准不是土地等财富，而是官职和权力。除了官僚体制正常的科层体系之外，整个社会的等级体系都建立在权力本位之上。从人们的衣食住行到社会的礼仪习俗，从国家的公共领域到家庭的私人领域，所有等级的特权待遇和资源分配都最终按官秩来折算。中国古代社会同样是"人的依赖关系"的社会，但这种依赖关系不是基于土地关系的人身束缚，而是基于权力关系的人身依附。在这个权力等级体系中，君主居于最高权力地位，是整个权力阶层的总代表。这种权力本位的社会秩序反过来又加剧了国家对社会的控制，以君主为代表的整个权力阶层垄断了国家的全部权力，使国家权力无所不及、没有边界，可以在任何时候进入任何领域，既控制物质资源，又控制思想文化，既支配公共领域，又支配私人领域。从这个角度讲，中国与西欧具有共同的古代特征，即社会的等级和政治意义上的等级是同一的，社会就是政治社会，社会的有机原则就是国家的原则。二者所不同的是,西欧有教会、贵族等势力与国家抗衡,而中国则是国家权力一家独大。如果说西欧的封建社会是以君主为代表的行政权主导议会的立法权的话,那中国古代实行的则是君主集行政权和立法权于一身的高度的专制主义集权制。应该说,这种国家统摄社会的结构在中国的长期存在,有其历史的合理性。它的正常运转,有利于集中大规模的人力物力进行公共工程的修建;有利于生产技术的传播和商业贸易的流通,促进社会经济的发展;有利于抵御外侮,防止分裂,推动统一多民族国家的形成和巩固。马克思曾高度赞扬中国古代技术发明对世界的影响:"火药、指南针、印刷术——这是预告资产阶级社会到来的三大发明。"①而且,中国发明的火炮、纸币、算盘、茶叶、丝织品、养蚕业等,都曾经极大地推动了世界文明的进程,甚至改变了西方人的生活方式。此外,马克思还在《共产党宣言》等著作中多次提到"万里长城"。而上述每一项发明和成就的取得,都不是一蹴而就的,而是经历了长期不间断的历史积累和文明传承的过程。这得益于中华文明的延绵不断。正如罗素所说:"中国文明是古代唯一幸存至今的文明。自从孔子时代以来,埃及、巴比伦、波斯、马其顿和罗马帝国都消亡了;但中国文明绵亘不绝、生存至今。"②在封闭、保守的小农社会能取得这些成就并广泛应用和传播,进而影响世界历史进程,中华文明之所以能延绵至今,不能说与国家权力的助推甚至主导无关。

然而,以权力本位为基础的中国传统社会的长期延续,严重窒息了社会的创造活力,进而阻碍了中国社会的发展。用马克思的话来说,就是中国"几千年来都没有进步"。权力是用于分配财富的手段,而它本身并不创造财富。在权力本位下,社会精英竞相向权力领域特别是政治权力领域集中,而使经济、科技等创造社会财富和

---

① 《马克思恩格斯全集》第 47 卷,人民出版社 1979 年版,第 427 页。
② [英]罗素:《中国问题》,秦悦译,学林出版社 1996 年版,第 164 页。

活力的领域智慧匮乏。于是，在马克思看来，古老中国的"社会基础停滞不动，而夺得政治上层建筑的人物和种族却不断更迭"①，从而只能维持低下的生产力水平，而落后的生产方式必然阻碍经济和技术的发展。在《资本论》中，他揭示了整个亚洲社会长期停滞的秘密，指出："这些自给自足的公社不断地按照同一形式把自己再生产出来，当它们偶然遭到破坏时，会在同一地点以同一名称再建立起来，这种公社的简单的生产有机体，为揭示下面这个秘密提供了一把钥匙：亚洲各国不断瓦解、不断重建和经常改朝换代，与此截然相反，亚洲的社会却没有变化。这种社会的基本经济要素的结构，不为政治领域中的风暴所触动。"②这一论述对分析古代中国也是适用的。马克思生活的时代，欧洲主要国家经过文艺复兴运动、工业革命和资产阶级革命，已经从农业经济逐步转变为工业经济，从封建领主经济转变为资本主义社会化大生产经济。反观当时的中国，却仍处于以农业生产为基础的封建社会，生产力十分落后。因而，马克思称当时的欧洲为"文明世界"，称中国是欧洲的"直接对立面"，处于"野蛮的、闭关自守的、与文明世界隔绝的状态"。在他看来，由于中国的"社会基础停滞不动"，这个东方文明古国在汹涌的世界潮流中陷入了困境。然而，中国以小农业与家庭手工业相结合的自给自足的自然经济基础非常牢固，无法通过自身的发展实现向高一级文明制度的过渡。据此，马克思预言道："一个人口几乎占人类三分之一的大帝国，不顾时势，安于现状，人为地隔绝于世并因此竭力以天朝尽善尽美的幻想自欺。这样一个帝国注定最后要在一场殊死的决斗中被打垮。"③

二、西方殖民入侵：中华帝国现代转型的机遇与困境

马克思总是把中国问题放在世界历史的大背景和人类解放的大

---

① 《马克思恩格斯全集》第 15 卷，人民出版社 1963 年版，第 545 页。
② 《马克思恩格斯文集》第 5 卷，人民出版社 2009 年版，第 414-415 页。
③ 《马克思恩格斯选集》第 1 卷，人民出版社 2012 年版，第 804 页。

目标下加以分析。从 16 世纪到 19 世纪初,中国还处于封建社会晚期的兴衰更替之际,而西方已经经历了资本主义的产生和发展,并且随着生产工具迅速改进和交通运输空前便利,资产阶级通过殖民主义把包括世界上其他广大农耕地区和古老民族都卷入了世界经济发展的漩涡。正如马克思在《共产党宣言》中所说:"资产阶级,由于开拓了世界市场,使一切国家的生产和消费都成为世界性的了。"①它要"把一切民族甚至最野蛮的民族都卷到文明中来"②,"它使未开化和半开化的国家从属于文明的国家,使农民的民族从属于资产阶级的民族,使东方从属于西方"③。具体说来,"美洲的发现、绕过非洲的航行,给新兴的资产阶级开辟了新天地。东印度和中国的市场、美洲的殖民化、对殖民地的贸易、交换手段和一般商品的增加,使商业、航海业和工业空前高涨,因而使正在崩溃的封建社会内部的革命因素迅速发展"④。至 19 世纪 40 年代,中国作为最后一个巨大的世界市场,成为西方列强争夺的重点。英国作为当时世界上的头号资本主义国家,凭借着它的工业垄断地位和商业及海上的霸权地位,为争夺中国市场以获取更大商业利润,于 1840 年对中国发动了鸦片战争,用"坚船利炮"打开中国门户,引起这个历史悠久的东方国家整个生存方式的改变,从而使这个古老的民族卷入世界现代文明潮流。这表明,中国农耕社会的崩溃及其向现代转型的革命因素的发展绝不是偶然的、孤立的事件,而是世界经济和政治剧变使然。简而言之,随着资本主义的世界性扩展,大工业逐步"把世界各国人民互相联系起来",在这种历史趋势下,"中国现在也正走向革命"。这种"革命",将是一场由以自然经济为基础的农业文明向商品经济主导下的工业文明的经济变革,进而以此为基础促进古代社会向现代社会、古代国家向现代国家转型的社会和政治革

---

① 《马克思恩格斯选集》第 1 卷,人民出版社 2012 年版,第 404 页。
② 《马克思恩格斯选集》第 1 卷,人民出版社 2012 年版,第 404 页。
③ 《马克思恩格斯选集》第 1 卷,人民出版社 2012 年版,第 405 页。
④ 《马克思恩格斯选集》第 1 卷,人民出版社 2012 年版,第 401 页。

命。因而，在马克思看来，英国运来的"鸦片没有起催眠作用，反而起了惊醒作用"①，中国这块"活的化石"正面临着一场翻天覆地的革命。

西方殖民者的入侵，打破了古代中国的闭关锁国状态，首先便破坏了小农业与家庭手工业相结合的方式，动摇了自给自足的自然经济基础，改变了中国经济社会发展的停滞状态。正如马克思所说："满族王朝的声威一遇到英国的枪炮就扫地以尽，天朝帝国万世长存的迷信破了产"②，因为"与外界完全隔绝曾是保存旧中国的首要条件，而当这种隔绝状态通过英国而为暴力所打破的时候，接踵而来的必然是解体的过程，正如小心保存在密闭棺材里的木乃伊一接触新鲜空气便必然要解体一样"③。这表明，在世界近代历史发展的激流中，试图保存古老中国田园牧歌式的农业文明，这只是一种幻想。"以手工劳动为基础的中国工业经不住机器的竞争。牢固的中华帝国遭受了社会危机。"④ 这种社会危机势必孕育出一场深刻的社会革命，这就是历史为中华民族提供的机遇。正如马克思在《共产党宣言》中所说："过去那种地方的和民族的自给自足和闭关自守状态，被各民族的各方面的互相往来和各方面的互相依赖所代替了。物质的生产是如此，精神的生产也是如此。各民族的精神产品成了公共的财产。民族的片面性和局限性日益成为不可能，于是由许多种民族的和地方的文学形成了一种世界的文学。"⑤这表明，世界范围内物质生产和精神生产发展变化的大格局和总趋势，决定了包括中国在内的历来维持"自给自足和闭关自守状态"的民族面临严峻挑战，传统的农业文明通过革命性的变革向现代工业文明转变具有历史必然性和现实可能性。如果说，鸦片战争后中国的自然经济还很顽强

---

① 《马克思恩格斯全集》第15卷，人民出版社1963年版，第545页。
② 《马克思恩格斯选集》第1卷，人民出版社2012年版，第779页。
③ 《马克思恩格斯选集》第1卷，人民出版社2012年版，第780—781页。
④ 《马克思恩格斯全集》第10卷，人民出版社1998年版，第277页。
⑤ 《马克思恩格斯选集》第1卷，人民出版社2012年版，第404页。

的话，那么，1894年中日甲午战争后，随着《马关条约》的签订和中国半殖民地半封建化的加深，它将面临全面的崩溃。恩格斯在中日甲午战争爆发后不久便指出："不管这次战争的直接后果如何，有一点是必不可免的：古老中国整个传统的经济体系将完全崩溃。"①在他看来，"在中国进行的战争给古老的中国以致命的打击，闭关自守已经不可能了；即使是为了军事防御的目的，也必须敷设铁路，使用蒸汽机和电力以及创办大工业。这样一来，旧有的小农经济的经济制度（在这种制度下，农户自己也制造自己使用的工业品），以及可以容纳比较稠密的人口的整个陈旧的社会制度也都在逐渐瓦解"②。

西方的殖民入侵，客观上结束了中华帝国与世隔绝的状态，为这个古老的国家引入了现代元素，但这只是资本贪婪本性扩张的结果。用马克思的话说，西方殖民者只是"充当了历史的不自觉的工具"，而当资本踏进中国国门，便脱下"文明"的伪装，暴露了它"每个毛孔都滴着血和污"的野蛮本性。正如马克思所说的那样，当资产阶级的目光从文明故乡转移到殖民地时，"资产阶级文明的极端伪善和它的野蛮本性就赤裸裸地呈现在我们面前，它在故乡还装出一副体面的样子，而在殖民地它就丝毫不加掩饰了"③。鸦片战争后，英国等列强先后与清政府签订了一系列不平等条约，在中国获得了"贱买贵卖的特权"，从中国获得了割让香港、租赁土地和房屋、开埠通商、减免关税的政治特权，严重地损害了中国的独立主权和领土完整。而且，"随着鸦片日益成为中国人的统治者，皇帝及其周围墨守成规的大官们也就日益丧失自己的统治权"④。当时，"帝国当局、海关人员和所有的官吏都被英国人弄得道德堕落。侵蚀到天朝官僚体系之心脏、摧毁了宗法制度之堡垒的腐败作风，就是同鸦片

---

① 《马克思恩格斯全集》第39卷，人民出版社1964年版，第277页。
② 《马克思恩格斯选集》第4卷，人民出版社2012年版，第655页。
③ 《马克思恩格斯选集》第1卷，人民出版社2012年版，第861-862页。
④ 《马克思恩格斯选集》第1卷，人民出版社2012年版，第779页。

烟箱一起从停泊在黄埔的英国趸船上被偷偷带进这个帝国的"①。在他看来，统治中国的就是这样一个腐败无能的政府和这样一支道德沦丧的官员队伍。因而，在战争失利之后，他们只能在外来侵略势力威逼下签订丧权辱国的不平等条约，以求在风雨飘摇中苟延残喘。而英国侵略者也借机利用中国的君主专制制度和高度集权的官僚体制谋取殖民利益（为欧洲来的冒险家、投机商和土地占有者开了方便之门）。也就是说，西方列强的入侵，只是客观上刺激和促进了中国近代资本主义经济的产生和发展，根本无意也不愿推动古老的中华帝国向现代国家转型。也就是说，他们的目的绝不是把中国改造成和他们一样的资本主义国家，而是把中国变成供他们掠夺和剥削的殖民地，使这个古老帝国陷入更加深重的苦难。马克思将这种殖民统治与封建统治相结合的方式称作"亚洲式专制"的基础上建立起"欧洲式专制"，认为："这两种专制结合起来要比萨尔赛达庙里任何狰狞的神像都更为可怕。"②这表明，以牺牲民族利益为代价，试图依靠西方殖民者的"恩赐"来实现中国这个古老国家现代化的变革是行不通的，这个东方民族按照西方资本主义模式变革自己国家的道路被彻底堵死了。这也决定了中国要成功实现国家的现代转型，必须完成两大历史任务：一是打败资本主义侵略者，结束半殖民地状态，实现民族独立，确立独立的民族国家；二是推翻封建君主专制制度，实现人民当家作主，确立民主国家。

三、中华共和国：中华帝国现代转型的目标指向

中华帝国无法通过自身的发展实现现代转型，而西方的殖民入侵又把它按照西方资本主义模式变革自己的道路彻底堵死了。正如恩格斯所说，中国是"一个这样帝国……它很腐败，无论是控制自己的人民，还是抵抗外国的侵略，一概无能为力"。在他看来，这个

---

① 《马克思恩格斯选集》第1卷，人民出版社2012年版，第805页。
② 《马克思恩格斯选集》第1卷，人民出版社2012年版，第849页。

帝国"很虚弱,很衰败,甚至没有力量接受人民革命的危机,在这里,就连一场激烈爆发的起义也都变成了看来无法医治的慢性病"。①所以,无论封建统治者如何屈膝媚外,欺骗国民,以求苟安于一时,"有一点是肯定无疑的,那就是旧中国的死亡时刻正在迅速临近"。他预言道:中华民族通过艰辛探索和不懈努力,必将以崭新的面貌屹立于东方,"过不了多少年,我们就会亲眼看到世界上最古老的帝国的垂死挣扎,看到整个亚洲新纪元的曙光"②。这个"新纪元"意味着,中国这个古老的东方国家必将在彻底的变革中获得新生,包括:通过人民革命彻底推翻反动阶级的统治及其专制政治制度,在旧社会的废墟上建立一个新社会;对传统的所有制形式和落后的生产方式进行革命性的变革,使生产力获得充分解放和发展;摒弃闭关自守、隔绝于世的政策,以生气勃勃的开放姿态面向世界,广泛吸收人类进步的积极成果,推动国家的现代化进程;建设一个真正为人民幸福而励精图治、为民族振兴而锐意改革、为国家未来而深谋远虑的政府,清除贪腐奢靡之弊,高扬清正廉洁之风;等等。正如马克思所说:"中国社会主义之于欧洲社会主义,也许就像中国哲学与黑格尔哲学一样。但是有一个事实毕竟是令人欣慰的,即世界上最古老最巩固的帝国八年来被英国资产者的印花布带到了一场必将对文明产生极其重要结果的社会变革前夕。当我们的欧洲反动分子不久的将来在亚洲逃难,到达万里长城,到达最反动最保守的堡垒的大门的时候,他们说不定就会看见上面写着:中华共和国(自由,平等,博爱)。"③这表明,马克思所称"中华共和国",根本区别于资产阶级共和国,其性质是社会主义的。然而,作为人类社会迈向共产主义的过渡社会形态,社会主义社会就是建立在现代化发展之上的,处于"野蛮的、闭关自守的、与文明世界隔绝的状态"的中国要建设社会主义,必须经历现代化的发展,必须吸收自由、

---

① 《马克思恩格斯选集》第1卷,人民出版社2012年版,第822页。
② 《马克思恩格斯选集》第1卷,人民出版社2012年版,第800页。
③ 《马克思恩格斯全集》第10卷,人民出版社1998年版,第277-278页。

平等、博爱等源于资产阶级国家但属于人类现代文明的有益成果，按照现代化的逻辑建构现代国家。

其实，早在太平天国运动即将兴起时，马克思就已经注意到中国局部地区的层出不穷的农民起义中的社会主义因素，指出："在造反的平民当中有人指出了一部分人贫穷和另一部分人富有的现象，要求重新分配财产，甚至要求完全消灭私有制。"[①]虽然这只是中国农民运动中自发产生的带有社会主义倾向的政治理想，但在他看来，随着旧的经济制度和政治制度走向瓦解，随着生产力的解放日益成为不可阻挡的历史趋势，中国这个"世界上最古老最巩固的帝国"和"最反动最保守的堡垒"必将发生彻底的革命性变化，必将出现彻底的社会变革。尽管这种变革的进程是艰难曲折的，但旧制度的灭亡和新制度的诞生是任何人都无法阻挡的历史趋势，中国人民终将走上社会主义道路。因为只有社会主义才能使中华民族再现青春，不至于像其他一些文明古国那样在历史的风雨中衰替沉沦。更难能可贵的是，当时在许多西方学者看来，中国革命和欧洲革命是遥隔万里、互不相干的"两极"。马克思却以高瞻远瞩的眼光，使用"两极相联"这个包含着辩证法精神的朴素谚语，生动地说明了东方被压迫民族的解放斗争与国际无产阶级革命事业之间具有不可分割的联系，指出中国革命必将对世界现代文明进步产生深远影响并作出卓越贡献。他写道："可以有把握地说，中国革命将把火星抛到现今工业体系这个火药装得足而又足的地雷上，把酝酿已久的普遍危机引爆，这个普遍危机一扩展到国外，紧接而来的将是欧洲大陆的政治革命。"[②]1882年，马克思在《共产党宣言》俄文版序言中以俄国为例探讨了东方国家跨越资本主义"卡夫丁峡谷"的问题，指出："假如俄国革命将成为西方无产阶级革命的信号而双方互相补充的话，那么现今的俄国土地公有制便能成为共产主义发展的起点。"[③]

---

① 《马克思恩格斯全集》第10卷，人民出版社1998年版，第277页。
② 《马克思恩格斯选集》第1卷，人民出版社2012年版，第783页。
③ 《马克思恩格斯选集》第1卷，人民出版社2012年版，第379页。

这是他基于东西方民族的不同特点,为东方民族找到了一条不同于西方的现代化之路。这条路可以让东方民族在完成国家现代转型的过程中避免资本主义条件下资本奴役劳动所造成的一切"灾难""波折"和"破坏性影响"。中国作为一个古老的东方大国,土地虽然是私有的而不是公社所有,但这种私有只是"家庭私有"而不是"个人私有",具有一定的共有性质。更为关键的是,以皇权为中心的国家权力拥有土地的终极所有权,而且,中国革命与欧洲革命又是"两极相联"的,这些都为这个古老的东方民族跨越资本主义"卡夫丁峡谷"创造了条件。

马克思不仅确信中国将来要走向社会主义,而且还确信未来中国的社会主义肯定会独具特色,正如他在 1850 年所说:"中国社会主义之于欧洲社会主义,也许就像中国哲学与黑格尔哲学一样。"①作为中华文明精神核心的"中国哲学"和作为德国古典哲学顶峰的"黑格尔哲学",是人类思想史上的两朵奇葩,由于文化土壤不同而各呈异彩;而"中国社会主义"和"欧洲社会主义"是波澜壮阔的世界社会主义运动的两个支流,由于历史文化渊源和社会背景不同也必然各具特色。马克思用这个比喻揭示出一个民族的历史文化传统同它所选择的现实发展道路之间的联系,各民族由于历史文化传统迥异,其形成的社会主义道路也必然有所差异,各国社会主义实践不可能也不应当是一个模式。未来中国的社会主义将不同于欧洲各国的社会主义,其必须契合中国的历史经验、文化传统和现实国情,差异之明显,就像中国哲学在内容与形式、逻辑与架构、范畴与概念等各个方面判然有别于黑格尔哲学一样,必然具有不同于其他国家的特色。②后来,恩格斯在谈到殖民地和半殖民地国家的革命前途时也说道:"这些国家要经过哪些社会和政治发展阶段才能同样达到社会主义的组织,我认为我们今天只能作一些相当空泛的假

---

① 《马克思恩格斯全集》第 10 卷,人民出版社 1998 年版,第 277 页。
② 韦建桦:《马克思和恩格斯怎样看待中国》,载《马克思主义与现实》2015 年第 1 期。

设。"无产阶级在取得政权以后，正如马克思所说："在将来某个特定的时刻应该做些什么，应该马上做些什么，这当然完全取决于人们将不得不在其中活动的那个既定的历史环境。"[①]

马克思是在考察中国太平天国运动发起过程时，使用"中国社会主义"这个概念的。他曾对太平天国运动给予高度评价并抱有很大期望。作为太平天国早期颁布的《天朝田亩制度》中也向人们描绘了"有田同耕，有饭同吃，有钱同使，无处不均匀，无人不饱暖"的理想社会愿景。然而，随着太平天国运动的后期衰落，马克思注意到这种旧式的农民革命不能突破中华帝国的社会政治结构，不能完成变革中国社会的历史使命。他在1862年的《中国记事》一文中作了具体论述，指出这一运动是"喧嚣一时的毫无意义的活动，把什么都破坏了，而什么都没有建设起来"。在他看来，太平天国运动"除了改朝换代以外，他们没有给自己提出任何任务。他们没有任何口号"，"他们的全部使命，好象仅仅是用丑恶万状的破坏来与停滞腐朽对立，这种破坏没有一点建设工作的苗头"。[②]马克思借用驻宁波英国领事夏福礼的话说："太平军实质上是一种没有任何内容的大怪物"，是"停滞的社会生活的产物"。[③]按照《共产党宣言》中关于社会主义类型的划分，太平天国推行的小农式社会主义低于资本主义文明水平，属于"反动的社会主义"中的"封建的社会主义"的层次，这就注定其失败是必然的。即使侥幸成功，太平天国也只不过是取代清王朝的另一个王朝国家而已。完成变革中国社会的革命任务，还要寻找新的阶级力量，即与现代社会化大生产相联系的无产阶级。当然，马克思能够预测到中国必将走向具有本国特色的社会主义，但他不可能就中国将来如何实现和发展社会主义的问题提供具体的答案，这需要中国的革命者自己探求。

---

① 《马克思恩格斯选集》第4卷，人民出版社2012年版，第541页。
② 《马克思恩格斯全集》第15卷，人民出版社1963年版，第545页。
③ 《马克思恩格斯全集》第15卷，人民出版社1963年版，第548页。

第二节 社会主义法治国家：中国现代国家转型的逻辑必然

1840年鸦片战争后，古老的中国逐步沦为半殖民地半封建社会，统治这个东方大国几千年的君主专制制度陷入全面危机，推进国家和国家制度的现代转型迫在眉睫。"现代化"起源于欧美西方国家，于是，人们往往把现代化简单地理解为"西方化"。中国仁人志士开始也是向西方孜孜寻求中国现代国家转型的救国方案的。帝国主义"先生们"对中国这个"学生"的屡次侵略打破了中国人学习西方的迷梦，让西方资产阶级的文明、资产阶级的民主主义、资产阶级共和国的方案在中国人民的心目中彻底破产。马克思主义的传入，改变了中国的命运，并与中国的工人运动相结合诞生了中国共产党。中国共产党自觉把马克思主义运用到变革中国社会的实践中。经过艰苦卓绝的革命斗争，完成了民族独立、人民解放的历史任务，并最终在社会主义道路上实现了中国的现代国家转型；之后又经过社会主义建设和改革的艰辛探索，找到了一条以坚持中国共产党领导、人民当家作主与依法治国有机统一为根本要求的社会主义现代国家建设路径，确立了"社会主义法治国家"的现代国家建设目标。确立社会主义法治国家这一现代国家建设目标，是近代以来中国人民长期奋斗历史逻辑、理论逻辑和现实逻辑的必然结果。

一、历史逻辑：近代以来中国人民探索现代国家实现路径的必然选择

如前所述，古代的中国，以个体家庭为单位并与家庭手工业牢固结合的自给自足的自然经济占主导地位，建立在这一经济基础之上的便是高度集权的君主专制的国家制度。而商品经济的不发达和民主传统的缺失，又使整个国家只有由君主和官员组成的行政机构，

而缺乏像西欧那样的来自社会力量且与之相制衡的立法机构,也使社会基本单位都仿佛是一个个自给自足的"互不相连的原子",缺乏成熟的组织系统和规范机制。而1840年鸦片战争以后,随着西方列强的入侵,中国的主权遭到严重践踏。从那时起,建立什么样的制度国家,便成为近代以来中国人民面临的一个历史性课题。首先进行探索的是占中国人口最大多数的农民阶级。太平天国运动作为中国农民运动的最高峰,有力地打击了清王朝的封建专制统治和外国殖民侵略,促进了封建社会的崩溃,阻止了中国殖民化的进程。然而,其自身小农经济的局限性决定了这场农民运动依然没有突破王朝更替的历史循环,甚至出现了中国古代国家不曾有过的君权与神权结合的政权特点。这恰恰在欧洲现代国家转型中是要首先破除的。一些封建统治集团内部的开明人士试图在维护君主专制的框架内,通过引进现代西方器物文明的洋务运动"求强""求富",结果被甲午战争的炮火打回了"原形",甚至让中国的半殖民地化大大加深了,世界上的几个主要资本主义国家在中国竞相划分势力范围,对华"分而治之"。1898年的戊戌变法,传统士大夫阶层中的维新派试图依靠没有实权的皇帝建构立宪君主制,结果也只是昙花一现。其实,皇权在清朝已经大到了无以复加的地步,皇帝支持变法也只是想依靠维新派夺回帝权,而一旦皇权巩固未必不会"过河拆桥"。也就是说,依靠改良是不可能实现中国的现代国家转型的。其实,正如毛泽东所说,"中国之大,太没有基础,太没有下层的组织。在沙渚上建筑层楼,不待建成,便要倾倒了。中国二十四朝,算是二十四个建在沙渚上的楼,个个要倾倒,就是因为个个没有基础。四千年的中国只是一个空架子"①。也就是说,中国传统社会"一片散沙"的基础之上的统一帝国只能是"空中楼阁"。中国要实现由"古代国家"向"现代国家"的转型,既面临如何使中华民族传统的多民族统一在国家转型中延续为现代国家的一体化,又肩负着变革既有社会结

---

① 《毛泽东早期文稿》,湖南人民出版社2013年版,第476页。

构、完成君主主权向人民主权转变的使命。

1911年的辛亥革命,推翻了中国两千多年的封建帝制,用"中华民国"取代"中华帝国"。袁世凯和张勋两次帝制复辟的失败,也宣布了中国只能选择在民主共和制框架内完成向现代国家的转型。然而,北洋政府时期军阀混战,且每一派军阀的背后都有不同的帝国主义国家为之站台。这表明,如若没有一个具有高度组织性、代表性和执行力的组织力量,那么,当强大的专制帝国被摧毁后,势必会发展成群龙无首、一片散沙的局面。于是,孙中山借鉴俄共经验,在中国共产党的帮助下改组国民党,以承担起民族民主革命的任务。然而,国民党北伐之后建立的国民政府,虽然形式上完成了国家的统一,但蒋介石的独裁统治和国民党内部天生的派系斗争,使孙中山设想的以"三民主义"和"五权宪法"为基础的建国方案始终无法得到真正的落实。而且,尽管孙中山看到了西方民主政治的阶级局限,提出:"近世各国所谓民权制度,往往为资产阶级所专有,适成为压迫平民之工具。若国民党之民权主义,则为一般平民所共有,非少数人所得而私也"[①],但是蒋介石集团统治下的中华民国虽有民主共和之名,但在实质上却仍然是一个受帝国主义控制的、代表本国大地主大资产阶级利益的政权。正如习近平总书记所说:"面对日益深重的政治危机和民族危机,无数仁人志士为改变中国前途命运,开始探寻新的国家制度和国家治理体系,尝试了立宪君主制、议会制、多党制、总统制等各种制度模式,但都以失败而告终。"[②]这表明,照搬西方资产阶级现代国家和政治制度模式的各种方案,都不能完成民族独立、人民解放的历史任务,都不能顺利实现民族国家和民主国家建构的中国的现代国家转型。中国迈入现代国家的社会基础、历史任务及其所处时代特征,共同决定了中国不可能选择资本主义,而只能选择力图超越资本主义的发展道路。

---

① 《孙中山选集》下卷,人民出版社1956年版,第526页。
② 习近平:《坚持和完善中国特色社会主义制度推进国家治理体系和治理能力现代化》,载《求是》2020年第1期。

在中国人民顽强前行的伟大斗争中，中国共产党诞生了。作为中华民族和中国人民的先锋队，中国共产党从成立之日起，就以实现中国人民当家作主和中华民族伟大复兴为己任，毅然承担起"达到中华民族的完全独立"和"统一为真正的民主共和国"的历史使命，为争取民族独立、人民解放，实现人民当家作主进行艰苦卓绝的革命斗争。从大革命时期的工农苏维埃政权到抗日战争时期的抗日民主政权再到解放战争时期解放区人民民主政权，党领导的根据地政权如同一个个民主实验场，表达着共产党人的民主企盼。中国各族人民在历史的选择中也把争取自身解放的领导权委托给中国共产党人，经过艰苦卓绝斗争，从百余年的帝国主义殖民侵略中赢得了独立，从几千年封建统治和一百多年帝国主义压迫中获得解放，争得了民主，成了国家的真正主人。1949年，新中国成立时将自己的国名定为"中华人民共和国"（The People's Republic of China）。这较之于"中华民国"（The Republic of China），"People's"彰显出这个新生政权的一切权力都来自人民且属于人民，实现了中国从几千年封建专制制度向人民民主制度的伟大跨越，开辟了人民当家作主的新纪元。这也决定了中华人民共和国不同于历史上的王朝国家，所有现代国家必备的属性与特征都在新中国国家建构的"任务单"中，国家的社会基础、价值理念、制度体系等都需要在传统基础上实现现代化的转型与重构。新中国成立初期，对外奉行"打扫干净屋子再请客"的外交政策，清除帝国主义在中国的残余势力，取消帝国主义在华一切特权，以巩固民族独立与国家主权，在此基础上与遵守和平民主平等等原则的国家建立外交关系；对内通过具有临时宪法性质的《共同纲领》和1954年《宪法》，鲜明地确认了国家一切权力属于人民，确认了人民行使权力的国体——人民民主专政和政体——人民代表大会制度，初步建构了中国特色的现代国家制度，明确了人民主权的内容及其至上性、不可分割性和不可转移性等特征，让中国这样一个有5000多年文明史、几亿人口的国家建立起人民当家作主的新型政治制度。这在中国政治发展史乃至世界政治发展史上都是具有划时代意义的。1956年，党领导人民完成了生产资料的社会主义改造。生产资料的社会主义公有制，实现了劳动者与自己共同占有的生产资料的直接结合，铲除了少数人依靠生产资料的所有权奴役他人劳动的根源，从根本上颠覆了资本支配劳动的逻辑。这样，人民成了生产资料的主人，使建立在这一经济和社会基础之上的国家制度，克服了资产阶级主权在民的阶级局限和历史限度，让人民当家作主在更大范围、更宽领域、更深层次上变为现实。这便完成了国家的重构和社会的再造，为在社会主义条件下完成现代国家的建构提供了根本政治前提和制度基础。

当然，我们党在努力探索实现人民民主的形式和渠道的过程中，既有宝贵的经验，也有深刻的教训。尤其是"文化大革命"使人民民主遭受严重曲折，以"大鸣、大放、大辩论、大字报"为特征的所谓"大民主"，无视现代民主所要求的法律和秩序，在"革命"的名义下，以"群众运动"的形式将人民民主异化为一部分群众对另一部分群众的斗争，使理应体现多数人意志的民主常常蜕变为少数分子或集团专断意志所操控的工具。这表明，人民民主作为更高层次的现代民主，更需要在一定的规则和程序下运行。将民主与法制统一起来，以法制保障民主是人民民主的发展方向。改革开放以来，我们党不断加强社会主义民主法制建设，领导人民通过修订《宪法》《全国人民代表大会组织法》《地方各级人民代表大会和地方各级人民政府组织法》《选举法》，制定《代表法》《立法法》《监督法》《民族区域自治法》《村民委员会组织法》《城市居民委员会组织法》等，从规范和程序层面有力保障了人民当家作主。这样，"大民主"的无序状态得到有力纠正。这也使中国的人民民主实践日益从强调其价值原则的先进性走向强调其制度化和法治化的发展趋势。1997年，党的十五大报告中首先明确提出了"依法治国"的基本方略，即让广大人民群众在党的领导下，依照宪法和法律规定，通过各种途径和形式管理国家事务、经济文化事业和社会事务，保证国家各项工作都依法进行。1999年，"中华人民共和国实行依法治国,建设社会主义法治国家"被明确写入宪法。"法治",在英文中为"Rule of Law",最核心的理念就是让"已成立的法律得到普遍的服从",使任何组织和个人都没有超越法律的特权。从"法制"到"法治",其理念上的变革意义就在于,树立宪法和法律至高无上的权威,以保障公民的自由和权利;强调合理地运用和有效地制约、限制公共权力,防止公共权力对人民自由和权利的侵犯。推进依法治国,就是推进人民民主制度化、规范化、程序化,完成人民当家作主法治路径的整体建构。从党的十六大开始,坚持党的领导、人民当家作主与依法治国的有机统一便被历次党代会报告明确为发展社会主义民主政治的根本要求。

党的十八大以来,中国特色社会主义进入新时代,人民群众对美好生活的向往更多向民主、法治、公平、正义、安全、环境等方面延展。这对社会主义法治国家建设提出了更高的要求。2013年,党的十八届三中全会通过的《中共中央关于全面深化改革若干重大问题的决定》提出,全面深化改革的总目标是"完善和发展中国特色社会主义制度,推进国家治理体系和治理能力现代化",明确提出"紧紧围绕坚持党的领导、人民当家作主、依法治国有机统一深化政治体制改革,加快推进社会主义民主政治制度化、规范化、程序化,建设社会主义法治国家,发展更加广泛、更加充分、更加健全的人民民主"。[1]这表明,坚持党的领导、人民当家作主、依法治国有机统一,需要通过建设社会主义法治国家来落实;而建设社会主义法治国家的根本目的,在于通过社会主义民主政治制度化、规范化、程序化,让人民民主发展得更加广泛、更加充分、更加健全。时隔一年,党的十八届四中全会通过的《中共中央关于全面推进依法治国若干重大问题的决定》提出,全面依法治国的总目标是"建设中国特色社会主义法治体系,建设社会主义法治国家"[2]。习近平总书

---

[1]《十八大以来重要文献选编》上册,中央文献出版社2014年版,第512页。
[2]《十八大以来重要文献选编》中册,中央文献出版社2016年版,第157页。

记把这两次中央全会通过的决定称为"姊妹篇",把全面深化改革与全面依法治国的关系比作"鸟之两翼、车之双轮"。以习近平同志为核心的党中央围绕"国家治理体系和治理能力现代化"这个全面深化改革的总目标,把"全面依法治国"看作国家治理的一场深刻革命,把权力关进制度的笼子里,把厉行法治作为根本之策,解决好权大还是法大这个真命题;让科学立法、严格执法、公正司法、全民守法深入推进,法治国家、法治政府、法治社会建设相互促进,中国特色社会主义法治体系日益完善,全社会法治观念明显增强。党的十九届四中全会就"坚持和完善中国特色社会主义制度,推进国家治理体系和治理能力现代化"进行专题研究并作出决定,把坚持党的领导、坚持人民当家作主、坚持全面依法治国列为我国国家制度和国家治理体系十三个显著优势的前三位,明确对坚持和完善党的领导制度体系、人民当家作主制度体系和中国特色社会主义法治体系作出谋划和部署,使党的领导、人民当家作主、依法治国有机统一的制度建设全面加强。从中也可以看出,法治是国家治理体系和治理能力现代化的重要依托,"社会主义法治国家"明确了实现国家政权本身现代化即建设社会主义现代国家的目标定位。

二、理论逻辑:马克思主义国家学说在中国的发展

马克思在从现代性和资本性两个维度对现代国家进行了辩证分析的基础上,提出要在理想性维度上实现现代国家的超越,即把社会共和国视为颠覆现代国家资本逻辑的理想形式。然而,生活在资本主义上升时代的马克思(和恩格斯),只能基于资本主义政治现实和巴黎公社短暂经验,对无产阶级专政性质的社会共和国作出原则性的设想。而且,他强调的落脚点在于,无产阶级革命的任务之一就是打碎旧的国家机器,通过较短时间的无产阶级专政过渡实现国家的"自动消亡"。这个结论是他基于对西欧(主要是英国、法国、德国)的考察和研究得出的。而对东方国家(比如俄国、印度和中国),虽然他也进行了大量研究,并作出了"可以跨越卡夫丁峡谷"

的预测,但是相对于对西欧的研究,他对东方民族的研究还显得不够成熟,其对跨越"卡夫丁峡谷"的预测也只是"可能"而不敢说"必然"。而世界上第一个无产阶级专政性质的国家却是在俄国出现的,从而把马克思预想的跨越资本主义"卡夫丁峡谷"由"可能"变成了"现实"。列宁把马克思主义国家学说基本原理同帝国主义时代特征和俄国具体实际相结合,在系统阐述马克思、恩格斯国家理论的基础上,对无产阶级专政的含义作了新的阐释,认为:无产阶级在革命中如何对待国家的问题,实质上就是无产阶级用暴力打碎资产阶级旧的国家制度、建立无产阶级专政新国家的问题;无产阶级专政国家已经不是原来意义上的国家了,而是自行消亡的"半国家";这种无产阶级专政的新型国家最初可能在一国或几个国家首先建立起来;苏维埃是俄国无产阶级专政的政权组织形式。在此基础上,他又科学论证了苏维埃国家体系中的党政关系、党群关系、工农联盟关系、民族关系等重大问题。这就从理论上深刻回答了像俄国这样的经济文化相对落后的东方国家在"一国胜利"后如何在帝国主义包围之下实现人民当家作主、巩固和建设社会主义国家政权这一历史性课题。但列宁的早逝,让他关于苏维埃政权建设的初步构想没有来得及全面实施。列宁逝世后,斯大林结合苏联建设实践,将列宁关于无产阶级专政和苏维埃政权建设的思想加以系统化并有限发展,形成了关于中央集权的无产阶级专政国家的理论,但未在理论上正确回答诸如领袖、政党和国家之间关系等社会主义政权建设的关键问题。

十月革命的一声炮响,给中国送来了马克思列宁主义。20世纪初期,马克思主义国家学说开始在中国传播。然而,中国这个东方古国对马克思来说"十分神秘",他对中国的了解远比不上英国、法国、德国等西欧国家,甚至还不如对同属东方民族的俄国、印度的了解,对未来的中国社会主义也只是作了原则性的预判。列宁基于俄国革命的经验论证了经济文化相对落后的东方国家如何建立和巩固无产阶级政权的问题,但中国的国情与俄国又有很大差别,其落后程度也高于俄国，真正面临着如何跨越资本主义"卡夫丁峡谷"的问题（严格来说，俄国革命前已经属于帝国主义国家，只是发展程度属于其中的"薄弱环节"）。那么，对于中国这样在专制统治相当成熟、社会力量没有得到充分发展的东方民族，国家走向消亡的历史远没有马克思设想的那样短暂。通过革命形式而建立的社会主义政权，如何实现、保证和发展人民当家作主，更是个前所未有的历史性课题，这就需要中国的马克思主义者运用马克思主义基本原理并结合中国革命实际加以回答。毛泽东立足中国革命具体实际，总结根据地政权建设经验，吸收全党智慧，经过"苏维埃共和国"—"抗日民主政权"—"新民主主义共和国"—"人民共和国"的思想演进，提出"经过人民共和国达到社会主义和共产主义，达到阶级的消灭和世界的大同"的可能性问题①，将马列主义的无产阶级专政理论发展为人民民主专政理论，认为："总结我们的经验集中到一点，就是工人阶级（经过共产党）领导的以工农联盟为基础的人民民主专政。"②他尤其强调人民民主对中国现代国家转型的至关重要的意义。1945 年，毛泽东在回答黄炎培关于中共能否找到跳出历朝历代"其兴也勃焉，其亡也忽焉"历史周期律的新路时，胸有成竹地说："我们已经找到了新路，我们能跳出这周期律。这条新路，就是民主。只有让人民来监督政府，政府才不敢松懈。只有人人起来负责，才不会人亡政息。"③这说明，如果没有人民民主，中国历史就不可能摆脱传统的王朝循环，也就不可能形成持久稳定发展的现代国家。"人民民主"是对资产阶级宣扬的"人民主权"理念的扬弃，在最大程度上实现了多数人的统治，从参与的广泛性和内容的真实性层面诠释了"人民主权"的真正内涵。新中国成立以后，特别是社会主义改造基本完成以后，毛泽东又根据社会阶级关系的新

---

① 《毛泽东选集》第 4 卷，人民出版社 1991 年版，第 1471 页。
② 《毛泽东选集》第 4 卷，人民出版社 1991 年版，第 1480 页。
③ 《毛泽东年谱（1893-1949）》中卷，人民出版社、中央文献出版社 2013 年版，第 610-611 页。

第四章　社会主义法治国家：马克思现代国家思想在中国的发展和实践　227

变化,把坚持人民民主专政与处理两类不同性质的矛盾问题相联系,就加强国家的民主化、法治化、制度化建设进行了新的理论思考。然而,相对于制度建设,他更倾向于用群众运动的方式实现人民当家作主。

毛泽东的人民民主思想明确回答了国家权力归属问题,即国家的一切权力属于人民;基本回答了国家权力的运行问题,即通过中国共产党的领导和人民代表大会制度等政治制度保障人民当家作主;初步回答了人民的参与和自治问题,即通过自下而上的群众运动方式让人民表达和实现自己的利益。然而,在现实政治实践中,却出现了社会个体的"人民"属性界定的随意性、民主政治制度的"瘫痪"和群众利益表达的无序状态,其原因就在于规则和程序的缺失。据此,邓小平指出:"为了保障人民民主,必须加强法制。必须使民主制度化、法律化,使这种制度和法律不因领导人的改变而改变,不因领导人的看法和注意力的改变而改变。"[①] 1997年,江泽民在党的十五大报告中首次明确提出了"依法治国"基本方略和"社会主义法治国家"的建设目标,提出要"在坚持四项基本原则的前提下,继续推进政治体制改革,进一步扩大社会主义民主,健全社会主义法制,依法治国,建设社会主义法治国家"[②]。如果说"社会主义市场经济"明确了我国经济体制改革的方向,那么"社会主义法治国家"则明确了我国政治体制改革的方向,从而也回答了中国现代国家建设的目标定位问题。从党的十六大开始,坚持党的领导、人民当家作主与依法治国的有机统一便被历次党代会报告提炼为中国特色社会主义政治发展道路的经典概括,从而明确了社会主义法治国家建设的根本路径。正如胡锦涛在党的十八大报告中所说:"必须坚持党的领导、人民当家作主、依法治国有机统一,以保证人民当家作主为根本,以增强党和国家活力、调动人民积极性为目标,

---

[①]《邓小平文选》第2卷,人民出版社1994年版,第146页。
[②]《江泽民文选》第2卷,人民出版社2006年版,第28页。

扩大社会主义民主,加快建设社会主义法治国家,发展社会主义政治文明。"①

党的十八大以来,习近平总书记明确将"全面依法治国"作为"四个全面"战略布局之一,深刻把握其与推进国家治理现代化的内在逻辑。他首先批驳了"党大还是法大"这一伪命题,厘清了党与法治的关系,强调:"只有在党的领导下依法治国、厉行法治,人民当家作主才能充分实现,国家和社会生活法治化才能有序推进。"同时,他又强调"权大还是法大"是一个真命题,指出:"我们说不存在'党大还是法大'的问题,是把党作为一个执政整体而言的,是指党的执政地位和领导地位而言的,具体到每个党政组织、每个领导干部,就必须服从和遵守宪法法律,就不能以党自居,就不能把党的领导作为个人以言代法、以权压法、徇私枉法的挡箭牌。"②这就从理论上厘清了党与法的关系这一社会主义法治国家建设的基本问题。而且,他还从推进国家治理现代化的顶层设计高度,提出要紧紧围绕坚持党的领导、人民当家作主、依法治国有机统一深化政治体制改革,加快推进社会主义民主政治制度化、规范化、程序化,建设社会主义法治国家,确保人民享有更加广泛、更加充分、更加真实的民主权利,让社会主义民主的优越性更加充分地展示出来。这就将"坚持党的领导、人民当家作主、依法治国有机统一"纳入了制度渠道,从而使"三统一"这一人民民主发展的根本原则有了切实有效的制度基础和法律保障,增强了制度可操作性,实现了中国特色社会主义政治发展道路与中国特色社会主义法治道路无缝对接,即只有在中国共产党领导下依法治国、厉行法治,人民当家作主才能充分实现,国家治理现代化才能有序推进。

---

① 《胡锦涛文选》第 3 卷,人民出版社 2016 年版,第 633 页。
② 《习近平关于全面依法治国论述摘编》,中央文献出版社 2015 年版,第 37 页。

三、现实逻辑：社会主义初级阶段最大国情

人的社会存在决定社会意识。经过艰辛探索，我们党确定把"社会主义法治国家"作为我国现代国家的建设目标，是基于对现实国情的基本考量，而我国当前最大的国情就是仍处于并将长期处于社会主义初级阶段。社会主义初级阶段是特指我国生产力落后、商品经济不发达条件下建设社会主义必然要经历的特定阶段。它包含两层含义：第一，就社会性质而言，我国已经进入社会主义社会，我国是社会主义国家，人民是国家的主人，国家的一切权力属于人民，我们必须坚持而不能离开社会主义；第二，就发展程度而言，我国的社会主义社会正处于并将长期处于初级阶段，我们必须正视而不能超越这个初级阶段。这个社会主义初级阶段是逐步摆脱不发达状态，基本实现社会主义现代化的历史阶段；是由农业人口占很大比重、主要依靠手工劳动的农业国，逐步转变为非农业人口占多数、包含现代农业和现代服务业的工业化国家的历史阶段；是由自然经济半自然经济占很大比重，逐步转变为经济市场化程度较高的历史阶段；是由文盲半文盲人口占很大比重、科技教育文化落后，逐步转变为科技教育文化比较发达的历史阶段；是由贫困人口占很大比重、人民生活水平比较低，逐步转变为全体人民比较富裕的历史阶段；是由地区经济文化很不平衡，通过有先有后的发展，逐步缩小差距的历史阶段；是通过改革和探索，建立和完善比较成熟的充满活力的社会主义市场经济体制、社会主义民主政治体制和其他方面体制的历史阶段；是广大人民牢固树立中国特色社会主义共同理想，自强不息，锐意进取，艰苦奋斗，勤俭建国，在建设物质文明的同时努力建设精神文明的历史阶段；是逐步缩小同世界先进水平的差距，在社会主义基础上实现中华民族伟大复兴的历史阶段。[①]其中，"不发达"与"现代化"、"农业国"与"工业化国家"、"自然经济"与"经济市场化"等一连串对比性范畴，表明中国与其他国家一样，

---

① 《江泽民文选》第2卷，人民出版社2006年版，第14-15页。

要想从传统走向现代,现代化都是绕不开的必修课,社会主义初级阶段就是在社会主义道路上完成现代转型的阶段。这就决定了中国现代国家的构建,既要符合现代化的发展逻辑,又要符合社会主义的发展逻辑,而"社会主义法治国家"的目标定位正是这两个逻辑互动发展的结果。

当然,社会主义初级阶段的社会主义性质决定了我国现代国家的建构是以共产主义为目标取向的,不可能也不应当去照搬西方资本主义国家的模式。西方资本主义的现代国家实质上是资产阶级国家,其"公开承认的目的就是使资本的统治和对劳动的奴役永世长存"①。在这种资本奴役劳动的逻辑下,"主权在民"的原则蜕变为"主权在资"的现实。时至今日,尽管普选权在西方国家普遍确立,但"民主靠选票,而竞选要靠金钱"仍然是西方民主的游戏规则。资本利益集团影响选举过程,当选的候选人掌权后制定出偏向支持自己的资本利益集团的公共政策,最终双方谋求各自的特殊利益。资产阶级的现代国家本质上仍然是为资产阶级利益服务的,是服从于资产阶级进行统治和压迫需要的政治工具,正如列宁所说:"资产阶级民主同中世纪制度比较起来,在历史上是一大进步,但它始终是而且在资本主义制度下不能不是狭隘的、残缺不全的、虚伪的、骗人的民主,对富人是天堂,对被剥削者、对穷人是陷阱和骗局。"②因而,只有无产阶级类型的国家才能让人民主权的价值原则真正变成现实。社会主义革命的目的,也绝不是取消民主,而是铲除资产阶级虚假民主的社会根源,实现"真正的民主"。正如卢森堡所说:"无产阶级的历史任务在于,当它走向政权时,在资产阶级民主的位置上,创造出社会主义民主以代替之而不是取消一切民主……"③中华民族跨越"资本主义的卡夫丁峡谷",使资产阶级的民主主义让位给工人阶级领导的人民民主主义,资产阶级共和国让位给人民共和

---

① 《马克思恩格斯选集》第 1 卷,人民出版社 2012 年版,第 470 页。
② 《列宁选集》第 3 卷,人民出版社 1995 年版,第 601 页。
③ 《国际共运史研究资料》第 4 期,人民出版社 1982 年版,第 45 页。

国,就是要力争避免资本奴役劳动等资本主义所造成的灾难和不幸,从根本上消除现代国家异化的社会基础,缩短和减轻中国推进现代化、市场化、社会化过程中的"分娩的痛苦",真正实现人民当家作主和促进人的全面发展。

按照马克思的预想,国家在共产主义社会将走向消亡,无产阶级专政将是国家走向消亡的过渡形态。但马克思同时也指出,作为共产主义的第一阶段的社会主义,"它在各方面,在经济、道德和精神方面都还带着它脱胎出来的那个旧社会的痕迹"①。我国的社会主义就是脱胎于一个君主专制制度历史悠久的半殖民地半封建社会,缺少一个工业化、市场化、社会化、现代化充分发展的阶段。如果此时就急于打碎国家机器、让国家走向消亡,而社会又缺乏一个成熟的组织系统和规范机制,其结果极易是"集权主义"或"无政府主义"。比如,"文化大革命"时期,"革命委员会"几乎取代所有的国家政权机关,且一度取消了部、局(司)、处等设置,而代之以各种级别的小组,如政工组、宣传组、生产组等。"革命委员会"原本被认为要"把过去的部长、局长、处长、科长……庞大的官僚机构,一扫而光",成为"群众在共产党领导下自己教育自己的最好的新组织形式",而不再是"原来意义上的国家"了。但它实际上却成为另一套官僚机构,权力高度集中又缺乏有效的权力制约和制度约束,掌握权力的各级革委会干部随意以"代表人民"的名义代替人民当家作主,再加上封建专制主义传统长期的历史沉淀,使得封建的血统论被当作阶级论加以宣扬,封建的人身依附关系被当作组织纪律性加以贯彻,践踏民主法治被当作"造反有理"的革命行动加以提倡,封建株连被当作划分阶级阵营加以推广,使官僚主义、特权现象等更加肆无忌惮、难以遏制。这表明,中国走向国家消亡的历史远没有马克思设想的那样短暂。而且,落后国家要迈向社会主义,不可避免地要经历作为人类历史进程而存在的现代化发展过程。而

---

① 《马克思恩格斯选集》第3卷,人民出版社 2012 年版,第 363 页。

像中国这样的经济文化比较落后的发展中国家,"在迅速实行现代化的种种必要条件中,一个重要条件是在中央、中层和地方各级要有强有力的政府"①,从而依靠高度集中的国家权力,采用政治动员、社会整合等方式集中精力进行现代化建设。这都决定了处在社会主义初级阶段的中国,打碎旧国家机器的历史任务是打碎专制主义的传统国家机器,而不是打碎现代国家机器,而且还要按照民主法治的发展逻辑健全现代国家制度。

第三节　基础·价值·制度：社会主义法治国家的建设逻辑

对于中国特色社会主义来说,西方现代国家建设经验之中,既包含着自由、民主、人权、法治等滋养和助推中国现代国家转型的有益成分,也包含着资本逻辑等可能误导乃至颠覆中国现代国家建设进程的有害因子。但比较麻烦的是,这两种成分往往是同时存在、相互交织的,接受前者往往意味着要接受后者。而对于中国来说,需要的只是现代国家的现代性维度,并不需要现代国家的资本性维度。那么,中国的现代国家建设如何能够做到吸收现代性有益成分而不被资本逻辑所绑架？这里,"社会主义"的抗体便起着关键作用。这种抗体能够使中国在吸收西方现代国家建设经验时具有避免掉入其背后资本逻辑陷阱的免疫力。这也再次表明,中国的现代国家建设,既要符合现代化的逻辑,又要符合社会主义的逻辑。"社会主义法治国家"包含"社会主义""法治""国家"三个要素,是"社会主义""法治""国家"三个概念在特定中国情形下的有机统一。它立足社会主义初级阶段这一最大国情,基于社会主义和现代化双重发展逻辑的考量,把中国社会历史发展中的政治逻辑和新时代条件

---

① [美]西里尔·E. 布莱克等：《日本和俄国的现代化》,周师铭等译,商务印书馆1992年版,第304页。

下的现实政治基础相衔接,把五千年中华文明中的政治精华和一切人类文明中的优秀政治文明成果相联系,把科学社会主义的治国原则和广泛的社会共识相结合,发展社会主义民主,健全社会主义法制,推进社会主义民主政治制度化、规范化、法治化、程序化,保证人民依法通过各种途径和形式管理国家事务,管理经济文化事业,管理社会事务,用制度体系保证人民当家作主,最大限度地保障最广大人民的根本利益。

一、社会主义市场经济:社会主义法治国家建设的经济基础

正如马克思所讲,现代国家的社会基础是市民社会。市民社会反映的是人与人之间基于商品生产和交换的物质交往方式,社会成员相互间的行为,只是彼此关心满足自身的需要的等价物的交换关系。这种交换是人们通过市场这个平台彼此尊重对方的产品所有权而实现各自所有权的重要方式,其自由、平等、独立的原则也是商品经济等价交换、自由交易、产权独立的市场规则在社会领域的延伸。经济上的平等和自由,必然要反对政治上的特权和专制,确立自由和平等的公民政治权利,而市场交往中的契约原则,在政治权力运行方式中也演化为法治原则和定期选举原则。因此,现代民主法治的发展与现代市场经济的发展是密切相连的。我们曾经试图逾越市场经济的发展阶段,但结果却建立了高度集中的计划经济体制。以市场化为取向的改革启动以来,社会利益格局不断走向多元,政府不断简政放权、收缩权力,社会主体的权利意识、平等意识、独立意识、规则意识、参与意识不断加强,也为社会主义法治的发展注入了新的动力。

当然,市场经济由于本身蕴含着资本逻辑,其追求利润最大化的本性也有其自身的局限。特别是当它与资本主义生产关系相联系时,单纯的商品和货币关系转化为雇佣劳动和资本的关系:资本所有者垄断生产资料,使工人除了出卖劳动力之外别无他路,而且他

们还凭借这种生产资料的垄断权占有工人的剩余劳动。这样，从流通领域到生产领域，"自由平等"的交往形式下掩盖的却是资本支配劳动的不自由、不平等的现实。这也是现代国家的"主权在民"在资本主义时代演化为"主权在资"的根源所在。因此，我们的市场化改革没有走西方的老路，而是选择了社会主义市场经济的新路。市场经济前的"社会主义"这四个大字，不是画蛇添足，而是画龙点睛。作为定语，它定义出我们的市场经济是与社会主义的生产关系相联系的，即坚持公有制的经济基础、按劳分配的分配制度和共同富裕的目标。生产资料的社会主义公有制，实现了劳动者与自己共同占有的生产资料直接结合的劳动自由，以防止资本对劳动、国家对社会的奴役，从经济基础上保障人民对国家与社会的主体地位，并使得国家与人民和社会的关系，不是简单的纳税人与保护人的二元结构关系，而是体现为国家不仅要于社会而言相对自主，承担其服务社会和人民的职能，而且要作为全体人民所拥有和规定的力量，承担其服务社会与人民的使命。"各尽所能，按劳分配"的分配制度，让劳动者在劳动尺度面前一律平等。这就铲除了少数人依靠生产资料的所有权奴役他人劳动的根源，从根本上颠覆了资本支配劳动的逻辑，奠定了机会平等的基础，也使人民当家作主有了实践的现实基础。而共同富裕的奋斗目标，则明确了社会主义实现结果公平的终极价值。因而，社会主义能够实现真正意义上的公平正义，让每个人的才能都有机会得到充分的发挥，每个人的意志都有机会得到充分的表达。

市场经济的自由、平等、所有权的三位一体延伸到政治领域，就是国家必须以法律形式普遍地、明确地把权利和义务公平地分配给每一个社会成员。为此，就需要在国家领域建立起健全的现代民主法治体系。而社会主义的经济基础，实现了人们对生产资料的平等占有权，取消了资本所有者垄断国家权力的特权，为在国家政治领域实现"真正的民主制"奠定了基础。而且，公有制本身也有一种民主和法治的诉求，因为既然公有资产的产权是共同属于劳动者的，所以它也必须在劳动者民主管理、民主决策、民主监督下运营和处置。特别是在我国现阶段，全民所有制采用的是国家所有制的实现形式，全民的资产由国家代为占有、使用、处置和获得收益，那么就必须通过一定的程序和机制保障国家对资产的运营与处置行为体现全民意志。而这一套程序和机制的实现要通过健全法制来完成。由此可见，"社会主义"与"市场经济"在对民主法治的诉求方面是一致的。因此，我们必须坚定社会主义市场经济的改革方向，对照"社会主义"和"市场经济"两面镜子，完善社会主义市场经济法律制度。一方面，以保护产权、维护契约、统一市场、平等交换、公平竞争、有效监督为基本导向，保障各类市场主体自由、平等的交易权利和产权权益，健全统一、开放、竞争、有序的市场体系。另一方面，创新适应公有制多种实现形式的产权保护制度，保障公有资产所有者对资产运营和收益使用的知情权、表达权和监督权：树立劳动至上理念，构建和谐劳动关系的法律机制，落实"同工同酬""按劳分配"原则，排除基于户籍、身份、编制等影响劳动面前人人平等的各种障碍，营造尊重劳动，尊重知识，尊重人才、尊重创造的社会氛围。

二、社会主义公民意识：社会主义法治国家建设的思想基础

随着以社会主义市场经济为导向的经济体制改革不断深入，社会主体的主体意识、权利意识、平等意识、独立意识、规则意识、参与意识、监督意识、责任意识不断增强。这是市场经济对社会主体内在品格的要求，蕴含着对社会主体民主法治意识、自由平等精神和公平正义原则的呼唤与培育。这一方面反映了市场经济给中国传统价值观带来的深刻的影响，另一方面需要我们对市场经济条件下的社会主体行为进行深刻反思，建构起与社会主义市场经济发展相适应的社会主义公民意识，完成社会成员由自然人向公民的角色转变。其实，早在1986年，即"公有制基础上的有计划的商品经济"

提出仅两年之后，党的十二届六中全会通过的《中共中央关于社会主义精神文明建设指导方针的决议》就提出："要在全体人民中坚持不懈地普及法律常识，增强社会主义的公民意识。"①从提出"有计划的商品经济"到提出"社会主义公民意识"，这一过程就蕴含着社会主义商品经济（市场经济）孕育社会主义公民意识的内在逻辑。同时，党的十二届六中全会的决议把"增强社会主义公民意识"纳入社会主义民主法制教育范畴，强调全体公民（包括一切国家公职人员）都要懂得公民的权利和义务，懂得并遵守宪法法律。这也表明人民只有具备了相应的公民意识，才能自觉参与社会主义国家治理，增强社会主义公民意识是建设社会主义法治国家的题中应有之义。2007年，党的十七大报告明确提出要"加强公民意识教育，树立社会主义民主法治、自由平等、公平正义理念"②。这样，社会主义的民主法治、自由平等、公平正义理念，被纳入社会主义公民意识的范畴，从而赋予社会主义公民意识以科学内涵。

首先，社会主义公民意识是对臣民意识的彻底否定。作为社会意识的一种存在形式，公民意识本身就是一种在现代民主法治下形成的民众意识。它既表现为人们对"公民"在国家生活和社会生活中的主体地位的一种心理认同与理性自觉，又体现为保障与促进公民权利、合理规范国家权力的认知和态度。社会主义公民意识，坚持在法制轨道上推进社会主义民主法治、自由平等、公平正义，强调"公民在法律面前一律平等"观念，即对于一切公民不分民族、种族、性别、职业、家庭出身、宗教信仰、教育程度、财产状况、居住期限，在适用法律上一律平等，任何人都不允许有超越宪法和法律的特权，彻底否定封建等级观念；强调公民的主体意识和公共意识相结合，即每一位公民都是一个有独立人格的、可以独立思考的人，他们对自己在国家中的主人身份能够认同和感知，认识到自

---

① 《十二大以来重要文献选编》下，中央文献出版社1988年版，第130页。
② 《胡锦涛文选》第2卷，人民出版社2016年版，第636页。

己是作为国家的主体和主权的保护者而存在的,并以此为出发点,把自己认同于一个与他者联系在一起的共同整体,在与他人的交往、讨论、协商中发现普遍性的共识和共同的价值,且以这种共识和共同价值为基础设定行为的规则,以维护和实现共同的利益、价值和秩序,彻底否定独立人格缺失的封建顺民思想和自私封闭的小农意识;强调公民的权利与义务相统一的思想,即任何公民都享有宪法和法律规定的权利,同时必须履行宪法和法律规定的义务,不存在离开义务的绝对权利,也不存在离开权利的绝对义务,彻底否定多数人只尽义务没有权利的封建奴性思想;强调公民的自由精神与责任意识的统一,既鼓励公民自觉行使自由权利,为促进人的自由发展创造条件,又要求他们必须对自己的行为负责,彻底否定了缺乏自由精神和责任担当的封建小农意识。

其次,社会主义公民意识坚持公民意识与人民意识的统一。作为一个个体概念,公民强调的是对个人权利的尊重和保护。但公民之所以称作公民,就在于它有着公共利益的考量。这就使得公民概念之下存在着"公"与"私"之间的张力。在马克思看来,这种张力在资本主义世界就表现为人的公民与市民的双重人格,且人的市民身份主导着人的公民身份。相对于利己主义的市民存在,公民则是一种虚幻的存在。因而可以说,"公民意识"在资本主义条件下是一种虚幻。其实,人在本质上作为社会关系的总和,表明人不仅是一种个体性存在,也是一种集合性存在。"人民"就是表达人的这种集合性的范畴。中华人民共和国成立后,刚刚获得解放的广大民众普遍具有的便是在革命战争年代形成的、在社会主义革命和建设时期被强化的"人民意识"。人民意识的强化,彰显了"人民是创造历史真正英雄"的唯物主义历史观和"人民至上"的社会主义理念。然而,人民毕竟是一个集合概念。人民的主体地位,只有通过一个个公民在社会生活中的主人翁地位才能得以体现;人民的民主权利,也只有通过具体的公民权利才能得以实现。社会主义建设实践证明,人民意识不能代替公民意识。缺乏公民意识的人民意识,势必要走向"空心化"和"虚无化"。尤其是在社会没有形成普遍的公民意识的情况下，如果过度强化和泛化人民意识，就极易出现以人民的名义侵犯公民的权利的情况。因而，人民只有充分认识到了自己的公民地位，确立了自己在社会上的主体地位和国家中的主人翁地位，明确自己的权利与义务，才能自觉承担起建设社会主义现代国家的历史重任。当然，我们也不能强调公民意识而否认人民意识。如前所述，缺乏人民意识的公民意识，势必会将公民理解为市场中"纯粹的人"的行为特征一般化、抽象化的原子式的个人，实际上成为处在物的奴役和人性异化状态中的个体的人。这种所谓的公民意识，不过是以物的依赖性为基础、以资本逐利的逻辑为旨归、被资本关系全面渗透的个人主义的自我意识。它不可避免地要陷入私人与公民、私人利益与公共利益、特殊利益与普遍利益的矛盾和冲突之中。因此，我们要坚持公民意识与人民意识的统一，即从以"社会关系的总和"为本质的"现实的人"出发，兼顾人的个体性存在与集合性存在的双重属性，一方面，在强调公民个人主体意识的同时，充分考虑到人的集合性存在所形成的人民整体，在保障公民权利的基础上实现人民当家作主；另一方面，在强调整体性的人民至上的同时，也要充分照顾到公民个体权益，在保障人民当家作主的前提下实现公民权利。

三、人民民主：社会主义法治国家建设的价值支撑

现代国家的价值准则是人民主权。它倡导这样的理念：国家机构和官员除了人民委托给他们保护人民权利的权力之外，本身再没有其他任何权力。如果他们违背人民的意志，损害人民的利益，甚至为一己私利出卖人民利益，人民可以使用民主程序之至"最终的决断权"，把官员和政府、议会和议员一起统统赶走，以使公众免受政府的侵害。正如马克思所说："人民是否有权为自己制定新的国家制度呢？对这个问题的回答应该是绝对肯定的，因为国家制度一旦

不再是人民意志的现实表现，它就变成了事实上的幻想。"①然而，资产阶级建立的现代国家，其国家权力被资产阶级及其代理人所垄断，国家机构以维护和服务整个资产阶级的利益为出发点和根本准则，国家职能在根本上也是在于维护资本统治并奴役劳动的社会秩序。正如马克思所说，资产阶级国家"公开承认的目的就是使资本的统治和对劳动的奴役永世长存"②。这样，资本的统治便背叛了人民主权的价值观，"主权在民"的原则蜕变为"主权在资"的现实。但马克思没有把这种"蜕变"归罪于民主本身，而是归因于资本统治劳动的社会根源。在他看来，社会主义革命的目的，不是取消民主，而是铲除资产阶级虚假民主的社会根源，实现"真正的民主"。因而，马克思认为："工人革命的第一步就是使无产阶级上升为统治阶级，争得民主。"③

当然，马克思致力追求的"真正的民主"，其性质上属于无产阶级类型的民主。这主要是基于他在《共产党宣言》中作出的一个趋势判断：现代资产阶级社会的阶级对立已经简单化了，整个社会日益分裂为资产阶级与无产阶级两大敌对的阵营。于是，当无产阶级上升为统治阶级后，所争取的民主自然是无产阶级的民主。然而，近代中国异常复杂的阶级关系有别于西方，先进的工人队伍只占社会成员的少数，整个社会的主要矛盾并不是无产阶级与资产阶级的矛盾，而是人民大众同国外侵略者与本国封建势力及其走狗的矛盾。中国共产党正是基于这样的国情分析，认识到其所追求和实现的民主不单是无产阶级的民主，同时还包括工人、农民、小资产阶级和民族资产阶级在内的广大人民大众的民主，并提出了人民民主的概念。这在参与的广泛性层面表达了社会主义自由平等、民主法治、公平正义的理念，诠释了"真正民主"的现代内涵。特别是将作为剥削阶级的民族资产阶级纳入人民民主的主体范畴，更是对马克思

---

① 《马克思恩格斯全集》第 3 卷，人民出版社 2002 年版，第 73 页.
② 《马克思恩格斯选集》第 1 卷，人民出版社 2012 年版，第 470 页。
③ 《马克思恩格斯选集》第 1 卷，人民出版社 2012 年版，第 421 页。

主义的重大发展。可以说，人民民主是对资产阶级宣扬的虚假的人民主权的否定，在最大程度上实现了多数人的统治。如今，"人民"的外延日益扩大，已涵盖全体社会主义劳动者、社会主义事业的建设者、拥护社会主义的爱国者、拥护祖国统一和致力于中华民族伟大复兴的爱国者。这样，掌握国家权力的主体与社会的主体实现了高度的一致性。而且，我们党始终高扬人民民主的光辉旗帜。新中国成立以来，从具有临时宪法性质的《共同纲领》到1954年《宪法》、1982年《宪法》及五部修正案，都鲜明地确认国家一切权力属于人民，确认人民行使权力的国体和政体，明确了人民民主的内容及其至上性、不可分割性和不可转移性特征。因此，我们必须坚持国家一切权力属于人民的宪法理念，并具体地、现实地体现到中国共产党执政和国家治理上来，具体地、现实地体现到党和国家机关各个方面、各个层级的工作上来，具体地、现实地体现到人民对自身利益的实现和发展上来。一方面，从维护人民民主权利的角度，国家要建立健全法律制度和体制机制，丰富民主形式，拓宽民主渠道，从各层次各领域扩大公民有序政治参与，发展更加广泛、更加充分、更加健全的人民民主；另一方面，从实现人民利益的角度，一切国家机关和国家工作人员要坚持以人民为中心的发展思想，依靠人民的支持，保持同人民的密切联系，倾听人民呼声，回应人民期待，接受人民监督，努力为人民服务，不断解决好人民最关心、最直接、最现实的利益问题，不断满足人民日益增长的美好生活需要，促进人的全面发展，凝聚起最广大人民的智慧和力量。

人民民主作为更高层次的现代民主，更需要在一定的规则和程序下运行。正如邓小平所说："为了保障人民民主，必须加强法制。必须使民主制度化、法律化，使这种制度和法律不因领导人的改变而改变，不因领导人的看法和注意力的改变而改变。"①后来，我们党根据这一思想提出"依法治国"的方略，不断推进人民民主制度

---

① 《邓小平文选》第2卷，人民出版社1994年版，第146页。

化、规范化、程序化，让广大人民群众在党的领导下，依照宪法和法律规定，通过各级人民代表大会行使国家权力，通过各种途径和形式管理国家和社会事务、管理经济和文化事业，共同建设，共同享有，共同发展，成为国家、社会和自己命运的主人。法律是人民经过民选机关、通过民主程序创制的反映人民意志、实现人民权利、保障人民权益的规范性文件。它表明，人民的意志是国家的最高意志，人民利益是国家的根本利益，包括执政党和国家公权机关在内的任何组织和个人都没有超越宪法和法律的特权。用马克思的话来说，法律是人民创制、反映人民意志的"人民的圣经"，其用途不是压制人民的自由，而是限制政府的绝对权力①。因此，法治国家的核心内容是强调合理地运用和有效地制约、限制公共权力，防止公共权力对人民自由和权利的侵犯，强调的重点不在限制"私权"上，而是在约束"公权"上，其本质是作为国家权力主体的人民依法约束和治理公权机关及其工作人员的行为。宪法和法律限定了国家权力的行使范围，规范了国家权力运作的程序，使政府和官员在法律的框架内忠实履行自己的职责，竭力地为公众服务，并对自己的施政行为的后果承担法律责任，以使每个社会主体的合法权利都能得到切实有力的保障，从而有防止公共权力侵犯社会主体的正当权益。而且，由于法律是人民经过民选机关、通过民主程序创制的反映人民意志、实现人民权利、保障人民权益的规范性文件，所以，法治使政府通过对法律负责来间接对人民负责，体现了人民民主的规范化、制度化，为人民当家作主提供根本性、全局性、长期性的保障。它使"为了人民、依靠人民、造福人民、保护人民"的理念成为法治建设的基本遵循，即坚持人民主体地位，把体现人民利益、反映人民愿望、维护人民权益、增进人民福祉、得到人民拥护落实到依法治国全过程，使法律及其实施充分体现人民意志，让人民当家作主理念在更大范围、更宽领域、更深层次上变为现实，并通过

---

① 《马克思恩格斯全集》第12卷，人民出版社1962年版，第576页

法治加以制度化、规范化、程序化。

中国共产党作为中国最广大人民根本利益的忠实代表，始终高扬着人民民主的光辉旗帜。她从成立之日起就以实现人民当家作主为己任，团结带领中国人民进行新民主主义革命，为争取民族独立、人民解放，实现人民当家作主不懈奋斗。新中国成立后，我们党领导人民建立了人民当家作主的国家政权，进行了广泛的民主实践，实现了中国从几千年封建专制政治向人民民主的伟大飞跃，开辟了人民当家作主的历史新纪元。改革开放四十多年来特别是党的十八大以来，中国特色社会主义政治发展道路越走越宽广，人民当家作主的制度保障越来越健全，社会主义民主的优越性更加充分地展示出来。中国共产党的领导将不同地域、不同阶层、不同职业、不同民族、不同信仰的民众凝聚成为共同掌握国家权力、当家作主的人民力量，使国家政权掌握在全体人民手中，而不属于特定的阶级或集团。可以说，中国共产党领导人民实行人民民主，就是保证和支持人民当家作主，最广泛地动员和组织人民群众依法管理国家和社会事务，管理经济和文化事业，维护和实现人民群众的根本利益，具体包括：领导人民通过人民代表大会制度掌握国家权力，行使立法权、监督权、人事任免权、重大事项决定权，保证国家法律和方针政策的制定、调整、执行能够体现人民的共同意志，符合人民的根本利益，维护人民的各项权利；领导人民依照法律规定，通过各种形式管理国家事务，管理经济和文化事业，管理社会事务，保证国家各项事业的发展符合人民的意愿、利益和要求；领导人民实行基层民主，由群众依法管理自己的事情，通过民主选举、民主决策、民主管理、民主监督实现自我管理、自我教育、自我服务；领导人民推动协商民主广泛、多层、制度化发展，统筹推进政党协商、人大协商、政府协商、政协协商、人民团体协商、基层协商以及社会组织协商，让有事好商量，众人的事情由众人商量，保证人民在日常政治生活中有广泛持续深入参与的权利；领导各级行政机关、监察机关、审判机关和检察机关严格贯彻公民在法律面前一律平等的原则，尊重和保护人权，维护社会公平和正义，保障公民享有法律上、事实上的广泛的自由和权利，使人民能够真正作为国家和社会的主人，运用属于自己的公共权力和各项公民权利维护和实现自己的利益。这就要坚持发挥党总揽全局、协调各方的领导核心作用，改进和完善党的领导方式和执政方式，不断提高党科学执政、民主执政、依法执政水平，切实保证国家的一切权力属于人民，以民主的制度、民主的形式、民主的手段支持和保证人民当家作主。

四、人民代表大会制：社会主义法治国家建设的制度路径

现代国家普遍采用以普选权为基础、以分权制衡为原则、以政党政治为核心领域的代议民主制度，甚至无产阶级与资产阶级之间的最后决定性斗争也只能在这种国家制度形式中进行到底。但是在资本统治的国家中，资产阶级只有在其统治是普选的结果和结论时才承认普选权是人民主权意志的绝对行为，一旦普选权的内容不再能归结为资本的统治，资产阶级就会加以基于金元政治的种种限制，甚至以取消普选权进行报复[1]；其设想的立法、行政和司法三权鼎立的运行机制，在实践中，立法权在与行政权的对抗中总是"极其怯懦地、畏缩地、沮丧地、软弱无力地放弃了斗争"[2]，而这种不对等的权力授予，正是基于维护资本统治利益的需要，因为议会这个曾经作为资产阶级反对王权的工具有可能成为无产阶级反对资产阶级甚至获得统治权力的战场；在基于金元政治的竞选规则之下，只有资产阶级的政党才能获得政治捐款、掌握选举资源、控制舆论工具，进而有机会进入权力领域的核心层，使无产阶级政党不断被边缘化。因此，资产阶级国家的代议制也就仅仅停留在了制度的"形式"层面，无产阶级的历史任务就是要充实它的内容。马克思总结巴黎公

---

[1]《马克思恩格斯选集》第1卷，人民出版社2012年版，第717页。
[2]《马克思恩格斯选集》第1卷，人民出版社2012年版，第687页。

社经验，认为它创设的"议行合一"的权力配置模式，实现了完全意义上的普选制、任期制、限任制、责任制和可撤换制。中国共产党作为中国工人阶级的先锋队，在全国解放前夕制定建国方案时，就决定不走议会制道路，不搞三权鼎立，而是选择人民代表大会制作为坚持党的领导、人民当家作主、依法治国有机统一的根本政治制度安排。它是以人民代表大会为主体，由人民代表大会作为国家机关体系的中心、实行人民当家作主的国家政权组织形式，从而成为实现人民民主的根本途径和最高实现形式，进而为建设社会主义法治国家奠定最深厚的制度基础。

人民代表大会制度创造性地发挥了议行合一的原则，它使议行合一的"一"的含义就由"同一"发展为"统一"，即经人民选举产生的人民代表大会作为国家权力机关代表人民统一行使国家权力，享有国家或本级地方最高的立法权、决定权、任免权和监督权，行政、监察、审判、检察等执行机关的产生经它选举、权力由它授予、工作受它监督；执行机关没有否决人大议案的权力，更无权解散人大；但是，人大与"一府一委两院"在组织上是分开的，职能上是分权的，人员构成是"不相容"的，相互之间不可包办代替。这样，它便超越了由一个机构同时承担立法、行政、监察、司法功能的原生态议行合一模式。这种"一统四分"的制度设计，在承认权力合理分工的基础上建构起民选机关支配执行机关的权力运行机制，既坚持了人民通过代表机关统一行使国家权力这一议行合一模式的基本精神，通过人民制约人大、人大制约"一府一委两院"来保证人民对国家权力的终极所有，又吸收了现代分权制衡原则的合理内核，反映了现代法治发展的要求，也适应了现代管理日益复杂化和专业化的需要，还可以有效纠正当代西方代议制下行政集权的弊病，从而以立法机关的至上性保证了法律的权威性，使每一项立法都能恪守"以民为本、立法为民"理念，符合宪法精神、反映人民意志、得到人民拥护；使行政机关的公权力得到有效的规范和制约，真正做到有权必有责、用权受监督、违法必追究；使司法行为加以规范，司法活动得以监督，努力让人民群众在每一个司法案件中感受到公平正义；使全体人民都成为社会主义法治的忠实崇尚者、自觉遵守者、坚定捍卫者，让法律的权威真正源自人民的内心拥护和真诚信仰。这样，人民代表大会制度便为实现科学立法、严格执法、公正司法、全民守法作出了最顶层的制度安排。

现代国家主要是通过政党来组织政权的。执政党通过领导和掌握国家政权来贯彻实现党的政纲和政策，使自己所代表的阶级或阶层、集团的意志以法律的形式变为国家意志，而非执政党也以各种方式参与法律创制、法律监督等政治活动，就国内外重大政治问题发表意见，对国家政治生活施加影响。然而，西方国家的政党只是社会中某个利益集团的代表。他们在争夺选民的过程中，不可避免地要"切割"选民，因而也就不可能把所有选民的利益诉求都综合起来而表达为国家的意志。中国共产党作为中国工人阶级和中华民族的先锋队，能够实现中国各社会群体利益的最大整合。她对国家政权的领导作为宪法确立的一种制度安排，有利于统合人民的整体利益和长远利益，有效避免了资本主义国家的政党制度代表少数人、少数利益集团的弊端，从而有利于法治建设的长远规划，以保证法律和制度的长期稳定。这较之"走一步、看一步"的资本主义多党轮流执政体制具有鲜明的比较优势。党对各级人大实行政治领导、组织领导和思想领导，运用民主集中制原则维护社会主义法治的统一和权威，有效避免了西方政党制度囿于党派利益、阶级利益、区域和集团利益决策施政导致社会撕裂的弊端。而且，各级人大全体会议与同级的政协会议同期举行，形成了富有中国特色的两会机制。这种结合强调执政党和参政党基于共同遵循的国家宪法这一最高权威，互相信任、合作共事、求同存异、民主协商，在社会基础、组织构成上具有极强的广泛性和代表性，有利于实现法治建设最广泛的有序参与，有效避免了一党缺乏监督或者多党轮流"坐庄"、恶性竞争的弊端。在立法中充分反映多数人群体普遍愿望的同时又吸纳少数人群体的合理主张,最大限度地包容和吸纳各种利益诉求,以扩大并促进公共利益的最大实现。只有这种充分反映民意、最大限度体现公共利益的法律,才能得到人民普遍而自愿地遵守。

其实,包括多党制、议会民主、三权鼎立在内的西方代议制度,是一种竞争性的民主制度。它是以个人主义和自由主义为基础的西方市场经济法则在国家政治领域的反映。这种强调竞争与对抗的民主制度不可避免地要将社会利益的分歧公开化、对立化,从而人为地扩大和深化了社会的"撕裂"。如果将这样的民主制度引入拥有14亿人口的中国,必然会引起极其严重的政局动荡和社会冲突。与以欧美为代表的西方政治文化重个体、重自由、重竞争的特点不同,以东亚为代表的东方政治文化的特点是重群体、重秩序、重和谐。尤其是中华民族在长期历史中形成的天下为公、兼容并蓄、求同存异、和而不同等优秀政治文化,趋向于和谐共处而非殊死竞争。如果将中国传统的和谐文化和协商精神从其封建专制制度的基础上剥离出来,在现代民主法治框架内加以转化和运用,便可以有效矫正竞争性民主体制下社会私人利益与公共利益间的紧张关系,让民主制度内存的社会整合力得到充分释放。其实,从民主运行的内在逻辑来看,协商实际上是民主原初的存在与运行形式,因为只有在协商出现困难的时候,人们才会采用票决制。而当票决民主与协商民主实现有机结合,便可以有效解决民主政治过程中"多数决定"与"尊重少数"之间如何协调的问题,有效克服竞争性民主体制下各种政治力量和利益集团为自己的利益固执己见、相互倾轧的弊端,从而有助于拓展利益表达渠道,推动公民个体、社会组织与政府的对话与交往,找到全社会意愿和要求的最大公约数。只有这样,才能保证国家领导层依法有序更替,保证全体人民依法管理国家事务和社会事务、管理经济和文化事业;畅通人民群众表达利益要求,畅通社会各方面有效参与国家政治生活;实现国家决策科学化、民主化,让各方面人才能够通过公平竞争进入国家领导和管理体系,让执政党能够依照宪法法律规定实现对国家事务的领导,让权力运用能够得到有效制约和监督,从而使基于"党的领导、人民当家作主与依法治国有机统一"所形成的社会主义法治国家建设有了更为广阔的制度空间与实践平台。

参考文献

经典著作和重要文献

1. 马克思恩格斯选集（第1-4卷）[M]．北京：人民出版社，2012．
2. 马克思恩格斯文集（第1-10卷）[M]．北京：人民出版社，2009．
3. 马克思恩格斯全集（第1卷）[M]．北京：人民出版社，1995．
4. 马克思恩格斯全集（第3卷）[M]．北京：人民出版社，2002．
5. 马克思恩格斯全集（第10卷）[M]．北京：人民出版社，1998．
6. 马克思恩格斯全集（第11卷）[M]．北京：人民出版社，1995．
7. 马克思恩格斯全集（第14卷）[M]．北京：人民出版社，2013．
8. 马克思恩格斯全集（第16卷）[M]．北京：人民出版社，2007．
9. 马克思恩格斯全集（第19卷）[M]．北京：人民出版社，2006．
10. 马克思恩格斯全集（第30卷）[M]．北京：人民出版社，1995．
11. 马克思恩格斯全集（第31卷）[M]．北京：人民出版社，1998．
12. 马克思恩格斯全集（第49卷）[M]．北京：人民出版社，2016．

13. 马克思恩格斯全集（第 5 卷）[M]. 北京：人民出版社，1958.

14. 马克思恩格斯全集（第 6 卷）[M]. 北京：人民出版社，1961.

15. 马克思恩格斯全集（第 8 卷）[M]. 北京：人民出版社，1961.

16. 马克思恩格斯全集（第 12 卷）[M]. 北京：人民出版社，1962.

17. 马克思恩格斯全集（第 15 卷）[M]. 北京：人民出版社，1963.

18. 马克思恩格斯全集（第 16 卷）[M]. 北京：人民出版社，1964.

19. 马克思恩格斯全集（第 17 卷）[M]. 北京：人民出版社，1963.

20. 马克思恩格斯全集（第 28 卷上）[M]. 北京：人民出版社，1973.

21. 马克思恩格斯全集（第 39 卷）[M]. 北京：人民出版社，1974.

22. 马克思恩格斯全集（第 42 卷）[M]. 北京：人民出版社，1979.

23. 马克思恩格斯全集（第 47 卷）[M]. 北京：人民出版社，1979.

24. 列宁选集（第 3 卷）[M]. 北京：人民出版社，1995.

25. 马列著作编译资料（第 3 卷）[M]. 北京：人民出版社，1980.

26. 国际共运史研究资料（第 4 期）[M]. 北京：人民出版社，1982.

27. 第一国际和巴黎公社文件资料（上册）[M]. 北京：生活·读书·新知三联出版社，1978.

28. 毛泽东选集（第4卷）[M]. 北京：人民出版社，1991.
29. 毛泽东文集（第3卷）[M]. 北京：人民出版社，1998.
30. 毛泽东年谱（1893—1949）（中卷）[M]. 北京：人民出版社，中央文献出版社，2013.
31. 邓小平文选（第2卷）[M]. 北京：人民出版社，1994.
32. 邓小平文选（第3卷）[M]. 北京：人民出版社，1993.
33. 江泽民文选（第2卷）[M]. 北京：人民出版社，2006.
34. 胡锦涛文选（第2卷）[M]. 北京：人民出版社，2016.
35. 胡锦涛文选（第3卷）[M]. 北京：人民出版社，2016.
36. 习近平谈治国理政（第2卷）[M]. 北京：外文出版社，2017.
37. 习近平关于全面依法治国论述摘编[M]. 北京：中央文献出版社，2015.
38. 习近平关于社会主义政治建设论述摘编[M]. 北京：中央文献出版社，2017.
39. 十二大以来重要文献选编（下册）[M]. 北京：中央文献出版社，1988.
40. 十八大以来重要文献选编（上册）[M]. 北京：中央文献出版社，2014.
41. 十八大以来重要文献选编（中册）[M]. 北京：中央文献出版社，2016.
42. 孙中山选集（下卷）[M]. 北京：人民出版社，1956.

中文学术译著

1. [古希腊]亚里士多德. 政治学[M]. 吴寿彭，译. 北京：商务印书馆，1965.
2. [古罗马]奥古斯丁. 上帝之城：驳异教徒（中卷）[M]. 吴飞，译. 上海：上海三联书店，2008.
3. 阿奎那政治著作选[M]. 北京：商务印书馆，1982.

4. [意]尼科洛·马基雅维. 君主论[M]. 潘汉典, 译. 北京: 商务印书馆, 1985.

5. [英]霍布斯. 利维坦[M]. 黎思复, 黎廷弼, 译. 北京: 商务印书馆, 1985.

6. [英]洛克. 政府论（下篇）[M]. 叶启芳, 崔菊农, 译. 北京: 商务印书馆, 1964.

7. [法]孟德斯鸠. 论法的精神（上卷）[M]. 张雁深, 译. 北京: 商务印书馆, 1961.

8. [法]卢梭. 社会契约论[M]. 何兆武, 译. 北京: 商务印书馆, 2006.

9. [德]黑格尔. 法哲学原理[M]. 范阳, 张企泰, 译. 北京: 商务印书馆, 1961.

10. [英]J. S. 密尔. 代议制政府[M]. 汪瑄, 译. 北京: 商务印书馆, 1982.

11. [美]汉密尔顿, 杰伊, 麦迪逊. 联邦党人文集[M]. 程逢如, 在汉, 舒逊, 译. 北京: 商务印书馆, 1982.

12. [意]葛兰西. 狱中札记[M]. 曹雷雨, 等, 译. 北京: 中国社会科学出版社, 2000.

13. [德]亨利希·库诺. 马克思的历史、社会和国家学说: 马克思的社会学的基本要点[M]. 袁志英, 译. 北京: 世纪出版集团, 2006.

14. [英]罗素. 中国问题[M]. 秦悦, 译. 北京: 学林出版社, 1996.

15. [美]张效敏. 马克思的国家理论[M]. 田毅松, 译. 上海: 上海三联书店, 2013.

16. [英]拉尔夫·密里本德. 资本主义社会的国家[M]. 沈汉, 等, 译. 北京: 商务印书馆, 1997.

17. [希腊]尼科斯·波朗查斯. 政治权力与社会阶级[M]. 叶林, 王洪洲, 马清文, 译. 北京: 中国社会科学出版社, 1982.

18. [法]亨利·列菲弗尔. 论国家——从黑格尔到斯大林和毛泽东[M]. 北京：李青宜，等，译. 重庆：重庆出版社，1988.

19. [美]约瑟夫·R. 斯特雷耶. 现代国家的起源[M]. 华佳，王夏，宗福常，译. 上海：上海人民出版社，2011.

20. [美]孔飞力. 中国现代国家的起源[M]. 北京：生活·读书·新知三联书店，2013.

21. [英]吉登斯. 资本主义与现代社会理论[M]. 郭忠化，潘华凌，译. 上海：译文出版社，2007.

22. [英]安东尼·吉登斯. 民族-国家与暴力[M]. 胡宗泽，赵力涛，译. 北京：生活·读书·新知三联书店，1998.

23. [英]米切尔·黑尧. 现代国家的政策过程[M]. 赵成根，译. 北京：中国青年出版社，2004.

24. [美]乔治·萨拜因. 政治学说史：民族国家（上下）[M]. 邓正来，译. 上海：上海人民出版社 2015 年版.

25. [英]约翰·麦克里兰. 西方政治思想史[M]. 彭淮栋，译. 海南：海南出版社，2003 年版.

26. [英]克里斯·皮尔森. 论现代国家[M]. 刘国兵，译. 北京：中国社会科学出版社，2017.

27. [英]大卫·利奥波德. 青年马克思：德国哲学、现代政治和人类繁荣[M]. 刘同舫，万小磊，译. 广州：中山大学出版社，2017.

28. [法]弗朗索瓦·傅勒. 马克思与法国大革命[M]. 朱学平，译. 上海：华东师范大学出版社，2016.

29. [英]戴维·麦克莱伦. 马克思思想导论[M]. 郑一明，陈喜贵，译. 北京：中国人民大学出版社，2008.

30. [美]乔恩·埃尔斯特. 理解马克思[M]. 何怀远，译. 北京：中国人民大学出版社，2008.

31. [英]杰弗里·巴勒克拉夫. 当代史导论[M]. 张广勇，张宇宏，译. 上海：上海社会科学院出版社，1996.

32. [美]西里尔·E. 布莱克，等. 日本和俄国的现代化[M]. 周师铭，等译. 北京：商务印书馆，1992.

33. [英]戴维·米勒. 布莱克威尔政治学百科全书[M]. 邓正来，译. 北京：中国政法大学出版社，1992.

中文学术专著

1. 王新生. 马克思政治哲学研究[M]. 北京：科学出版社，2018.
2. 欧阳英. 马克思政治哲学思想探析[M]. 北京：中国社会科学出版社，2018.
3. 刘同舫：青年马克思政治哲学思想研究[M]. 北京：中国社会科学出版社，2018.
4. 李佃来. 政治哲学视域中的马克思[M]. 北京：中央编译出版社，2018.
5. 赵敦华. 马克思哲学要义[M]. 南京：江苏人民出版社，2018.
6. 冯留建. 马克思主义国家理论与中国国家治理现代化[M]. 北京：人民出版社，2017.
7. 张文喜，臧峰宇. 马克思主义政治哲学史[M]. 北京：中国人民大学版社，2017.
8. 林尚立. 当代中国的政治：基础与发展[M]. 上海：上海人民出版社，2017.
9. 林尚立. 论人民民主[M]. 上海：上海人民出版社，2016.
10. 王沪宁. 政治的逻辑：马克思主义政治学原理[M]. 上海：上海人民出版社，2016.
11. 李正华，张金才. 中华人民共和国政治史（1949—2012）》[M]. 北京：当代中国出版社，2016.
12. 李紫娟. 国家治理理论的马克思主义源流[M]. 杭州：浙江人民出版社，2015.
13. 李淑梅. 政治哲学的批判与重建：马克思早期著作研究[M]. 北京：人民出版社，2014.
14. 俞可平. 论国家治理现代化[M]. 北京：社会科学文献出版

社，2014.

15. 曹军辉，王瑛. 马克思主义国家理论范式转换研究[M]. 成都：西南财经大学出版社，2014.

16. 张国昀，巩军全. 马克思主义经济学框架下的国家理论研究[M]. 北京：中国社会科学出版社，2013.

17. 房宁. 民主的中国经验[M]. 北京：中国社会科学出版社，2013.

18. 郭宝宏. 马克思主义国家理论的当代魅力[M]. 北京：人民出版社，2012.

19. 肖扬东. 马克思主义国家理论的新进展：杰索普"策略关系"国家理论研究[M]. 上海：上海人民出版社，2012.

20. 黄亮宜. 马克思主义国家理论与当代中国[M]. 郑州：河南人民出版社，2011.

21. 惠吉兴，刘燕飞. 正义·民主·法治：马克思主义政治哲学的当代境界[M]. 北京：红旗出版社，2010.

22. 罗许成. 全球化与当代中国马克思主义国家理论的新发展：一种治理国家的视角[M]. 杭州：浙江大学出版社，2009.

23. 常士䦂. 现代国家及其政治制度：东亚与西方[M]. 北京：中国社会科学出版社，2008.

24. 唐贤兴. 民主与现代国家的成长[M]. 上海：复旦大学出版社，2008.

25. 郁建兴. 马克思国家理论与现时代[M]. 上海：东方出版中心，2007.

26. 张光博. 坚持马克思主义国家观[M]. 长春：吉林人民出版社，2007.

27. 刘军. 国家起源新论：马克思国家起源理论及当代发展[M]. 北京：社会科学文献出版社，2006.

28. 秦国荣. 市民社会与法的内在逻辑[M]. 北京：社会科学文献出版社，2006.

29. 浦兴祖. 中华人民共和国政治制度[M]. 上海：上海人民出版社，2005.
30. 陈炳辉. 西方马克思主义的国家理论[M]. 北京：中央编译出版社，2004.
31. 夏勇. 依法治国：国家与社会[M]. 北京：社会科学文献出版社，2004.
32. 龚咏梅. 现代国家建设的制度秩序——兼论中国早期现代化进程中的权力与社会：1927—1937[M]. 长春：吉林人民出版社，2004.
33. 陈力丹. 马克思主义新闻学词典[M]. 北京：中国广播电视出版社，2002.
34. 朱光磊. 政治学概要[M]. 天津：天津人民出版社，2001.

学术论文

1. 汪仕凯. 从现代国家到社会共和国：卡尔·马克思的国家理论[J]. 经济社会体制比较研究，2018（5）.
2. 徐奉臻. 中国特色社会主义政治发展道路的生成逻辑[J]. 当代世界与社会主义，2018（2）.
3. 邱实. 现代国家构建与发展的中国逻辑[J]. 教学与研究，2018（3）.
4. 张士海，孙道壮. 中国特色社会主义政治发展道路的生成逻辑[J]. 当代世界社会主义问题，2018（3）.
5. 高永久，左宏愿. 论现代国家构建中的民族政治整合[J]. 南开学报（哲学社会科学版），2018（1）.
6. 伍小乐，陈建斌，徐艳红. 论现代国家治理体系的核心价值取向——基于马克思国家学说的视角[J]. 广西社会科学，2016（4）.
7. 李佃来. 现代国家观的历史嬗变与马克思国家理论的构建[J]. 云南大学学报，2016（4）.
8. 刘同舫，陈晓斌. 现代国家的解放限度与历史命运——马克思《论犹太人问题》释义[J]. 人文杂志, 2016 (1).

9. 辛向阳.《黑格尔法哲学批判》中的国家观及其现实逻辑[J]. 教学与研究, 2015 (9).

10. 辛向阳.《家庭、私有制和国家的起源》中的国家理论及其思想意义[J]. 思想理论教育, 2015 (7).

11. 辛向阳.《德意志意识形态》的国家理论及其当代启示[J]. 马克思主义研究, 2015 (3).

12. 韦建桦. 马克思和恩格斯怎样看待中国[J]. 马克思主义与现实, 2015 (1).

13. 朱培源. 马克思主义创始人的"中国社会主义"思想论析[J]. 天府新论, 2015 (1).

14. 张陶, 刘俊杰. 基于人民主权的马克思恩格斯民主思想及其现实意义[J]. 理论与改革, 2015 (1).

15. 靳晓霞. 马克思恩格斯的选举思想及其启示——关于选举性质、民主条件、选举结果和选举意义[J]. 马克思主义研究, 2012 (7).

16. 陈周旺. 马克思国家学说的演进逻辑[J]. 中国人民大学学报, 2012 (1).

17. 张严. 马克思恩格斯的政治国家理论[J]. 马克思主义理论与实践研究, 2011.

18. 陈晓丹, 薛剑符: 对马克思主义代议制思想的错误认识的辨析及实践反思[J]. 江苏科技大学学报（社会科学版）, 2011 (4).

19. 陈晓丹, 刘世华. 全面理解马克思恩格斯代议制思想的几点认识[J]. 理论学刊, 2011.

20. 任勇, 付春. 马克思主义政治学视野中的民族和民族国家[J]. 政治学研究, 2011 (1).

21. 李敬巍. 马克思恩格斯的人民主权思想及其现实意义[J]. 学习与探索, 2010 (5).

22. 林尚立. 社会主义与国家建设——基于中国的立场和实践

[J]．社会科学战线，2009（6）．

23. 张涛．马克思对民主国家与资本主义社会之间张力的分析[J]．深圳大学学报（人文社会科学版），2009（4）．

24. 范春燕．国家相对自主性理论视野中的资本主义国家与社会之关系[J]．学术论坛，2009（9）．

25. 杨光斌，郑伟铭，刘倩．现代国家成长中的国家形态问题[J]．天津社会科学，2009（4）．

26. 纪政文．当代中国社会主义公民意识探析[J]．东岳论丛，2009（3）．

27. 韩立新．从国家到市民社会：马克思思想的重要转变——以马克思《黑格尔法哲学批判》为研究中心[J]．河北学刊，2009（1）．

28. 秦龙．浅析马克思关于国家作为"虚幻共同体"的思想[J]．政治学研究，2008（1）．

29. 罗伯中，刘放桐．马克思早年政治哲学三题辨正[J]．探索，2006（2）．

30. 邱家军．马克思主义国家学说之再思考[J]．天府新论，2006（3）．

31. 何建津．论历史唯物主义与马克思哲学及其市民社会理论的共生关系[J]．学术论坛，2006（3）．

32. 何增科．市民社会概念的历史演变[J]．中国社会科学，1994（5）．

33. 俞可平．马克思的市民社会理论及其历史地位[J]．中国社会科学，1993（4）．

外文文献

1. 马克思早期政治著作选（英文版）[M]．北京：中国政法大学出版社，2003．

2. 马克思晚期政治著作选（英文版）[M]．北京：中国政法大学出版社，2003．

3. David Leopold. The Young Karl Marx[M]. U. K., Cambridge: Cambridge University Press, 2007.

4. Job Jessop. The Future of Capitalist State[M]. U. K., Cambridge: Polity Press, 2003.

5. Job Jessop. The Capitalist State: Marxist Theories and Methods[M]. Oxford: Blackwell, 1992.

6. Greenfeld, L. Nationalism: Five Roads to Modernity[M]. U.S.A., Cambridge: Harvard University Press, 1992.

后 记

拙作《马克思现代国家思想研究》终于要与读者见面了。本书是我承担的 2016 年河北省社会科学基金项目的最终成果（项目编号：HB16MK015），也是我近十年来关于马克思现代国家思想研究的一个阶段性总结。

说实话，选择马克思现代国家思想作为本书的研究主题，对我来说，是一个极大的挑战。虽然国家问题是马克思早年便关注的论题，但是终其一生，他也没有完成一部与《资本论》的创见和严密程度相当的对现代国家进行系统理论分析的专门著述。他关于现代国家问题论述的丰富内容，多散见于《黑格尔法哲学批判》《论犹太人问题》《神圣家族》《德意志意识形态》《共产党宣言》《1848 至 1850 年法兰西阶级斗争》《路易·波拿巴的雾月十八日》《资本论》《法兰西内战》《哥达纲领批判》等众多经典著作以及相关手稿、笔记、通信之中。在研究过程中，我需要把这些分散在多种著述中有关现代国家的思想观点提取并联系起来加以系统地理论分析并融会贯通。这是一项艰巨的研究任务。

我十分感谢在书稿撰写过程中，河北省社会科学院及其哲学所的领导、前辈和同事们对我的帮助和鼓励，以及为我提供的时间、经费、办公等方面的诸多便利。此外，本书的前期研究成果曾在《内蒙古大学学报》《山西师大学报》《长白学刊》《中共天津市委党校学报》《观察与思考》《湖北行政学院学报》等刊物发表，部分成果还被《中国社会科学文摘》《人大报刊复印资料》转载或摘编，在此感谢这些期刊编辑老师的提携和帮助。此外，我还要感谢南开大学出版社编辑老师,本书从审稿到编辑,从校对到出版,每一个环节都凝结着他们的辛劳和汗水。

作者
2020 年 10 月 24 日于石家庄